中国科学院统计年鉴

STATISTICAL YEARBOOK OF
THE CHINESE ACADEMY OF SCIENCES

1994

中国科学院计划财务局 编

科学出版社

1994

（京）新登字 092 号

中国科学院统计年鉴
STATISTICAL YEARBOOK OF THE CHINESE ACADEMY OF SCIENCES
1 9 9 4

中国科学院计划财务局 编
科学出版社出版
北京东黄城根北街 16 号
邮政编码：100717
北京市桦星电脑技术应用部激光照排
中国科学院印刷厂印刷
新华书店北京发行所发行　各地新华书店经售
*
1994 年 10 月第　一　版　　开本：787×1092 1/16
1994 年 10 月第一次印刷　　印张：28　插页：2
印数：1—842　　字数：622 000
ISBN 7-03-004432-0/Z · 240
定价：85.00 元

《中国科学院统计年鉴》编委会和编辑人员

一、编委会

主　编：竺　玄

副主编：许　玮　王声孚　程尔晋　谈德颜

编辑委员(以姓氏笔画为序)：

王声孚　王晓鸣　许　玮　刘学英　陈兰英
李致洁　李廷杰　李云玲　李宪卿　何尧熙
沈幸华　张忠奎　林春灿　竺　玄　姜淑娟
谈德颜　龚望生　梁增勇　程尔晋　魏　玲

二、编辑部工作人员

总 编 辑：许　玮

副总编辑：刘学英　陈兰英

编辑人员(以姓氏笔画为序)：

及俊川　刘学英　刘丽曼　刘继昱　吕中林
许儒敬　陈兰英　李　宏　杨菊惠　张　洁
苗雨新　郑晓年　赵衍库　高　晶　黄凤宝
陶宗宝　唐　炜　曹爱民　韩建国　颜永平

英文翻译：韩建国　齐志英

英文审校：张　军

Members of the Editorial Committee and Editorial Office of the *Statistical Yearbook of the Chinese Academy of Sciences*

编 者 说 明

一、《中国科学院统计年鉴，1994》是一部全面反映我院科技工作和各项事业发展的资料性年刊。本书收录了全院及院属各单位1993年的统计数据以及历年全院主要统计数据。

二、全书内容分为十二个部分，即：学部、机构、人员、经费、基本建设、科技活动、科技企业开发经营活动、科研成果、国际交流、人才培养、文献情报、图书出版。另附主要指标解释。

三、本年鉴资料大部分来自综合及业务部门年度统计报表，一部分来自业务管理部门。

四、本年鉴部分数据合计数由于单位取舍不同产生的计算误差均未做机械调整。

五、本年鉴部分“按学科分”的汇总数，均指按机构所属学科分。

六、本年鉴由中国科学院计划财务局会同院机关有关部门共同完成。编辑出版过程中，得到各方面的支持和帮助，在此一并致谢。

EDITOR'S NOTES

The *Statistical Yearbook of the Chinese Academy of Sciences*——1994 is an informational almanac which gives an overall description of every major aspect related to CAS's scientific and technological (S&T) activities and its development. It contains statistical data of institutions and organizations of the CAS in 1993 as well as its important statistical information in the past years.

The Yearbook consists of the following 12 parts: academic divisions, organizations, personnel, funds and expenditure, capital construction, S&T activities, business and R&D activities of CAS S&T companies, research achievements, international cooperation, talent training, documentation and information, and publication. Explanatory notes on key indicators are also included.

Data contained in the Yearbook are selected from the annual statistical reports of the Department of Statistics, Bureau of Planning and Finance and statistics of various professional and management departments of the Head Office of the CAS.

Details may not add to the total in some statistical tables due to rounding. No manual adjustment is made.

The definition "By field" in some statistical tables refers to the classification of research fields which the institutes mainly deal with.

The Yearbook was completed by the Bureau of Planning and Finance of the CAS in cooperation with the relevant departments of the Head Office of the CAS. The Editorial Committee extends its gratitude to all those who have rendered their valuable support and assistance during the preparation of this Yearbook.

目　　录

一、学　　部

二、机　　构

三、人　　员

四、经费、基本建设

五、科技活动

六、科技企业开发经营活动

七、科技论文、专利、获奖成果

八、国际交流

九、人才培养

十、文献、情报

十一、图书出版

CONTENTS

1. Academic Divisions

2. Organizations

3. Personnel

4. Funds and Capital Construction

5. Scientific and Technological Activities

6. Business Activities of CAS S&T Enterprises

7. S&T Papers, Patents and Award-Winning Achievements

8. International Cooperation

9. Talent Training

10. Documentation and Information

11. Publication

一、学　部

ACADEMIC DIVISIONS

1.1 历届学部委员人数按学部分布

Distribution of the Previous Academic Division Members, by Division

	合计 Total	数学物理学部 Division of mathematics and physics	化学部 Division of chemistry	生物学部 Division of biological sciences	地学部 Division of earth sciences	技术科学学部 Division of technological sciences
1955 年	172	30	22	60	24	36
1957 年	190	36	24	65	27	38
1980 年	402	81	67	89	76	89
1991 年	509	105	86	91	92	135
1993 年	545	107	94	96	100	148

1.2 本届学部委员人数按部门分布

Distribution of the Current Academic Division Members, by Institution

	合计 Total	数学物理学部 Division of mathematics and physics	化学部 Division of chemistry	生物学部 Division of biological sciences	地学部 Division of earth sciences	技术科学学部 Division of technological sciences
研究机构 Research Institutions	254	62	42	66	41	43
高等学校 Institutions of higher learning Research institutions	196	39	45	28	25	59
产业部门 Industrial sectors	95	6	7	2	34	46
合 计 Total	545	107	94	96	100	148

二、机　　构

ORGANIZATIONS

2.1 院属独立事业单位一览表（1993 年）

CAS Independent Units：1993

序 No.	单位名称 Unit	序 No.	单位名称 Unit
	合计：159 个 **Total**	13	生态环境研究中心 Research Center for Eco-Environmental Sciences
	北京市：53 个 Beijing	14	化工冶金研究所 Inst. of Chemical Metallurgy
1	数学研究所 Inst. of Mathematics	15	地理研究所 Inst. of Geography
2	应用数学研究所 Inst. of Applied Mathematics	16	地质研究所 Inst. of Geology
3	系统科学研究所 Inst. of Systems Science	17	地球物理研究所 Inst. of Geophysics
4	物理研究所 Inst. of Physics	18	古脊椎动物与古人类研究所 Inst. of Vertebrate Paleontology and Paleoanthropology
5	声学研究所 Inst. of Acoustics	19	大气物理研究所 Inst. of Atmospheric Physics
6	理论物理研究所 Inst. of Theoretical Physics	20	遥感应用研究所 Inst. of Remote Sensing Application
7	低温技术实验中心 Cryogenic Laboratory	21	自然资源综合考察委员会 Commission for Integrated Surveys of Natural Resources
8	高能物理研究所 Inst. of High Energy Physics	22	植物研究所 Inst. of Botany
9	北京天文台 Beijing Astronomical Observatory	23	动物研究所 Inst. of Zoology
10	力学研究所 Inst. of Mechanics	24	心理研究所 Inst. of Psychology
11	化学研究所 Inst. of Chemistry	25	微生物研究所 Inst. of Microbiology
12	感光化学研究所 Inst. of Photographic Chemistry	26	生物物理研究所 Inst. of Biophysics

序 No.	单 位 名 称 Unit	序 No.	单 位 名 称 Unit
27	遗传研究所 Inst. of Genetics	43	北京科学仪器研制中心 Beijing R&D Center for Scientific Instrument
28	发育生物学研究所 Inst. of Developmental Biology	44	中国科学院机关 CAS Head Office
29	计算技术研究所 Inst. of Computing Technology	45	行政管理局 Bureau of Management and Administration
30	计算中心 Computing Center	46	信息咨询中心 Center for Information and Consultation
31	软件研究所 Inst. of Software	47	中国科学技术大学研究生院 Graduate School of the University of Science and Technology of China
32	北京软件工程研制中心 Beijing Software Engineering Center	48	管理干部学院 College for Training Managerial Cadres
33	半导体研究所 Inst. of Semiconductors	49	中国科学院文献情报中心 CAS Documentation and Information Center
34	微电子中心 Microelectronics R&D Center	50	中国科学报社 Chinese Science News
35	电子学研究所 Inst. of Electronics	51	科学出版社 Science Press
36	电工研究所 Inst. of Electric Engineering	52	中国科学院印刷厂 CAS Printing House
37	工程热物理研究所 Inst. of Engineering Thermophysics	53	北京建筑设计研究院 Beijing Inst. of Architectural Designing
38	空间科学与应用研究中心 Space Science and Technology Center		河北省：1个 Hebei Province
39	自动化研究所 Inst. of Automation	54	石家庄农业现代化研究所 Shijiazhuang Inst. of Agricultural Modernization
40	遥感卫星地面站 Remote Sensing Satellite Ground Station		山西省：1个 Shanxi Province
41	自然科学史研究所 Inst. of History of Natural Sciences	55	山西煤炭化学研究所 Shanxi Inst. of Coal Chemistry
42	科技政策与管理科学研究所 Inst. of Science Policy and Management		辽宁省：8个 Liaoning Province

序 No.	单 位 名 称 Unit	序 No.	单 位 名 称 Unit
56	大连化学物理研究所 Dalian Inst. of Chemical Physics	70	黑龙江农业现代化研究所 Heilongjiang Inst. of Agricultural Modernization
57	沈阳应用生态研究所 Shenyang Inst. of Applied Ecology		上海市：17 个 Shanghai
58	沈阳计算技术研究所 Shenyang Inst. of Computing Technology	71	上海原子核研究所 Shanghai Inst. of Nuclear Research
59	沈阳自动化研究所 Shenyang Inst. of Automation	72	上海天文台 Shanghai Observatory
60	金属研究所 Inst. of Metals Research	73	上海硅酸盐研究所 Shanghai Inst. of Ceramics
61	金属腐蚀与防护研究所 Inst. of Corrosion and Protection of Metals	74	上海有机化学研究所 Shanghai Inst. of Organic Chemistry
62	沈阳科学仪器研制中心 Shenyang R&D Center for Scientific Instruments	75	上海植物生理研究所 Shanghai Inst. of Plant Physiology
63	中国科学院沈阳分院 CAS Shenyang Branch	76	上海昆虫研究所 Shanghai Inst. of Entomology
	吉林省：6 个 Jilin Province	77	上海药物研究所 Shanghai Inst. of Materia Medica
64	长春物理研究所 Changchun Inst. of Physics	78	上海生理研究所 Shanghai Inst. of Physiology
65	长春人造卫星观测站 Changchun Satellite Observation Station	79	上海生物化学研究所 Shanghai Inst. of Biochemistry
66	长春应用化学研究所 Changchun Inst. of Applied Chemistry	80	上海细胞生物学研究所 Shanghai Inst. of Cell Biology
67	长春地理研究所 Changchun Inst. of Geography	81	上海脑研究所 Shanghai Inst. of Brain Research
68	长春光学精密机械研究所 Changchun Inst. of Optics and Fine Mechanics	82	上海生物工程研究中心 Shanghai Bioengineering Research Center
69	中国科学院长春分院 CAS Changchun Branch	83	上海冶金研究所 Shanghai Inst. of Metallurgy
	黑龙江省：1 个 Heilongjiang Province	84	上海光学精密机械研究所 Shanghai Inst. of Optics and Fine Mechanics

序 No.	单位名称 Unit	序 No.	单位名称 Unit
85	上海技术物理研究所 Shanghai Inst. of Technical Physics	99	中国科学技术大学 University of Science and Technology of China
86	上海文献情报中心 Shanghai Center for Documentation and Information		福建省：1个 Fujian Province
87	中国科学院上海分院 CAS Shanghai Branch	100	福建物质结构研究所 Fujian Inst. of Research on the Structure of Matter
	江苏省：6个 Jiangsu Province		江西省：1个 Jiangxi Province
88	紫金山天文台 Purple Mountain Observatory	101	庐山疗养院 Lushan Sanatorium
89	南京天文仪器研制中心 Nanjing R&D Center for Astronomical Instruments		山东省：2个 Shandong Province
90	南京地理与湖泊研究所 Nanjing Inst. of Geography and Limnology	102	海洋研究所 Inst. of Oceanology
91	南京地质古生物研究所 Nanjing Inst. of Geology and Palaeontology	103	青岛疗养院 Qingdao Sanatorium
92	南京土壤研究所 Nanjing Inst. of Soil Science		河南省：2个 Henan Province
93	中国科学院南京分院 CAS Nanjing Branch	104	新乡科学仪器研制中心 Xinxiang R&D Center for Scientific Instruments
	安徽省：6个 Anhui Province	105	开封印刷厂 Kaifeng Printing House
94	固体物理研究所 Inst. of Solid State Physics		湖北省：9个 Hubei Province
95	等离子体物理研究所 Inst. of Plasma Physics	106	武汉数学物理研究所 Wuhan Inst. of Mathematical Physics
96	合肥智能机械研究所 Hefei Inst. of Intelligent Machines	107	武汉物理研究所 Wuhan Inst. of Physics
97	安徽光学精密机械研究所 Anhui Inst. of Optics and Fine Mechanics	108	武汉岩土力学研究所 Wuhan Inst. of Rock and Soil Mechanics
98	中国科学院合肥分院 CAS Hefei Branch	109	测量与地球物理研究所 Inst. of Geodesy and Geophysics

序 No.	单位名称 Unit	序 No.	单位名称 Unit
110	武汉植物研究所 Wuhan Inst. of Botany	124	中国科学院广州分院 CAS Guangzhou Branch
111	水生生物研究所 Inst. of Hydrobiology		四川省：8个 Sichuan Province
112	武汉病毒研究所 Wuhan Inst. of Virology	125	成都有机化学研究所 Chengdu Inst. of Organic Chemistry
113	武汉文献情报中心 Wuhan Center for Documentation and Information	126	成都山地灾害与环境研究所 Chengdu Inst. of Mountain Hazards and Environment
114	中国科学院武汉分院 CAS Wuhan Branch	127	成都计算机应用研究所 Chengdu Inst. of Computer Application
	湖南省：2个 Hunan Province	128	成都生物研究所 Chengdu Inst. of Biology
115	长沙大地构造研究所 Changsha Inst. of Geotectonics	129	光电技术研究所 Inst. of Optics and Electronics
116	长沙农业现代化研究所 Changsha Inst. of Agricultural Modernization	130	成都科学仪器研制中心 Chengdu R&D Center for Scientific Instruments
	广东省：8个 Guangdong Province	131	成都文献情报中心 Chengdu Documentation and Information Center
117	广州人造卫星观测站 Guangzhou Satellite Observation Station	132	中国科学院成都分院 CAS Chengdu Branch
118	广州化学研究所 Guangzhou Inst. of Chemistry		贵州省：1个 Guizhou Province
119	广州地质新技术研究所 Inst. of New Geotechnology	133	贵阳地球化学研究所 Guiyang Inst. of Geochemistry
120	南海海洋研究所 South China Sea Inst. of Oceanology		云南省：5个 Yunnan Province
121	华南植物研究所 South China Inst. of Botany	134	云南天文台 Yunnan Observatory
122	广州电子研究所 Guangzhou Inst. of Electronic Technology	135	昆明植物研究所 Kunming Inst. of Botany
123	广州能源研究所 Guangzhou Inst. of Energy Conversion	136	昆明生态研究所 Kunming Inst. of Ecology

序 No.	单位名称 Unit	序 No.	单位名称 Unit
137	昆明动物研究所 Kunming Inst. of Zoology	149	兰州文献情报中心 Lanzhou Center for Documentation and Information
138	中国科学院昆明分院 CAS Kunming Branch	150	中国科学院兰州分院 CAS Lanzhou Branch
	陕西省：4个 Shaanxi Province		青海省：2个 Qinghai Province
139	陕西天文台 Shaanxi Observatory	151	青海盐湖研究所 Qinghai Inst. of Saline Lakes
140	西北水土保持研究所 Northwest Inst. of Soil and Water Conservation	152	西北高原生物研究所 Northwest Inst. of Plateau Biology
141	西安光学精密机械研究所 Xi'an Inst. of Optics and Fine Mechanics		新疆维吾尔自治区：6个 Xinjiang Uygur Autonomous Region
142	中国科学院西安分院 CAS Xi'an Branch	153	新疆物理研究所 Xinjiang Inst. of Physics
	甘肃省：8个 Gansu Province	154	乌鲁木齐天文工作站 Urumqi Astronomic Working Station
143	近代物理研究所 Inst. of Modern Physics	155	新疆化学研究所 Xinjiang Inst. of Chemistry
144	兰州化学物理研究所 Lanzhou Inst. of Chemical Physics	156	新疆生物土壤沙漠研究所 Xinjiang Inst. of Biology，Pedology and Desert Research
145	兰州冰川冻土研究所 Lanzhou Inst. of Glaciology and Geocryology	157	新疆地理研究所 Xinjiang Inst. of Geography
146	兰州沙漠研究所 Lanzhou Inst. of Desert Research	158	中国科学院新疆分院 CAS Xinjiang Branch
147	兰州地质研究所 Lanzhou Inst. of Geology		海南省：1个 Hainan Province
148	兰州高原大气物理研究所 Lanzhou Inst. of Plateau Atmospheric Physics	159	中国科学院海南分院（筹备组） CAS Hainan Branch（Preparatory Group）

注：Inst. ——Institute. R&D——Research and Development.

三、人　　员

PERSONNEL

3.1 职工分类情况

Classification of CAS Staff

单位：人

年份 Year	总计 Total	其中：女性 Of which: Female	干部 Cadres						工人 Workers
			合计 Total	各类专业技术人员 Various kinds of professional and technical staff				行政干部 Administrative staff	
				小计 Subtotal	高级 Senior	中级 Middle-level	初级及未定 Junior and others		
1986	82326	28484	57363	49865	8358	22716	18791	7498	24963
1987	82721	28624	59667	52628	10638	23138	18852	7039	23054
1988	83969	29248	62328	55910	12010	24413	19487	6418	21641
1989	84287	29157	63499	57550	13280	24328	19942	5949	20788
1990	84848	29031	64554	59028	14574	25043	19411	5526	20294
1991	84909	29088	65179	59800	14810	24621	20369	5379	19730
1992	83909	28638	64592	59387	15612	24714	19061	5205	19317
1993	81456	27645	62930	57878	16735	24468	16675	5052	18526

地区及单位 Region and unit	总 计 Total	其中：女性 Of which: Female
总计 Total	**81456**	**27645**
北京市 Beijing	28907	10750
数学研究所 Inst. of Mathematics	153	42
应用数学研究所 Inst. of Applied Mathematics	133	25
系统科学研究所 Inst. of Systems Science	157	35
物理研究所 Inst. of Physics	876	288
声学研究所 Inst. of Acoustics	894	256
理论物理研究所 Inst. of Theoretical Physics	55	17
低温技术实验中心 Cryogenic Laboratory	279	86
高能物理研究所 Inst. of High Energy Physics	1705	672
北京天文台 Beijing Astronomical Observatory	409	132
力学研究所 Inst. of Mechanics	762	238
化学研究所 Inst. of Chemistry	836	334
感光化学研究所 Inst. of Photographic Chemistry	403	156
生态环境研究中心 Research Center for Eco-Environmental Sciences	519	203
化工冶金研究所 Inst. of Chemical Metallurgy	461	148

类情况（1993年）

Staff：1993

单位：人

干部 Cadres							工人 Workers
合计 Total	各类专业技术人员 Various kinds of professional and technical staff					行政干部 Administrative staff	
	小计 Subtotal	高级 Senior	其中：研究员 Of which：Research fellow	中级 Middle-level	初级及未定级 Junior and others		
62930	**57878**	**16735**	**3581**	**24468**	**16675**	**5052**	**18526**
22997	21370	6705	1634	8419	6246	1627	5910
140	134	71	38	34	29	6	13
127	122	55	31	26	41	5	6
150	140	78	46	46	16	10	7
739	715	312	61	286	117	24	137
767	724	217	37	321	186	43	127
52	48	31	15	13	4	4	3
168	148	35	7	69	44	20	111
1358	1250	369	49	483	398	108	347
341	317	89	17	142	86	24	68
656	636	293	50	208	135	20	106
742	706	256	47	227	223	36	94
357	324	118	28	145	61	33	46
457	439	143	32	190	106	18	62
400	376	118	33	173	85	24	61

地区及单位 Region and unit	总　计 Total	其中： 女性 Of which: Female
地理研究所 Inst. of Geography	562	174
遥感应用研究所 Inst. of Remote Sensing Application	265	88
地质研究所 Inst. of Geology	502	155
地球物理研究所 Inst. of Geophysics	351	103
古脊椎动物与古人类研究所 Inst. of Vertebrate Paleontology and Paleoanthropology	234	66
大气物理研究所 Inst. of Atmospheric Physics	575	192
自然资源综合考察委员会 Commission for Integrated Surveys of Natural Resources	347	93
植物研究所 Inst. of Botany	729	296
动物研究所 Inst. of Zoology	535	209
心理研究所 Inst. of Psychology	164	73
微生物研究所 Inst. of Microbiology	497	235
生物物理研究所 Inst. of Biophysics	707	305
遗传研究所 Inst. of Genetics	489	206
发育生物学研究所 Inst. of Developmental Biology	146	64
计算技术研究所 Inst. of Computing Technology	1257	493
计算中心 Computing Center	441	154
软件研究所 Inst. of Software	357	133
北京软件工程研制中心 Beijing Software Engineering Center	168	47

续表 3.2

干部 Cadres							工人 Workers
合计 Total	各类专业技术人员 Various kinds of professional and technical staff					行政干部 Administrative staff	
	小计 Subtotal	高级 Senior	其中：研究员 Of which: Research fellow	中级 Middle-level	初级及未定级 Junior and others		
509	484	212	56	171	101	25	53
249	238	68	18	112	58	11	16
441	425	180	54	187	58	16	61
308	289	89	21	129	71	19	43
204	181	62	12	64	55	23	30
502	479	130	48	174	175	23	73
315	289	97	23	141	51	26	32
605	565	203	64	231	131	40	124
493	475	191	47	165	119	18	42
152	142	66	19	42	34	10	12
446	428	134	27	152	142	18	51
621	590	203	26	213	174	31	86
451	432	118	23	128	186	19	38
124	116	26	4	49	41	8	22
935	898	292	61	448	158	37	322
387	352	111	29	128	113	35	54
347	344	71	21	128	145	3	10
164	158	21	4	70	67	6	4

地区及单位 Region and unit	总　计 Total	其中： 女性 Of which: Female
半导体研究所 Inst. of Semiconductors	976	383
微电子中心 Microelectronics R&D Center	770	327
电子学研究所 Inst. of Electronics	1019	377
自动化研究所 Inst. of Automation	580	196
电工研究所 Inst. of Electric Engineering	553	192
工程热物理研究所 Inst. of Engineering Thermophysics	251	73
空间科学与应用研究中心 Space Science and Technology Center	724	243
遥感卫星地面站 Remote. Sensing Satellite Ground Station	178	54
自然科学史研究所 Inst. of History of Natural Sciences	116	36
科技政策与管理科学研究所 Inst. of Science Policy and Management	123	45
中国科学技术大学研究生院 Graduate School of the University of Science and Technology of China	553	217
管理干部学院 College for Training Managerial Cadres	260	102
中国科学院文献情报中心 CAS Documentation and Information Center	388	217
中国科学报社 Chinese Science News	44	23
科学出版社 Science Press	471	231
中国科学院印刷厂 CAS Printing House	963	403
北京器材供应站 Beijing Instrument Supply Station	142	49
北京科学仪器研制中心 Beijing R&D Center for Scientific Instruments	694	289

干部 Cadres							
合计 Total	各类专业技术人员 Various kinds of professional and technical staff					行政干部 Administrative staff	工人 Workers
	小计 Subtotal	高级 Senior	其中：研究员 Of which: Research fellow	中级 Middle-level	初级及未定级 Junior and others		
750	709	245	45	221	243	41	226
462	414	103	18	173	138	48	308
860	832	216	25	353	263	28	159
508	488	145	31	186	157	20	72
458	425	131	22	162	132	33	95
231	221	62	19	96	63	10	20
662	626	153	30	285	188	36	62
160	148	32	8	61	55	12	18
108	99	35	10	44	20	9	8
114	109	31	15	56	22	5	9
447	396	154	59	152	90	51	106
185	163	37	4	65	61	22	75
334	311	64	10	126	121	23	54
41	40	14	2	19	7	1	3
428	407	109	18	152	146	21	43
158	73	1		19	53	85	805
100	83	19		47	17	17	42
414	383	72	11	164	147	31	280

地区及单位 Region and unit	总　计 Total	其中： 女性 Of which: Female
北京建筑设计研究院 Inst. of Architectural Designing	172	71
行政管理局 Bureau of Management and Administration	1145	480
信息咨询中心 Center for Information and Consultation	20	10
中国科学院本部（含下属单位） CAS Head Office	1102	472
东方科学仪器进出口公司 Oriental Scientific Instrument Import and Export Corporation	170	57
中国科技财务公司 China Scientific and Technological Finance Corporation	101	35
北京联想计算机集团公司 Beijing Legend Comprter Group Corporation	152	45
中科实业集团公司 China Sciences Group Corporatino	1272	405
河北省 Hebei Province	179	54
石家庄农业现代化研究所 Shijiazhuang Inst. of Agricultural Modernization	179	54
山西省 Shanxi Province	793	287
山西煤炭化学研究所 Shanxi Inst. of Coal Chemistry	793	287
辽宁省 Liaoning Province	5210	1439
大连化学物理研究所 Dalian Inst. of Chemical Physics	1316	401
沈阳应用生态研究所 Shenyang Inst. of Applied Ecology	559	179
沈阳计算技术研究所 Shenyang Inst. of Computing Technology	555	164
沈阳自动化研究所 Shenyang Inst. of Automation	795	199
金属研究所 Inst. of Metals Research	1134	280

续表 3.2

干　部 Cadres							
合计 Total	各类专业技术人员 Various kinds of professional and technical staff					行政干部 Administrative staff	工人 Workers
	小计 Subtotal	高级 Senior	其中：研究员 Of which: Research fellow	中级 Middle-level	初级及未定级 Junior and others		
164	159	57	6	63	39	5	8
484	349	35		107	207	135	661
17	16	5		7	4	1	3
700	497	206	33	202	89	203	402
153	139	28		63	48	14	17
91	91	5		28	58		10
149	149	14		38	97		3
1112	1079	273	220	435	371	33	160
170	166	60	7	80	26	4	9
170	166	60	7	80	26	4	9
601	562	181	37	230	151	39	192
601	562	181	37	230	151	39	192
4231	3863	1170	253	1793	900	368	979
1111	1013	292	72	518	203	98	205
497	455	145	32	203	107	42	62
460	425	134	22	191	100	35	95
668	622	199	31	276	147	46	127
898	828	253	67	369	206	70	236

地区及单位 Region and unit	总　计 Total	其中： 女性 Of which: Female
金属腐蚀与防护研究所 Inst. of Corrosion and Protection of Metals	228	51
沈阳科学仪器研制中心 Shenyang R&D Center for Scientific Instruments	493	133
中国科学院沈阳分院 CAS Shenyang Branch	130	32
吉林省 Jilin Province	5591	1683
长春物理研究所 Changchun Inst. of Physics	680	214
长春人造卫星观测站 Changchun Satellite Observation Station	60	11
长春应用化学研究所 Changchun Inst. of Applied Chemistry	1371	447
长春地理研究所 Changchun Inst. of Geography	304	81
长春光学精密机械研究所 Changchun Inst. of Optics and Fine Mechanics	3093	906
中国科学院长春分院 CAS Changchun Branch	83	24
黑龙江省 Heilongjiang Province	156	44
黑龙江农业现代化研究所 Heilongjiang Inst. of Agricultural Modernization	156	44
上海市 Shanghai	10898	3719
上海原子核研究所 Shanghai Inst. of Nuclear Research	1240	318
上海天文台 Shanghai Observatory	356	112
上海硅酸盐研究所 Shanghai Inst. of Ceramics	1012	331
上海有机化学研究所 Shanghai Inst. of Organic Chemistry	1331	467
上海植物生理研究所 Shanghai Inst. of Plant Physiology	470	164

续表 3.2

干部 Cadres							工人 Workers
合计 Total	各类专业技术人员 Various kinds of professional and technical staff					行政干部 Administrative staff	
	小计 Subtotal	高级 Senior	其中：研究员 Of which: Research fellow	中级 Middle-level	初级及未定级 Junior and others		
209	192	60	18	88	44	17	19
274	239	57	6	115	67	35	219
114	89	30	5	33	26	25	16
4160	3775	896	175	1800	1079	385	1431
564	504	130	25	264	110	60	116
53	45	8	1	21	16	8	7
1122	1059	278	68	470	311	63	249
265	231	75	12	106	50	34	39
2083	1882	383	68	917	582	201	1010
73	54	22	1	22	10	19	10
133	123	31	5	71	21	10	23
133	123	31	5	71	21	10	23
7764	7169	1908	371	3258	2003	595	3134
860	809	263	33	349	197	51	380
300	275	91	20	136	48	25	56
750	718	197	29	319	202	32	262
821	784	215	44	347	222	37	510
382	359	79	25	171	109	23	88

地区及单位 Region and unit	总 计 Total	其中： 女性 Of which: Female
上海昆虫研究所 Shanghai Inst. of Entomology	211	64
上海药物研究所 Shanghai Inst. of Materia Medica	559	227
上海生理研究所 Shanghai Inst. of Physiology	323	113
上海生物化学研究所 Shanghai Inst. of Biochemistry	535	224
上海细胞生物学研究所 Shanghai Inst. of Cell Biology	344	151
上海脑研究所 Shanghai Inst. of Brain Research	78	18
上海生物工程研究中心 Shanghai Bioengineering Research Center	261	101
上海冶金研究所 Shanghai Inst. of Metallurgy	1070	363
上海光学精密机械研究所 Shanghai Inst. of Optics and Fine Mechanics	1317	421
上海技术物理研究所 Shanghai Inst. of Technical Physics	959	334
上海文献情报中心 Shanghai Center for Documentation and Information	117	59
中国科学院上海分院 CAS Shanghai Branch	715	252
江苏省 Jiangsu Province	2042	658
紫金山天文台 Purple Mountain Observatory	420	133
南京地理与湖泊研究所 Nanjing Inst. of Geography and Limnology	274	86
南京地质古生物研究所 Nanjing Inst. of Geology and Palaeontology	309	76
南京土壤研究所 Nanjing Inst. of Soil Science	445	138
南京天文仪器研制中心 Nanjing R&D Center for Astronomical Instruments	536	210

干部 Cadres							工人 Workers
合计 Total	各类专业技术人员 Various kinds of professional and technical staff					行政干部 Administrative staff	
	小计 Subtotal	高级 Senior	其中：研究员 Of which: Research fellow	中级 Middle-level	初级及未定级 Junior and others		
189	170	37	9	68	65	19	22
459	432	115	23	201	116	27	100
263	240	55	15	108	77	23	60
407	357	115	30	126	116	50	128
281	267	65	15	110	92	14	63
72	68	21	7	28	19	4	6
191	173	27	6	57	89	18	70
736	689	209	31	347	133	47	334
864	803	241	37	383	179	61	453
711	658	125	16	348	185	53	248
97	89	12	2	42	35	8	20
381	278	41	29	118	119	103	334
1645	1522	605	112	598	319	123	397
373	355	117	22	143	95	18	47
258	246	90	16	101	55	12	16
287	270	126	33	97	47	17	22
418	386	196	28	117	73	32	27
257	222	67	10	109	46	35	279

地区及单位 Region and unit	总　计 Total	其中：女性 Of which: Female
中国科学院南京分院 CAS Nanjing Branch	58	15
安徽省 Anhui Province	5885	1927
固体物理研究所 Inst. of Solid State Physics	153	41
等离子体物理研究所 Inst. of Plasma Physics	578	148
合肥智能机械研究所 Hefei Inst. of Intelligent Machines	184	51
安徽光学精密机械研究所 Anhui Inst. of Optics and Fine Mechanics	1026	315
中国科学技术大学 University of Science and Technology of China	3451	1150
中国科学院合肥分院 CAS Hefei Branch	493	222
福建省 Fujian Province	567	143
福建物质结构研究所 Fujian Inst. of Research on the Structure of Matter	567	143
江西省 Jiangxi Province	49	17
庐山疗养院 Lushan Sanatorium	49	17
山东省 Shandong Province	1052	268
海洋研究所 Inst. of Oceanology	995	242
青岛疗养院 Qingdao Sanatorium	57	26
河南省 Henan Province	1014	392
开封印刷厂 Kaifeng Printing House	624	241
新乡科学仪器研制中心 Xinxiang R&D Center for Scientific Instruments	390	151

干　部 Cadres							
合计 Total	各类专业技术人员 Various kinds of professional and technical staff					行政干部 Administrative staff	工人 Workers
	小计 Subtotal	高级 Senior	其中：研究员 Of which: Research fellow	中级 Middle-level	初级及未定级 Junior and others		
52	43	9	3	31	3	9	6
4671	4426	1439	289	1770	1217	245	1214
134	125	25	10	60	40	9	19
461	441	153	21	165	123	20	117
171	166	42	4	68	56	5	13
726	684	168	25	315	201	42	300
2825	2715	981	228	1013	721	110	626
354	295	70	1	149	76	59	139
503	454	104	17	203	147	49	64
503	454	104	17	203	147	49	64
25	14	2		3	9	11	24
25	14	2		3	9	11	24
857	797	232	61	384	181	60	195
828	776	229	61	372	175	52	167
29	21	3		12	6	8	28
240	127	6		35	86	113	774
115	47			4	43	68	509
125	80	6		31	43	45	265

地区及单位 Region and unit	总　计 Total	其中： 女性 Of which: Female
湖北省 Hubei Province	2419	770
武汉数学物理研究所 Wuhan Inst. of Mathematical Physics	63	15
武汉物理研究所 Wuhan Inst. of Physics	414	115
武汉岩土力学研究所 Wuhan Inst. of Rock and Soil Mechanics	486	139
测量与地球物理研究所 Inst. of Geodesy and Geophysics	174	51
武汉植物研究所 Wuhan Inst. of Botany	240	88
水生生物研究所 Inst. of Hydrobiology	435	118
武汉病毒研究所 Wuhan Inst. of Virology	269	104
武汉文献情报中心 Wuhan Center for Documentation and Information	103	48
中国科学院武汉分院 CAS Wuhan Branch	235	92
湖南省 Hunan Province	269	81
长沙大地构造研究所 Changsha Inst. of Geotectonics	101	27
长沙农业现代化研究所 Changsha Inst. of Agricultural Modernization	168	54
广东省 Guangdong Province	2913	886
广州人造卫星观测站 Guangzhou Satellite Observation Station	68	19
广州化学研究所 Guangzhou Inst. of Chemistry	474	171
广州地质新技术研究所 Inst. of New Geotechnology	387	143
南海海洋研究所 South China Sea Inst. of Oceanology	678	165

干部 Cadres							工人 Workers
合计 Total	各类专业技术人员 Various kinds of professional and technical staff					行政干部 Administrative staff	
	小计 Subtotal	高级 Senior	其中：研究员 Of which: Research fellow	中级 Middle-level	初级及未定级 Junior and others		
1944	1727	450	85	745	532	217	475
61	57	12	5	27	18	4	2
339	302	96	15	140	66	37	75
308	270	68	13	133	69	38	178
155	133	32	9	55	46	22	19
186	170	41	7	67	62	16	54
376	354	100	21	139	115	22	59
233	217	62	10	90	65	16	36
96	89	16	2	32	41	7	7
190	135	23	3	62	50	55	45
239	223	66	14	107	50	16	30
88	81	27	8	39	15	7	13
151	142	39	6	68	35	9	17
2443	2261	682	148	946	633	182	470
53	39	8	1	22	9	14	15
410	388	102	19	162	124	22	64
370	356	170	50	140	46	14	17
563	530	152	29	230	148	33	115

地区及单位 Region and unit	总　计 Total	其中： 女性 Of which: Female
华南植物研究所 South China Inst. of Botany	510	168
广州电子研究所 Guangzhou Inst. of Electronic Technology	395	99
广州能源研究所 Guangzhou Inst. of Energy Conversion	196	62
中国科学院广州分院 CAS Guangzhou Branc	88	26
中国科健有限公司 China Kejian Ltd.	96	28
深圳科深科技咨询开发公司 Shenzhen Keshen S&T Consultation and Development Corporation	1	
深圳科技工业园总公司 Shenzhen Science and Industry Park Corporation	20	5
四川省 Sichuan Province	4401	1576
成都有机化学研究所 Chengdu Inst. of Organic Chemistry	437	167
成都山地灾害与环境研究所 Chengdu Inst. of Mountain Hazards and Environment	375	110
成都生物研究所 Chengdu Inst. of Biology	452	174
成都计算机应用研究所 Chengdu Inst. of Computer Application	372	114
光电技术研究所 Inst. of Optics and Electronics	1923	635
成都文献情报中心 Chengdu Documentation and Information Center	89	38
成都科学仪器研制中心 Chengdu R&D Center for Scientific Instruments	450	186
中国科学院成都分院 CAS Chengdu Branch	303	152
贵州省 Guizhou Province	443	117
贵阳地球化学研究所 Guiyang Inst. of Geochemistry	443	117

干部 Cadres							工人 Workers
合计 Total	各类专业技术人员 Various kinds of professional and technical staff					行政干部 Administrative staff	
	小计 Subtotal	高级 Senior	其中：研究员 Of which: Research fellow	中级 Middle-level	初级及未定级 Junior and others		
370	327	84	19	120	123	43	140
344	334	81	10	146	107	10	51
171	164	47	12	67	50	7	25
78	51	17	4	25	9	27	10
68	64	19	4	28	17	4	28
1	1	1					
15	7	1		6		8	5
3020	2688	638	89	1204	846	332	1381
402	382	110	15	189	83	20	35
346	302	87	16	135	80	44	29
403	376	117	11	139	120	27	49
327	303	73	14	148	82	24	45
1003	867	162	22	404	301	136	920
84	76	18	4	34	24	8	5
204	174	25		67	82	30	246
251	208	46	7	88	74	43	52
369	344	122	29	120	102	25	74
369	344	122	29	120	102	25	74

地区及单位 Region and unit	总 计 Total	其中：女性 Of which: Female
云南省 Yunnan Province	1507	506
云南天文台 Yunnan Observatory	330	92
昆明植物研究所 Kunming Inst. of Botany	645	239
昆明生态研究所 Kunming Inst. of Ecology	162	44
昆明动物研究所 Kunming Inst. of Zoology	285	102
中国科学院昆明分院 CAS Kunming Branch	85	29
陕西省 Shaanxi Province	2134	687
陕西天文台 Shaanxi Observatory	706	203
西北水土保持研究所 Northwest Inst. of Soil and Water Conservation	364	106
西安光学精密机械研究所 Xi'an Inst. of Optics and Fine Mechanics	987	359
中国科学院西安分院 CAS Xi'an Branch	77	19
甘肃省 Gansu Province	3073	997
近代物理研究所 Inst. of Modern Physics	898	260
兰州化学物理研究所 Lanzhou Inst. of Chemical Physics	642	224
兰州冰川冻土研究所 Lanzhou Inst. of Glaciology and Geocryology	382	96
兰州沙漠研究所 Lanzhou Inst. of Desert Research	285	77
兰州地质研究所 Lanzhou Inst. of Geology	175	47
兰州高原大气物理研究所 Lanzhou Inst. of Plateau Atmospheric Physics	237	80

干部 Cadres							工人 Workers
合计 Total	各类专业技术人员 Various kinds of professional and technical staff					行政干部 Administrative staff	
	小计 Subtotal	高级 Senior	其中：研究员 Of which: Research fellow	中级 Middle-level	初级及未定级 Junior and others		
1243	1126	244	41	431	451	117	264
290	269	55	9	131.	83	21	40
501	445	102	15	140	203	56	144
135	129	33	4	48	48	6	27
246	226	44	11	86	96	20	39
71	57	10	2	26	21	14	14
1445	1332	312	50	607	413	113	689
442	388	47	4	214	127	54	264
299	281	89	17	99	93	18	65
629	590	158	27	265	167	39	358
75	73	18	2	29	26	2	2
2598	2336	571	104	1029	736	262	475
743	691	182	31	288	221	52	155
536	476	117	19	227	132	60	106
341	308	89	19	149	70	33	41
250	226	60	14	93	73	24	35
158	148	44	7	66	38	10	17
212	186	35	11	77	74	26	25

地区及单位 Region and unit	总 计 Total	其中： 女性 Of which： Female
兰州文献情报中心 Lanzhou Center for Documentation and Information	124	60
中国科学院兰州分院 CAS Lanzhou Branch	330	153
青海省 Qinghai Province	638	190
青海盐湖研究所 Qinghai Inst. of Saline Lakes	387	117
西北高原生物研究所 Northwest Inst. of Plateau Biology	251	73
新疆维吾尔自治区 Xinjiang Uygur Autonomous Region	1316	454
新疆物理研究所 Xinjiang Inst. of Physics	258	73
乌鲁木齐天文工作站 Urumqi Astronomic Working Station	90	29
新疆化学研究所 Xinjiang Inst. of Chemistry	175	64
新疆地理研究所 Xinjiang Inst. of Geography	166	49
新疆生物土壤沙漠研究所 Xinjiang Inst. of Biology，Pedology and Desert Research	290	95
中国科学院新疆分院 CAS Xinjiang Branch	337	144

注：北京器材供应站为非独立机构.

Note：The Beijing Instrument Supply Station is a non-independent unit.

干　部 Cadres							工人 Workers
合计 Total	各类专业技术人员 Various kinds of professional and technical staff					行政干部 Administrative staff	
	小计 Subtotal	高级 Senior	其中：研究员 Of which: Research fellow	中级 Middle-level	初级及未定级 Junior and others		
103	96	16	2	33	47	7	21
255	205	28	1	96	81	50	75
537	485	117	28	182	186	52	101
303	275	70	15	103	102	28	84
234	210	47	13	79	84	24	17
1095	988	194	32	453	341	107	221
231	222	43	8	117	62	9	27
82	78	10		32	36	4	8
155	145	29	6	71	45	10	20
153	135	27	5	67	41	18	13
253	233	65	13	94	74	20	37
221	175	20		72	83	46	116

3.3 职工学位和学历情况（1993年）

CAS Staff，by Academic Degrees and Qualification：1993

单位：人

	学位 Academic degrees			学历 Academic qualification				
	博士 Ph. d.	硕士 M. S.	学士 Bachelor	研究生 Post graduates	大学 University graduates	大专 Specialized higher school graduates	中专 Specialized secondary school graduates	其他 Others
总计 Total	**1862**	**7131**	**8499**	**9888**	**25367**	**11505**	**7224**	**27472**
一、科研机构 Insititute	1686	6066	6744	8499	20851	8864	5580	20479
数学、物理 Mathematics & physics	368	924	1114	1442	4390	1629	1009	3753
化学与化工 Chemistry & chemical engineering	393	931	1137	1459	3400	1542	916	3407
地学 Earth sciences	282	1182	820	1590	2762	1084	647	2038
生物学 Biological sciences	339	1263	1433	1784	3643	1671	1125	3235
技术科学 Technological sciences	298	1700	2172	2146	6572	2896	1876	8018
其他 Others	6	66	68	78	84	42	7	28
二、支撑机构 Supporting organizations	147	780	926	1054	2649	1431	933	5268
教育培干 Education & cadre training	139	649	376	912	1405	548	350	1049
图书、情报、出版 Library, information & publication	5	60	191	67	516	417	126	1797
科学仪器研制 Scientific instrument development	3	63	294	67	497	336	240	1423

	学 位 Academic degrees			学 历 Academic qualification				
	博士 Ph. d.	硕士 M. S.	学士 Bachelor	研究生 Post graduates	大学 University graduates	大专 Specialized higher school graduates	中专 Specialized secondary school graduates	其他 Others
基本建设 Capital construction		3	39	3	108	16	12	33
服务与福利 Service & welfare		3	8	3	80	90	181	897
其他 Others		2	18	2	43	24	24	69
三、管理机构 Management organizations	18	61	255	92	995	844	597	1508
院本部 Head office	13	28	79	47	317	235	98	405
地区管理部门 CAS Branches	5	33	176	45	678	609	499	1103
四、院直属企业集团 Group corporations directly affiliated to CAS	11	224	574	243	872	366	114	217

四、经费、基本建设

FUNDS AND CAPITAL CONSTRUCTION

4.1 科学事业总经费收入

Total Income of CAS Scientific Operating Funds

单位：千元（thousand yuan）

年份 Year	合计 Total	事业费拨款 Operating funds	三项费用拨款 Three sums of S&T funds	科学基金拨款 Scientific foundation funds	"863"项目拨款 "863" project funds	其他收入 Other income
1986	865025	646979	58575	10656		148815
1987	1018170	674090	97160	16240		230680
1988	1265700	740530	134520	32100		358550
1989	1310260	737310	155140	39910	68920	308980
1990	1492520	855140	137670	43540	65350	390820
1991	1510037	872684	112021	40708	66890	417733
1992	1889062	938965	130640	61102	71799	686556
1993	2402766	1091135	212769	79328	67259	952275

注：1986 年、1987 年的其他收入含国外订货转帐。

Note：Other income here includes accounts transferred from foreign orders in 1986 and 1987.

4.2 科学事业总经费支出

Total Expenditure of CAS Scientific Operating Funds

单位：千元（thousand yuan）

年份 Year	合计 Total	人员费用支出 Personnel expenditure	公用费用支出 Public expenditure	科研费用支出 Scientific research expenditure	其中：购置仪器设备 Of which：expenditure for purchasing equipment and instruments
1986	784676	163287	129608	491781	186923
1987	933000	196070	120360	616570	154910
1988	1041030	210040	160030	670960	80710
1989	1155300	233390	207580	714330	105060
1990	1320410	266660	222570	831170	117980
1991	1455792	297607	258955	899229	90630
1992	1913717	371299	301045	1241373	88349
1993	2375603	453661	369730	1552212	109740

注：表中购置仪器设备费支出指用事业费购置的仪器设备。

Note：The expenditure for purchasing scientific equipment and instruments refers to expenditure from operating funds for scientific equipment and instruments.

4.3 科学事业总经费收入、
Total Income and Expenditure of

	收入 Income			
	合计 Total	事业费拨款 Operating funds	三项费用拨款 Three sums of S&T funds	科学基金拨款 Scientific foundation funds
总计 Total	**2402766**	**1091135**	**212769**	**79328**
一、科研机构 Research units	1746474	756511	141441	74824
数学、物理 Mathematics & physics	356508	190826	3358	14807
化学与化工 Chemistry & chemical engineering	234509	102407	30547	11929
地学 Earth sciences	218050	117524	12473	16872
生物学 Biological sciences	260207	135109	12643	18926
技术科学 Technological sciences	672657	206747	82421	12170
其他 Others	4544	3898		121
二、支撑机构 Supporting organizations	290325	65185	157	4233
教育培干 Education & cadre training	53021	30442	42	3612
图书、情报、出版 Library, information & publication	33330	27993	15	230
科学仪器研制 Scientific instrument development	83846	3642		391
基本建设 Capital construction	11807	80		
服务与福利 Service & welfare	2346	1008		
其他 Others	105976	2020	100	
三、管理机构 Management organizations	365969	269439	71171	271
院本部 Head Office	316630	235976	69151	0
地区管理部门 CAS Branches	49339	33463	2020	271

支出情况（1993 年）

CAS Scientific Operating Funds：1993

单位：千元（thousand yuan）

		支 出 Expenditure				
"863"项目拨款 "863" project funds	其他收入 Other income	合计 Total	人员费用支出 Personal expenditure	公用费用支出 Public expenditure	科研费用支出 Scientific research expenditure	其中：购置仪器设备 Of which：expenditure for purchasing equipment and instrumentation
67259	**952275**	**2375603**	**453661**	**369730**	**1552212**	**109740**
65439	708259	1885974	401905	236800	1247269	103785
7292	140225	366246	74191	52445	239610	19318
5629	83997	286896	72742	33774	180380	12536
5	71176	262899	51607	29534	181758	35220
8074	85455	315456	76266	44187	195003	12861
44434	326885	649777	125730	75328	448719	23810
5	520	4698	1368	1531	1799	40
1811	218939	293784	23774	74321	195689	4489
1811	17114	51957	6941	11376	33640	3238
	5092	36094	7028	4467	24599	696
	79813	93797	8074	11836	73887	554
	11727	11579	267	500	10812	
	1338	2259	562	1600	97	
	103856	98101	903	44543	52655	
10	25078	195844	27982	58609	109253	1467
	11503	141224	12401	33850	94973	1344
10	13575	54622	15581	24760	14281	123

4.4 基本建设

Statistics of CAS Capital Construction

年份 Year	完成投资（万元） Investment completed (ten thousand yuan)	自筹 Self-raised	竣工面积（平方米） Floor space completed (square meter)	自筹 Self-raised
1986	21908	252	283026	7559
1987	27412	281	203111	10345
1988	28266	240	247028	14449
1989	29384	240	298743	6407
1990	23484	240	373626	11910
1991	30306	1971	231729	28336
1992	36636	5000	287163	67928
1993	38357	4809	258284	61645

4.5 基本建设（1993 年）

Statistics of CAS Capital Construction：1992

	单位 Unit	总计 Total	自筹 Self-raised
本年完成投资 Investment	万元 Ten thousand yuan	38357	4809
本年施工面积 Floor space started	平方米 Square meter	694590	143535
本年竣工面积 Floor space completed	平方米 Square meter	258284	61645
其中： 住宅 Of which： Residence	平方米 Square meter	186200	51244
科研用房 Research buildings	平方米 Square meter	58102	4065

五、科技活动

SCIENTIFIC AND TECHNOLOGICAL ACTIVITIES

5.1 科研机构与人员概况

Statistics of CAS Research Units and Staff

年　份 Year	机构数 (个) Institutions	职工数（人）staff			
		合　计 Total	从事科技活动人员 S&T activity personnel	科学家、工程师 Scientists & engineers	其他科技人员 Other S & T personnel
1985	122	69650	58220	32174	8828
1986	122	70510	60107	34495	8777
1987	123	66855	53727	35034	8239
1988	123	67554	56939	36648	9078
1989	123	67451	56895	37587	8757
1990	123	67547	56199	38133	8442
1991	123	67558	56029	37668	8750
1992	123	66608	54293	37642	8283
1993	123	64273	50584	36199	6968

注：S &T——Science and Technology.

5.2 科研机构职工基本情况（1993 年）

Personnel Statistics of CAS Research Units：1993

单位：人

地区、学科及科研单位 Region，field and institute	职工总数 Total staff	科学家工程师 Scientists & engineers	其他科技人员 Other S&T personnel	专业技术干部 Professional and technical personnel	科学家工程师 Scientists & engineers	其他科技人员 Other S&T personnel
总　计 **Total**	**64273**	**41149**	**9179**	**47939**	**40774**	**7085**
一、按地区、分院分 By region and brach						
北京地区 Beijing	21258	14907	2859	17046	14773	2255
沈阳分院 Shenyang Branch	4587	3063	593	3535	3053	481
长春分院 Changchun Branch	5508	3081	863	3721	3072	643
上海分院 Shanghai Branch	10066	5912	1381	6802	5855	946
南京分院 Nanjing Branch	1448	1109	182	1257	1100	155
合肥分院 Hefei Branch	1941	1178	321	1416	1170	246
武汉分院 Wuhan Branch	2350	1474	388	1726	1454	268
广州分院 Guangzhou Branch	2708	1837	390	2138	1827	311
成都分院 Chengdu Branch	3559	1865	464	2230	1832	358
昆明分院 Kunming Branch	1422	771	330	1069	770	299
西安分院 Xi'an Branch	2057	1005	315	1231	989	242
兰州分院 Lanzhou Branch	3257	2120	533	2520	2084	434
新疆分院 Xinjiang Branch	979	729	144	823	715	108
其他地区 Other regions	3133	2098	416	2425	2080	339
二、按学科分 By field						
数学、物理 Mathematics & physics	12223	7869	1677	9109	7778	1321

地区、学科及科研单位 Region, field and institute	职工总数 Total staff	科学家工程师 Scientists & engineers	其他科技人员 Other S&T personnel	专业技术干部 Professional and technical personnel	科学家工程师 Scientists & engineers	其他科技人员 Other S&T personnel
化学与化工 Chemistry & chemical engineering	10724	7006	1427	8111	6926	1174
地　学 Earth sciences	8121	5893	1033	6657	5828	814
生物学 Biological sciences	11458	7614	1856	9026	7584	1435
技术科学 Technological sciences	21508	12564	3157	14828	12468	2323
其　他 Others	239	203	29	208	190	18
三、按科研单位分 By institute						
北京市 Beijing	21258	14907	2859	17046	14773	2255
数学研究所 Inst. of Mathematics	153	122	13	134	122	12
应用数学研究所 Inst. of Applied Mathematics	133	114	12	127	114	11
系统科学研究所 Inst. of Systems Science	157	130	11	140	129	11
物理研究所 Inst. of Physics	876	667	75	715	667	48
声学研究所 Inst. of Acoustics	894	655	72	724	651	72
理论物理研究所 Inst. of Theoretical Physics	55	46	5	48	45	3
低温技术实验中心 Cryogenic Laboratory	279	130	58	148	127	21
高能物理研究所 Inst. of High Energy Physics	1705	1016	290	1250	1014	236
北京天文台 Beijing Astronomical Observatory	409	281	51	317	275	42
力学研究所 Inst. of Mechanics	762	584	72	636	580	56
化学研究所 Inst. of Chemistry	836	659	89	706	628	78

地区、学科及科研单位 Region, field and institute	职工总数 Total staff	科学家工程师 Scientists & engineers	其他科技人员 Other S&T personnel	专业技术干部 Professional and technical personnel	科学家工程师 Scientists & engineers	其他科技人员 Other S&T personnel
感光化学研究所 Inst. of Photographic Chemistry	403	308	40	324	302	22
生态环境研究中心 Research Center for Eco-Environmental Sciences	519	333	107	439	333	106
化工冶金研究所 Inst. of Chemical Metallurgy	461	352	67	376	334	42
地理研究所 Inst. of Geography	562	438	54	484	437	47
遥感应用研究所 Institute of Remote Sensing Application	265	203	43	238	203	35
地质研究所 Inst. of Geology	502	403	37	425	390	27
地球物理研究所 Inst. of Geophysics	351	253	45	289	253	35
古脊椎动物与古人类研究所 Inst. of Vertebrate Paleontology and Paleoanthropology	234	161	30	181	161	20
大气物理研究所 Inst. of Atmospheric Physics	575	410	81	479	408	71
自然资源综合考察委员会 Commission for Integrated Surveys of Natural Resources	347	257	47	289	255	34
植物研究所 Inst. of Botany	729	483	105	565	482	83
动物研究所 Inst. of Zoology	535	408	77	475	407	68
心理研究所 Inst. of Psychology	164	121	31	142	121	21
微生物研究所 Inst. of Microbiology	497	378	58	428	378	50
生物物理研究所 Inst. of Biophysics	707	517	100	590	517	73
遗传研究所 Inst. of Genetics	489	363	89	432	362	70
发育生物学研究所 Inst. of Developmental Biology	146	97	23	116	97	19
计算技术研究所 Inst. of Computing Technology	1257	833	84	898	832	66

地区、学科及科研单位 Region, field and institute	职工总数 Total staff	科学家工程师 Scientists & engineers	其他科技人员 Other S&T personnel	专业技术干部 Professional and technical personnel	科学家工程师 Scientists & engineers	其他科技人员 Other S&T personnel
计算中心 Computing Center	441	302	88	352	298	54
软件研究所 Inst. of Software	357	302	55	344	302	42
半导体研究所 Inst. of Semiconductors	976	571	148	709	566	143
微电子中心 Microelectronics R&D Center	770	322	151	414	321	88
电子学研究所 Inst. of Electronics	1019	673	198	832	666	166
自动化研究所 Inst. of Automation	580	434	64	488	433	54
电工研究所 Inst. of Electric Engineering	553	352	91	425	351	74
工程热物理研究所 Inst. of Engineering Thermophysics	251	192	39	221	191	30
自然科学史研究所 Inst. of History of Natural Sciences	116	93	23	99	85	14
科技政策与管理科学研究所 Inst. of Science Policy and Management	123	110	6	109	105	4
北京软件工程研制中心 Beijing Software Engineering Center	168	157	11	164	157	7
空间科学与应用研究中心 Space Science and Technology Center	724	554	88	626	552	74
遥感卫星地面站 Remote-Sensing Satellite Ground Station	178	123	31	148	122	26
河北省 Hebei Province	179	159	20	166	157	9
石家庄农业现代化研究所 Shijiazhuang Inst. of Agricultural Modernization	179	159	20	166	157	9
山西省 Shanxi Province	793	442	139	562	440	122
山西煤炭化学研究所 Shanxi Inst. of Coal Chemistry	793	442	139	562	440	122

地区、学科及科研单位 Region，field and institute	职工总数 Total staff	科学家工程师 Scientists & engineers	其他科技人员 Other S&T personnel	专业技术干部 Professional and technical personnel	科学家工程师 Scientists & engineers	其他科技人员 Other S&T personnel
辽宁省 Liaoning Province	4587	3063	593	3535	3053	481
沈阳应用生态研究所 Shenyang Inst. of Applied Ecology	559	377	97	455	376	78
沈阳计算技术研究所 Shenyang Inst. of Computing Technology	555	372	71	425	368	57
沈阳自动化研究所 Shenyang Inst. of Automation	795	554	84	622	553	69
金属研究所 Inst. of Metals Research	1134	669	188	828	669	159
金属腐蚀与防护研究所 Inst. of Corrosion and Protection of Metals	228	173	21	192	172	20
大连化学物理研究所 Dalian Inst. of Chemical Physics	1316	918	132	1013	915	98
吉林省 Jilin Province	5508	3081	863	3721	3072	643
长春物理研究所 Changchun Inst. of Physics	680	458	60	504	456	42
长春人造卫星观测站 Changchun Satellite Observation Station	60	35	11	45	35	10
长春应用化学研究所 Changchun Inst. of Applied Chemistry	1371	896	191	1059	896	163
长春地理研究所 Changchun Inst. of Geography	304	204	40	231	204	27
长春光学精密机械研究所 Changchun Inst. of Optics and Fine Mechanics	3093	1488	561	1882	1481	401
黑龙江省 Heilongjiang Province	156	114	21	123	114	9
黑龙江农业现代化研究所 Heilongjiang Inst. of Agricultural Modernization	156	114	21	123	114	9
上海市 Shanghai	10066	5912	1381	6802	5855	946

地区、学科及科研单位 Region，field and institute	职工总数 Total staff	科学家工程师 Scientists & engineers	其他科技人员 Other S&T personnel	专业技术干部 Professional and technical personnel	科学家工程师 Scientists & engineers	其他科技人员 Other S&T personnel
上海原子核研究所 Shanghai Inst. of Nuclear Research	1240	672	171	809	672	137
上海天文台 Shanghai Observatory	356	275	29	275	253	22
上海硅酸盐研究所 Shanghai Inst. of Ceramics	1012	607	140	718	605	113
上海有机化学研究所 Shanghai Inst. of Organic Chemistry	1331	668	147	784	667	117
上海植物生理研究所 Shanghai Inst. of Plant Physiology	470	330	68	359	328	31
上海昆虫研究所 Shanghai Inst. of Entomology	211	149	27	170	147	23
上海药物研究所 Shanghai Inst. of Materia Medica	559	377	77	432	375	57
上海生理研究所 Shanghai Inst. of Physio-logy	323	209	43	240	209	31
上海生物化学研究所 Shanghai Inst. of Biochemistry	535	308	80	357	304	52
上海细胞生物学研究所 Shanghai Inst. of Cell Biology	344	224	43	267	224	43
上海脑研究所 Shanghai Inst. of Brain Research	78	60	11	68	60	8
上海生物工程实验基地 Shanghai Bioengineering Research Center	261	134	62	173	134	39
上海冶金研究所 Shanghai Inst. of Metallurgy	1070	629	195	689	626	63
上海光学精密机械研究所 Shanghai Inst. of Optics and Fine Mechanics	1317	771	158	803	696	107
上海技术物理研究所 Shanghai Inst. of Technical Physics	959	559	130	658	555	103
江苏省 Jiangsu Province	1448	1109	182	1257	1100	155

地区、学科及科研单位 Region, field and institute	职工总数 Total staff	科学家工程师 Scientists & engineers	其他科技人员 Other S&T personnel	专业技术干部 Professional and technical personnel	科学家工程师 Scientists & engineers	其他科技人员 Other S&T personnel
紫金山天文台 Purple Mountain Observatory	420	296	82	355	287	68
南京地理与湖泊研究所 Nanjing Inst. of Geography and Limnology	274	221	32	246	221	25
南京地质古生物研究所 Nanjing Inst. of Geology and Palaeontology	309	244	28	270	244	26
南京土壤研究所 Nanjing Inst. of Soil Science	445	348	40	386	348	36
安徽省 Anhui Province	1941	1178	321	1416	1170	246
固体物理研究所 Inst. of Solid State Physics	153	104	25	125	104	21
等离子体物理研究所 Inst. of Plasma Physics	578	368	93	441	364	77
合肥智能机械研究所 Hefei Inst. of Intelligent Machines	184	137	32	166	137	29
安徽光学精密机械研究所 Anhui Inst. of Optics and Fine Mechanics	1026	569	171	684	565	119
福建省 Fujian Province	567	387	98	454	378	76
福建物质结构研究所 Fujian Inst. of Research on the Structure of Matter	567	387	98	454	378	76
山东省 Shandong Province	995	698	87	776	698	78
海洋研究所 Inst. of Oceanology	995	698	87	776	698	78
湖北省、湖南省 Hubei and Hunan Provinces	2350	1474	388	1726	1454	268
武汉数学物理研究所 Wuhan Inst. of Mathematical Physics	63	50	7	57	50	7
武汉物理研究所 Wuhan Inst. of Physics	414	268	64	302	257	45

地区、学科及科研单位 Region, field and institute	职工总数 Total staff	科学家工程师 Scientists & engineers	其他科技人员 Other S&T personnel	专业技术干部 Professional and technical personnel	科学家工程师 Scientists & engineers	其他科技人员 Other S&T personnel
武汉岩土力学研究所 Wuhan Inst. of Rock and Soil Mechanics	486	226	93	270	225	44
测量与地球物理研究所 Inst. of Geodesy and Geophysics	174	119	21	133	118	15
武汉植物研究所 Wuhan Inst. of Botany	240	133	53	170	133	37
水生生物研究所 Inst. of Hydrobiology	435	290	77	354	289	62
武汉病毒研究所 Wuhan Inst. of Virology	269	184	43	217	184	33
长沙大地构造研究所 Changsha Inst. of Geotectonics	101	76	14	81	72	9
长沙农业现代化研究所 Changsha Inst. of Agricultural Modernization	168	128	16	142	126	16
广东省 Guangdong Province	2708	1837	390	2138	1827	311
广州人造卫星观测站 Guangzhou Satellite Observation Station	68	38	13	39	34	5
广州化学研究所 Guangzhou Inst. of Chemistry	474	320	77	388	318	70
广州地质新技术研究所 Guangzhou Inst. of New Geotechnology	387	331	25	356	331	25
南海海洋研究所 South China Sea Inst. of Oceanology	678	446	107	530	446	84
华南植物研究所 South China Inst. of Botany	510	279	72	327	275	52
广州电子研究所 Guangzhou Inst. of Electronic Technology	395	285	62	334	285	49
广州能源研究所 Guangzhou Inst. of Energy Conversion	196	138	34	164	138	26
四川省 Sichuan Province	3559	1865	464	2230	1832	358

地区、学科及科研单位 Region, field and institute	职工总数 Total staff	科学家工程师 Scientists & engineers	其他科技人员 Other S&T personnel	专业技术干部 Professional and technical personnel	科学家工程师 Scientists & engineers	其他科技人员 Other S&T personnel
成都有机化学研究所 Chengdu Inst. of Organic Chemistry	437	341	41	382	340	33
成都山地灾害与环境研究所 Chengdu Inst. of Mountain Hazards and Environment	375	246	86	302	240	62
成都生物研究所 Chengdu Inst. of Biology	452	310	81	376	308	68
成都计算机应用研究所 Chengdu Inst. of Computer Application	372	271	32	303	267	29
光电技术研究所 Inst. of Optics and Electronics	1923	697	224	867	677	166
贵州省 Guizhou Province	443	298	51	344	293	45
贵阳地球化学研究所 Guiyang Inst. of Geochemistry	443	298	51	344	293	45
云南省 Yunnan Province	1422	771	330	1069	770	299
云南天文台 Yunnan Observatory	330	223	57	269	223	46
昆明植物研究所 Kunming Inst. of Botany	645	282	177	445	282	163
昆明动物研究所 Kunming Inst. of Zoology	285	166	65	226	165	61
昆明生态研究所 Kunming Inst. of Ecology	162	100	31	129	100	29
陕西省 Shaanxi Province	2057	1005	315	1231	989	242
陕西天文台 Shaanxi Observatory	706	293	98	388	290	98
西北水土保持研究所 Northwest Inst. of Soil and Water Conservation	364	215	71	253	211	42
西安光学精密机械研究所 Xi'an Inst. of Optics and Fine Mechanics	987	497	146	590	488	102
甘肃省、青海省 Gansu and Qinghai Provinces	3257	2120	533	2520	2084	434
近代物理研究所 Inst. of Modern Physics	898	553	165	691	544	147

地区、学科及科研单位 Region，field and institute	职工总数 Total staff	科学家工程师 Scientists & engineers	其他科技人员 Other S&T personnel	专业技术干部 Professional and technical personnel	科学家工程师 Scientists & engineers	其他科技人员 Other S&T personnel
兰州化学物理研究所 Lanzhou Inst. of Chemical Physics	642	415	82	476	411	64
兰州冰川冻土研究所 Lanzhou Inst. of Glaciology and Geocryology	382	276	61	308	263	45
兰州沙漠研究所 Lanzhou Inst. of Desert Research	285	200	51	226	192	34
兰州地质研究所 Lanzhou Inst. of Geology	175	127	27	148	126	22
兰州高原大气物理研究所 Lanzhou Inst. of Plateau Atmospheric Physics	237	151	48	186	151	35
青海盐湖研究所 Qinghai Inst. of Saline Lakes	387	226	54	275	225	49
西北高原生物研究所 Northwest Inst. of Plateau Biology	251	172	45	210	172	38
新疆维吾尔自治区 Xinjiang Uygur Autonomous Region	979	729	144	823	715	108
新疆物理研究所 Xinjiang Inst. of Physics	258	207	25	222	202	20
乌鲁木齐天文工作站 Urumqi Astronomic Working Station	90	58	25	78	58	20
新疆化学研究所 Xinjiang Inst. of Chemistry	175	134	23	155	134	21
新疆地理研究所 Xinjiang Inst. of Geography	166	131	18	135	122	13
新疆生物土壤沙漠研究所 Xinjiang Inst. of Biology，Pedology and Desert Research	290	199	53	233	199	34

地区、学科及科研单位 Region, field and institute	从事科技活动人员 S&T activity personnel	科学家工程师 Scientists & engineers	其他科技人员 Other S&T personnel	科技管理人员 S&T Management personnel	科学家工程师 Scientists & engineers	其他科技人员 Other S&T personnel
总计 Total	**50584**	**36199**	**6968**	**6298**	**3558**	**1747**
一、按地区、分院分 By region and branch						
北京地区 Beijing	17011	13017	2173	2052	1176	560
沈阳分院 Shenyang Branch	3452	2630	417	457	244	129
长春分院 Changchun Branch	3983	2487	572	430	243	114
上海分院 Shanghai Branch	7700	5181	1098	832	439	234
南京分院 Nanjing Branch	1259	1062	159	185	113	63
合肥分院 Hefei Branch	1557	1068	275	178	105	55
武汉分院 Wuhan Branch	1715	1289	264	252	120	87
广州分院 Guangzhou Branch	2181	1659	288	305	179	71
成都分院 Chengdu Branch	2917	1658	329	433	273	120
昆明分院 Kunming Branch	1101	695	271	178	99	55
西安分院 Xi'an Branch	1668	928	265	210	121	59
兰州分院 Lanzhou Branch	2672	1965	444	411	219	120
新疆分院 Xinjiang Branch	752	624	77	96	63	25
其他地区 Other regions	2616	1936	336	279	164	55
二、按学科分 By field						
数学、物理 Mathematics & physics	9524	6955	1315	1283	713	367
化学与化工 Chemistry & chemical engineering	8617	6354	1065	881	515	243

活动人员概况（1993 年）

in CAS Research Units：1993 单位：人

课题活动人员 S&T project activity personnel	科学家工程师 Scientists & engineers	其他科技人员 Other S&T personnel	科技服务人员 S&T service personnel	科学家工程师 Scientists & engineers	其他科技人员 Other S&T personnel
34231	**29018**	**3394**	**10055**	**3623**	**1827**
12516	10801	1130	2443	1040	483
2268	2043	163	727	343	125
2172	1893	187	1381	351	271
5167	4202	574	1701	540	290
920	834	74	154	115	22
1000	866	129	379	97	91
1218	1073	95	245	96	82
1675	1357	169	201	123	48
1493	1198	125	991	187	84
778	558	165	145	38	51
704	566	94	754	241	112
1895	1585	265	366	161	59
573	509	29	83	52	23
1852	1533	195	485	239	86
6619	5687	681	1622	555	267
6168	5264	558	1568	575	264

地区、学科及科研单位 Region，field and institute	从事科技活动人员 S&T activity personnel	科学家工程师 Scientists & engineers	其他科技人员 Other S&T personnel	科技管理人员 S&T Management personnel	科学家工程师 Scientists & engineers	其他科技人员 Other S&T personnel
地学 Earth sciences	6894	5560	824	994	583	249
生物学 Biological sciences	9270	7006	1441	1274	699	362
技术科学 Technological sciences	16061	10142	2294	1834	1029	519
其他 Others	218	182	29	32	19	7
三、按科研单位分 By institute						
北京市 Beijing	17011	13017	2173	2052	1176	560
数学研究所 Inst. of Mathematics	140	122	13	21	18	3
应用数学研究所 Inst. of Applied Mathematics	127	113	12	19	11	8
系统科学研究所 Inst. of Systems Science	150	130	11	25	13	6
物理研究所 Inst. of Physics	757	624	62	52	34	18
声学研究所 Inst. of Acoustics	765	611	59	91	54	15
理论物理研究所 Inst. of Theoretical Physics	53	45	5	12	9	3
低温技术实验中心 Cryogenic Laboratory	165	121	44	20	12	8
高能物理研究所 Inst. of High Energy Physics	1526	960	248	196	101	53
北京天文台 Beijing Astronomical Observatory	268	201	29	72	35	16
力学研究所 Inst. of Mechanics	593	491	39	62	35	16
化学研究所 Inst. of Chemistry	750	616	75	62	52	9
感光化学研究所 Inst. of Photographic Chemistry	325	280	32	48	28	17
生态环境研究中心 Research Center for Eco-Environmental Sciences	448	331	107	53	31	22

课题活动人员 S&T project activity personnel	科学家工程师 Scientists & engineers	其他科技人员 Other S&T personnel	科技服务人员 S&T service personnel	科学家工程师 Scientists & engineers	其他科技人员 Other S&T personnel
4978	4422	362	922	555	213
6702	5676	717	1294	631	362
9598	7823	1056	4629	1290	719
166	146	20	20	17	2
12516	10801	1130	2443	1040	483
93	93	0	26	11	10
101	99	2	7	3	2
109	107	2	16	10	3
605	548	36	100	42	8
582	520	32	92	37	12
28	28	0	13	8	2
129	102	27	16	7	9
1009	789	149	321	70	46
166	150	11	30	16	2
468	428	17	63	28	6
605	544	50	83	20	16
230	219	11	47	33	4
356	283	73	39	17	12

地区、学科及科研单位 Region, field and institute	从事科技活动人员 S&T activity personnel	科学家工程师 Scientists & engineers	其他科技人员 Other S&T personnel	科技管理人员 S&T Management personnel	科学家工程师 Scientists & engineers	其他科技人员 Other S&T personnel
化工冶金研究所 Inst. of Chemical Metallurgy	396	320	35	24	18	6
地理研究所 Inst. of Geography	450	396	39	43	26	12
遥感应用研究所 Inst. of Remote Sensing Application	189	169	20	33	17	16
地质研究所 Inst. of Geology	429	384	27	49	36	9
地球物理研究所 Inst. of Geophysics	293	240	36	53	42	11
古脊椎动物与古人类研究所 Inst. of Vertebrate Paleontology and Paleoanthropology	201	157	25	41	14	13
大气物理研究所 Inst. of Atmospheric Physics	516	391	75	67	42	23
自然资源综合考察委员会 Commission for Integrated Surveys of Natural Resources	309	250	40	46	29	12
植物研究所 Inst. of Botany	633	473	91	89	48	27
动物研究所 Inst. of Zoology	475	388	66	60	34	13
心理研究所 Inst. of Psychology	159	120	27	22	17	0
微生物研究所 Inst. of Microbiology	366	327	28	37	20	13
生物物理研究所 Inst. of Biophysics	518	428	67	48	25	6
遗传研究所 Inst. of Genetics	443	346	83	52	23	22
发育生物学研究所 Inst. of Developmental Biology	146	97	23	20	11	7
计算技术研究所 Inst. of Computing Technology	554	459	28	76	48	16
计算中心 Computing Center	350	264	64	53	25	23

课题活动人员 S&T project activity personnel	科学家工程师 Scientists & engineers	其他科技人员 Other S&T personnel	科技服务人员 S&T service personnel	科学家工程师 Scientists & engineers	其他科技人员 Other S&T personnel
336	279	16	36	23	13
375	343	23	32	27	4
146	144	2	10	8	2
335	318	13	45	30	5
203	193	10	37	5	15
98	98	0	62	45	12
342	307	28	107	42	24
219	194	16	44	27	12
495	390	58	49	35	6
358	316	40	57	38	13
132	103	24	5	0	3
301	288	8	28	19	7
397	351	43	73	52	18
284	277	7	107	46	54
88	76	9	38	10	7
416	378	7	62	33	5
240	218	18	57	21	23

地区、学科及科研单位 Region, field and institute	从事科技活动人员 S&T activity personnel	科学家工程师 Scientists & engineers	其他科技人员 Other S&T personnel	科技管理人员 S&T Management personnel	科学家工程师 Scientists & engineers	其他科技人员 Other S&T personnel
软件研究所 Inst. of Software	274	239	35	18	7	11
半导体研究所 Inst. of Semiconductors	823	543	133	84	47	11
微电子中心 Microelectronics R&D Center	592	192	119	77	21	25
电子学研究所 Inst. of Electronics	751	515	133	69	43	17
自动化研究所 Inst. of Automation	415	338	37	26	19	7
电工研究所 Inst. of Electric Engineering	360	252	58	55	29	20
工程热物理研究所 Inst. of Engineering Thermo-physics	191	154	26	35	16	9
自然科学史研究所 Inst. of History of Natural Sciences	108	85	23	13	9	4
科技政策与管理科学研究所 Inst. of Science Policy and Management	110	97	6	19	10	3
北京软件工程研制中心 Beijing Software Engineering Center	155	148	7	16	10	6
空间科学与应用研究中心 Space Science and Technology Center	590	487	64	67	37	19
遥感卫星地面站 Remote-Sensing Satellite Ground Station	148	113	22	27	20	5
河北省 Hebei Province	151	138	13	25	21	4
石家庄农业现代化研究所 Shijiazhuang Inst. of Agricultural Modernization	151	138	13	25	21	4
山西省 Shanxi Province	641	401	105	47	34	12
山西煤炭化学研究所 Shanxi Inst. of Coal Chemistry	641	401	105	47	34	12
辽宁省 Liaoning Province	3452	2630	417	457	244	129

课题活动人员 S&T project activity personnel	科学家工程师 Scientists & engineers	其他科技人员 Other S&T personnel	科技服务人员 S&T service personnel	科学家工程师 Scientists & engineers	其他科技人员 Other S&T personnel
249	227	22	7	5	2
584	455	98	155	41	24
410	143	89	105	28	5
468	401	63	214	71	53
293	272	13	96	47	17
248	202	31	57	21	7
143	129	14	13	9	3
84	67	17	11	9	2
82	79	3	9	8	0
137	137	0	2	1	1
468	417	33	55	33	12
104	89	15	17	4	2
99	93	6	27	24	3
99	93	6	27	24	3
444	328	68	150	39	25
444	328	68	150	39	25
2268	2043	163	727	344	125

地区、学科及科研单位 Region, field and institute	从事科技活动人员 S&T activity personnel	科学家工程师 Scientists & engineers	其他科技人员 Other S&T personnel	科技管理人员 S&T Management personnel	科学家工程师 Scientists & engineers	其他科技人员 Other S&T personnel
沈阳应用生态研究所 Shenyang Inst. of Applied Ecology	433	348	76	59	31	28
沈阳计算技术研究所 Shenyang Inst. of Computing Technology	401	328	35	61	39	11
沈阳自动化研究所 Shenyang Inst. of Automation	647	533	70	83	50	26
金属研究所 Inst. of Metals Research	767	500	125	106	48	33
金属腐蚀与防护研究所 Inst. of Corrosion and Protection of Metals	190	147	17	27	21	6
大连化学物理研究所 Dalian Inst. of Chemical Physics	1014	774	94	121	55	25
吉林省 Jilin Province	3983	2487	572	430	243	114
长春物理研究所 Changchun Inst. of Physics	479	386	50	79	49	21
长春人造卫星观测站 Changchun Satellite Observation Station	34	26	5	9	7	1
长春应用化学研究所 Changchun Inst. of Applied Chemistry	1016	789	108	74	48	26
长春地理研究所 Changchun Inst. of Geography	246	198	29	45	26	3
长春光学精密机械研究所 Changchun Inst. of Optics and Fine Mechanics	2208	1088	380	223	113	63
黑龙江省 Heilongjiang Province	125	94	21	16	15	1
黑龙江农业现代化研究所 Heilongjiang Inst. of Agricultural Modernization	125	94	21	16	15	1
上海市 Shanghai	7700	5181	1098	832	439	234

课题活动人员 S&T project activity personnel	科学家工程师 Scientists & engineers	其他科技人员 Other S&T personnel	科技服务人员 S&T service personnel	科学家工程师 Scientists & engineers	其他科技人员 Other S&T personnel
300	268	27	74	49	21
262	248	11	78	41	13
475	451	22	89	32	22
380	317	58	281	135	34
132	114	5	31	12	6
719	645	40	174	74	29
2172	1893	187	1381	351	271
345	321	24	55	16	5
22	17	3	3	2	1
822	725	54	120	16	28
160	148	12	41	24	14
823	682	94	1162	293	223
98	70	20	11	9	0
98	70	20	11	9	0
5167	4202	574	1701	540	290

地区、学科及科研单位 Region, field and institute	从事科技活动人员 S&T activity personnel	科学家工程师 Scientists & engineers	其他科技人员 Other S&T personnel	科技管理人员 S&T Management personnel	科学家工程师 Scientists & engineers	其他科技人员 Other S&T personnel
上海原子核研究所 Shanghai Inst. of Nuclear Research	785	511	144	58	20	31
上海天文台 Shanghai Observatory	303	264	23	57	35	12
上海硅酸盐研究所 Shanghai Inst. of Ceramics	800	587	113	51	32	17
上海有机化学研究所 Shanghai Inst. of Organic Chemistry	1140	638	134	139	67	43
上海植物生理研究所 Shanghai Inst. of Plant Physiology	342	306	32	33	29	4
上海昆虫研究所 Shanghai Inst. of Entomology	185	147	23	29	18	5
上海药物研究所 Shanghai Inst. of Materia Medica	401	318	56	58	31	17
上海生理研究所 Shanghai Inst. of Physiology	213	170	28	43	18	15
上海生物化学研究所 Shanghai Inst. of Biochemistry	407	258	69	54	14	20
上海细胞生物学研究所 Shanghai Inst. of Cell Biology	316	214	42	38	24	5
上海脑研究所 Shanghai Inst. of Brain Research	71	56	10	11	7	3
上海生物工程研究中心 Shanghai Bioengineering Research Center	215	128	55	42	26	13
上海冶金研究所 Shanghai Inst. of Metallurgy	838	540	153	74	44	13
上海光学精密机械研究所 Shanghai Inst. of Optics and Fine Mechanics	1023	570	132	76	32	16
上海技术物理研究所 Shanghai Inst. of Technical Physics	661	474	84	69	42	20
江苏省 Jiangsu Province	1259	1062	159	185	113	63

课题活动人员 S&T project activity personnel	科学家工程师 Scientists & engineers	其他科技人员 Other S&T personnel	科技服务人员 S&T service personnel	科学家工程师 Scientists & engineers	其他科技人员 Other S&T personnel
540	427	72	187	64	41
215	209	6	31	20	5
563	488	64	186	67	32
683	511	60	318	60	31
309	277	28	0	0	0
141	125	13	15	4	5
323	273	34	20	14	5
142	130	10	28	22	3
210	182	22	143	62	27
221	176	34	57	14	3
54	48	4	6	1	3
91	78	10	82	24	32
622	413	115	142	83	25
581	459	50	366	79	66
472	406	52	120	26	12
920	834	74	154	115	22

地区、学科及科研单位 Region, field and institute	从事科技活动人员 S&T activity personnel	科学家工程师 Scientists & engineers	其他科技人员 Other S&T personnel	科技管理人员 S&T Management personnel	科学家工程师 Scientists & engineers	其他科技人员 Other S&T personnel
紫金山天文台 Purple Mountain Observatory	384	296	81	74	34	40
南京地理与湖泊研究所 Nanjing Inst. of Geography and Limnology	224	201	21	34	24	8
南京地质古生物研究所 Nanjing Inst. of Geology and Palaeontology	272	242	23	45	32	10
南京土壤研究所 Nanjing Inst. of Soil Science	379	323	34	32	23	5
安徽省 Anhui Province	1557	1068	275	178	105	55
固体物理研究所 Inst. of Solid State Physics	127	99	20	16	8	7
等离子体物理研究所 Inst. of Plasma Physics	498	363	81	76	41	21
合肥智能机械研究所 Hefei Inst. of Intelligent Machines	161	134	25	19	14	4
安徽光学精密机械研究所 Anhui Inst. of Optics and Fine Mechanics	771	472	149	67	42	23
福建省 Fujian Province	468	356	82	53	28	18
福建物质结构研究所 Fujian Inst. of Research on the Structure of Matter	468	356	82	53	28	18
山东省 Shandong Province	865	664	69	91	37	9
海洋研究所 Inst. of Oceanology	865	664	69	91	37	9
湖北省、湖南省 Hubei and Hunan Provinces	1715	1289	264	252	120	87
武汉数学物理研究所 Wuhan Inst. of Mathematical Physics	55	46	5	9	4	3

课题活动人员 S&T project activity personnel	科学家工程师 Scientists & engineers	其他科技人员 Other S&T personnel	科技服务人员 S&T service personnel	科学家工程师 Scientists & engineers	其他科技人员 Other S&T personnel
299	256	37	11	6	4
172	161	11	18	16	2
147	147	0	80	63	13
302	270	26	45	30	3
1000	866	129	379	97	91
80	74	6	31	17	7
366	312	54	56	10	6
136	116	20	6	4	1
418	364	49	286	66	77
300	267	29	115	61	35
300	267	29	115	61	35
668	565	49	106	62	11
668	565	49	106	62	11
1218	1073	95	245	96	82
39	37	2	7	5	0

地区、学科及科研单位 Region, field and institute	从事科技活动人员 S&T activity personnel	科学家工程师 Scientists & engineers	其他科技人员 Other S&T personnel	科技管理人员 S&T Management personnel	科学家工程师 Scientists & engineers	其他科技人员 Other S&T personnel
武汉物理研究所 Wuhan Inst. of Physics	228	186	31	42	27	12
武汉岩土力学研究所 Wuhan Inst. of Rock and Soil Mechanics	297	195	43	30	12	11
测量与地球物理研究所 Inst. of Geodesy and Geophysics	139	112	16	28	13	8
武汉植物研究所 Wuhan Inst. of Botany	199	121	45	39	14	17
水生生物研究所 Inst. of Hydrobiology	365	279	68	38	15	13
武汉病毒研究所 Wuhan Inst. of Virology	228	168	35	30	11	11
长沙大地构造研究所 Changsha Inst. of Geotectonics	67	62	5	15	10	5
长沙农业现代化研究所 Changsha Inst. of Agricultural Modernization	137	120	16	21	14	7
广东省 Guangdong Province	2181	1659	288	305	179	71
广州人造卫星观测站 Guangzhou Satellite Observation Station	39	28	8	15	9	3
广州化学研究所 Guangzhou Inst. of Chemistry	304	254	34	30	23	7
广州地质新技术研究所 Guangzhou Inst. of New Geotechnology	349	321	20	41	30	8
南海海洋研究所 South China Sea Inst. of Oceanology	637	441	99	98	46	19
华南植物研究所 South China Inst. of Botany	403	268	56	61	33	17
广州电子研究所 Guangzhou Inst. of Electronic Technology	273	214	41	36	27	6
广州能源研究所 Guangzhou Inst. of Energy Conversion	176	133	30	24	11	11

续表 5.3

课题活动人员 S&T project activity personnel	科学家工程师 Scientists & engineers	其他科技人员 Other S&T personnel	科技服务人员 S&T service personnel	科学家工程师 Scientists & engineers	其他科技人员 Other S&T personnel
164	146	12	22	13	7
222	176	27	45	7	5
93	90	3	18	9	5
123	98	11	37	9	17
284	256	25	43	8	30
160	140	12	38	17	12
44	44	0	8	8	0
89	86	3	27	20	6
1675	1357	169	201	123	48
22	18	4	2	1	1
205	182	17	69	49	10
286	279	5	22	12	7
492	363	68	47	32	12
305	212	29	37	23	10
222	183	31	15	4	4
143	120	15	9	2	4

地区、学科及科研单位 Region, field and institute	从事科技活动人员 S&T activity personnel	科学家工程师 Scientists & engineers	其他科技人员 Other S&T personnel	科技管理人员 S&T Management personnel	科学家工程师 Scientists & engineers	其他科技人员 Other S&T personnel
四川省 Sichuan Province	2917	1658	329	433	273	120
成都有机化学研究所 Chengdu Inst. of Organic Chemistry	344	290	26	38	25	9
成都山地灾害与环境研究所 Chengdu Inst. of Mountain Hazards and Environment	324	224	73	54	35	17
成都生物研究所 Chengdu Inst. of Biology	351	304	23	53	33	7
成都计算机应用研究所 Chengdu Inst. of Computer Application	307	253	24	31	19	12
光电技术研究所 Inst. of Optics and Electronics	1591	587	183	257	161	75
贵州省 Guizhou Province	366	283	46	47	29	11
贵阳地球化学研究所 Guiyang Inst. of Geochemistry	366	283	46	47	29	11
云南省 Yunnan Province	1101	695	271	178	99	55
云南天文台 Yunnan Observatory	252	192	49	37	23	14
昆明植物研究所 Kunming Inst. of Botany	476	259	141	78	40	26
昆明动物研究所 Kunming Inst. of Zoology	242	160	57	40	20	9
昆明生态研究所 Kunming Inst. of Ecology	131	84	24	23	16	6
陕西省 Shaanxi Province	1668	928	265	210	121	59
陕西天文台 Shaanxi Observatory	511	251	80	78	46	14
西北水土保持研究所 Northwest Inst. of Soil and Water Conservation	313	212	65	54	31	14
西安光学精密机械研究所 Xi'an Inst. of Optics and Fine Mechanics	844	465	120	78	44	31

课题活动人员 S&T project activity personnel	科学家工程师 Scientists & engineers	其他科技人员 Other S&T personnel	科技服务人员 S&T service personnel	科学家工程师 Scientists & engineers	其他科技人员 Other S&T personnel
1493	1198	125	991	187	84
238	218	8	68	47	9
234	178	32	36	11	24
280	260	9	18	11	7
253	227	9	23	7	3
488	315	67	846	111	41
243	210	23	76	44	12
243	210	23	76	44	12
778	558	165	145	38	51
184	160	22	31	9	13
350	203	103	48	16	12
171	132	31	31	8	17
73	63	9	35	5	9
704	566	94	754	241	112
73	68	3	360	137	63
200	158	36	59	23	15
431	340	55	335	81	34

地区、学科及科研单位 Region, field and institute	从事科技活动人员 S&T activity personnel	科学家工程师 Scientists & engineers	其他科技人员 Other S&T personnel	科技管理人员 S&T Management personnel	科学家工程师 Scientists & engineers	其他科技人员 Other S&T personnel
甘肃省、青海省 Gansu and Qinghai Provinces	2672	1965	444	411	219	120
近代物理研究所 Inst. of Modern Physics	766	500	152	99	53	24
兰州化学物理研究所 Lanzhou Inst. of Chemical Physics	542	397	67	85	46	11
兰州冰川冻土研究所 Lanzhou Inst. of Glaciology and Geocryology	315	250	51	40	25	15
兰州沙漠研究所 Lanzhou Inst. of Desert Research	233	192	38	39	22	16
兰州地质研究所 Lanzhou Inst. of Geology	146	122	23	25	16	8
兰州高原大气物理研究所 Lanzhou Inst. of Plateau Atmospheric Physics	193	142	40	39	17	11
青海盐湖研究所 Qinghai Inst. of Saline lakes	278	201	40	43	19	17
西北高原生物研究所 Northwest Inst. of Plateau Biology	199	161	33	41	21	18
新疆维吾尔自治区 Xinjiang Uygur Autonomous Region	752	624	77	96	63	25
新疆物理研究所 Xinjiang Inst. of Physics	166	151	10	21	15	4
乌鲁木齐天文工作站 Urumqi Astronomic Working Station	56	43	11	13	8	3
新疆化学研究所 Xinjiang Inst. of Chemistry	151	120	13	13	9	4
新疆地理研究所 Xinjiang Inst. of Geography	131	119	9	21	15	5
新疆生物土壤沙漠研究所 Xinjiang Inst. of Biology, Pedology and Desert Research	248	191	34	28	16	9

课题活动人　　员 S&T project activity personnel	科学家工程师 Scientists & engineers	其他科技人员 Other S&T personnel	科技服务人　　员 S&T service personnel	科学家工程师 Scientists & engineers	其他科技人员 Other S&T personnel
1895	1585	265	366	161	59
580	436	124	87	11	4
345	298	43	112	53	13
233	201	18	42	24	18
157	142	15	37	28	7
107	95	12	14	11	3
140	118	22	14	7	7
192	167	20	43	15	3
141	128	11	17	12	4
573	509	29	83	52	23
138	132	3	7	4	3
40	34	6	3	1	2
130	110	5	8	1	4
84	84	0	26	20	4
181	149	15	39	26	10

5.4 科研机构经常费收入、支出情况

Total Current Intramural Income and Expenditures in CAS Research Units

单位：千元（thousand yuan）

年　份 Year	经费收入合计 Total income	政府拨款 Government funds	科学事业费 Operating funds	经费支出合计 Total expenditure	劳务费 Labor cost	科研业务费 Operating expenses
1986	742066	604279	469271	692860	125436	213407
1987	837122	627784	378934	747813	135795	233492
1988	1027186	670751	334979	877302	158520	318373
1989	1277091	785212	315294	1006867	198136	398556
1990	1353986	878823	342808	1228672	233057	463237
1991	1353897	849180	349476	1229789	255067	447181
1992	1811201	1093748	326965	1638723	333624	617892
1993	2111061	1107090	322561	1996224	404443	765949

注：1. 经费收入合计中不包括基本建设投资。

2. 1992 年及以前经费收入合计中均未扣除转拨外单位科研经费。

Note：1. Total income does not include capital investment.

2. Total income in 1992 and before does not exclude scientific research funds which were transferred to other research institutions.

地区、学科及科研单位 Region, field and institute	本年收入合计 Total income	政府拨款 Government funds	科学事业费 Operating funds	科技专项费 S&T special funds	科学技术基金 S&T funds
总计 Total	**2111061**	**1107090**	**322561**	**654122**	**80956**
一、按地区、分院分 By region and branch					
北京地区 Beijing	804256	475082	121670	302847	42616
沈阳分院 Shenyang Branch	182512	93363	19816	63301	4112
长春分院 Changchun Branch	122972	50238	19949	26272	2407
上海分院 Shanghai Branch	431613	166066	45163	91693	10071
南京分院 Nanjing Branch	39933	26985	10450	13794	1443
合肥分院 Hefei Branch	43205	26518	8013	16616	741
武汉分院 Wuhan Branch	64497	30961	12161	15030	1777
广州分院 Guangzhou Branch	87029	36706	13598	18371	4027
成都分院 Chengdu Branch	85053	38704	12855	22194	468
昆明分院 Kunming Branch	29966	18926	8590	8763	1207
西安分院 Xi'an Branch	47628	23841	8655	14841	381
兰州分院 Lanzhou Branch	76660	59413	18640	30221	7618
新疆分院 Xinjiang Branch	18903	13525	6279	4957	300
其他地区 Other regions	76834	46762	16722	25222	3788
二、按学科分 By field					
数学、物理 Mathematics & physics	407226	232692	73471	131674	19851

经常费收入情况（1993 年）

in CAS Research Units：1993

单位：千元（thousand yuan）

横向技术性收入 Lateral technology related income	技术开发收入 Technology development income	技术转让收入 Technology transfer income	技术咨询及服务收入 Income from technical consultancy and services	生产经营收入 Production and business income	银行贷款 Bank loans	其他收入 Other incomes
482950	**337648**	**42994**	**103970**	**153291**	**26797**	**340933**
172535	147390	8609	27818	31259	4800	120580
57250	37763	3721	15941	5413	10500	15986
30794	27646	772	2513	24103	1620	16217
90771	32990	19410	28154	70502	7872	96402
3877	3675	0	202	1066	0	8005
6592	6543	0	49	109	0	9986
27001	14293	15	12828	584	0	5951
24367	12289	1328	10375	4136	0	21820
28226	25124	1403	1851	10930	838	6355
3327	2745	96	804	563	870	6280
13626	13678	0	3	423	0	9738
7214	5087	593	1534	1531	0	8502
2537	2452	0	85	688	150	2003
14833	5973	7047	1813	1984	147	13108
105000	80229	3120	31749	26672	34	42828

地区、学科及科研单位 Region, field and institute	本年收入合计 Total income	政府拨款 Government funds	科学事业费 Operating funds	科技专项费 S&T special funds	科学技术基金 S&T funds
化学与化工 Chemistry & chemical engineering	316744	156339	50865	86066	11947
地学 Earth sciences	273396	163230	49164	85713	16608
生物学 Biological sciences	329978	176069	64341	92490	18928
技术科学 Technological sciences	778547	374699	81931	257028	13501
其他 Others	5170	4061	2789	1151	121
三、按科研单位分 By institute					
北京市 Beijing	804256	475082	121670	302847	42616
数学研究所 Inst. of Mathematics	3040	2690	993	1522	375
应用数学研究所 Inst. of Applied Mathematics	3810	2235	641	1131	239
系统科学研究所 Inst. of Systems Science	5769	5011	788	1609	2816
物理研究所 Inst. of Physics	27309	22541	6237	9786	1803
声学研究所 Inst. of Acoustics	28180	11720	4619	6709	863
理论物理研究所 Inst. of Theoretical Physics	3390	2821	485	2211	175
低温技术实验中心 Cryogenic Laboratory	5796	2533	1392	1027	114
高能物理研究所 Inst. of High Energy Physics	118435	43529	9164	31226	3139

横向技术性收入 Lateral technology related income	技术开发收入 Technology development income	技术转让收入 Technology transfer income	技术咨询及服务收入 Income from technical consultancy and services	生产经营收入 Production and business income	银行贷款 Bank loans	其他收入 Other incomes
69652	31570	21288	9282	19078	8147	63528
44518	35176	1353	9063	3305	0	62343
58539	34604	8413	16391	15201	870	79299
204816	155658	8820	37466	89029	17746	92257
425	411	0	19	6	0	678
172535	147390	8609	27818	31259	4800	120580
103	103	0	0	55	0	192
255	225	30	0	0	0	1320
442	442	0	0	314	0	2
2314	10853	0	407	2148	0	306
11541	12678	0	0	442	0	4477
268	268	0	0	0	0	301
2595	0	0	2595	604	0	64
37129	25177	0	11952	17823	0	19954

地区、学科及科研单位 Region, field and institute	本年收入合　计 Total income	政府拨款 Government funds	科学事业费 Operating funds	科技专项费 S&T special funds	科学技术基金 S&T funds
北京天文台 Beijing Astronomical Observatory	22450	20622	6207	13714	701
力学研究所 Inst. of Mechanics	25447	13081	4229	7589	1263
化学研究所 Inst. of Chemistry	25489	15916	3998	11217	1313
感光化学研究所 Inst. of Photographic Chemistry	18723	6809	2102	4202	512
生态环境研究中心 Research Center for Eco-Environmental Sciences	10273	6311	3274	2192	1044
化工冶金研究所 Inst. of Chemical Metallurgy	11619	10528	2763	5635	622
地理研究所 Inst. of Geography	29494	11471	4317	5250	1904
遥感应用研究所 Inst. of Remote Sensing Application	30457	11234	1500	6183	179
地质研究所 Inst. of Geology	17356	12141	3089	5126	2445
地球物理研究所 Inst. of Geophysics	11287	9093	2604	5686	1063
古脊椎动物与古人类研究所 Inst. of Vertebrate Paleontology and Paleoanthropology	7147	2819	1606	983	100
大气物理研究所 Inst. of Atmospheric Physics	18431	16760	3410	7220	2228
自然资源综合考察委员会 Commission for Integrated Surveys of Natural Resources	15327	9229	2377	6827	25
植物研究所 Inst. of Botany	21102	13558	4085	9428	4093
动物研究所 Inst. of Zoology	10498	10498	3410	5886	1379

横向技术性收入 Lateral technology related income	技术开发收入 Technology development income	技术转让收入 Technology transfer income	技术咨询及服务收入 Income from technical consultancy and services	生产经营收入 Production and business income	银行贷款 Bank loans	其他收入 Other incomes
727	511	0	216	289	0	812
11097	11097	0	0	0	0	1269
6961	4725	1807	429	161	1000	1451
5223	2589	0	64	139	0	6552
2716	2716	0	0	0	0	1246
896	1144	0	36	31	0	164
16617	16617	0	0	0	0	1406
0	0	0	0	0	0	19223
1992	909	0	1083	0	0	3223
1283	2055	0	0	0	0	911
1030	1030	0	0	98	0	3200
145	145	0	0	0	0	1526
2185	2185	0	0	0	0	3913
2063	1653	365	46	1149	0	4332
0	169	0	0	0	0	0

地区、学科及科研单位 Region, field and institute	本年收入合计 Total income	政府拨款 Government funds	科学事业费 Operating funds	科技专项费 S&T special funds	科学技术基金 S&T funds
心理研究所 Inst. of Psychology	4311	3609	1035	1560	1014
微生物研究所 Inst. of Microbiology	13923	9467	2782	6009	1206
生物物理研究所 Inst. of Biophysics	20994	13125	4434	6550	3096
遗传研究所 Inst. of Genetics	17148	8982	2874	6496	403
发育生物学研究所 Inst. of Developmental Biology	5783	3091	939	2167	284
计算技术研究所 Inst. of Computing Technology	33375	13039	4353	8508	318
计算中心 Computing Center	10013	7266	2626	4145	495
软件研究所 Inst. of Software	10818	4435	1203	2397	835
半导体研究所 Inst. of Semiconductors	33436	27253	4364	21843	2536
微电子中心 Microelectronics R&D Center	38525	28956	3775	24693	135
电子学研究所 Inst. of Electronics	42269	26432	3794	23619	419
自动化研究所 Inst. of Automation	19427	10432	3900	2065	1790
电工研究所 Inst. of Electric Engineering	16654	9691	2563	6985	143
工程热物理研究所 Inst. of Engineering Thermophysics	10227	4319	1513	2231	300
自然科学史研究所 Inst. of History of Natural Sciences	1757	1527	986	492	49

横向技术性收入 Lateral technology related income	技术开发收入 Technology development income	技术转让收入 Technology transfer income	技术咨询及服务收入 Income from technical consultancy and services	生产经营收入 Production and business income	银行贷款 Bank loans	其他收入 Other incomes
301	301	0	0	0	0	401
2866	1782	623	961	0	0	1590
2643	1412	800	431	0	0	5226
8073	8131	0	0	0	0	93
320	0	0	320	59	0	2313
8925	7010	2454	0	1556	1800	8055
1195	947	0	248	630	0	922
4476	3411	1057	8	0	0	1907
1646	3420	0	280	293	0	4244
4162	741	12	2707	3315	0	2092
12141	10336	0	1804	397	0	3299
1595	0	0	0	0	2000	5400
5569	4104	1461	4	1327	0	67
2005	1818	0	187	423	0	3480
59	40	0	19	6	0	165

地区、学科及科研单位 Region, field and institute	本年收入合计 Total income	政府拨款 Government funds	科学事业费 Operating funds	科技专项费 S&T special funds	科学技术基金 S&T funds
科技政策与管理科学研究所 Inst. of Science Policy and Management	3413	2534	1803	659	72
北京软件工程研制中心 Beijing Software Engineering Center	2126	1575	485	1028	32
空间科学与应用研究中心 Space Science and Technology Center	27843	23193	4481	16525	1074
遥感卫星地面站 Remote-Sensing Satellite Ground Station	21385	13006	470	12516	20
河北省 Hebei Province	3778	2513	1004	1155	51
石家庄农业现代化研究所 Shijiazhuang Inst. of Agricultural Modernization	3778	2513	1004	1155	51
山西省 Shanxi Province	13228	8538	3600	4094	451
山西煤炭化学研究所 Shanxi Inst. of Coal Chemistry	13228	8538	3600	4094	451
辽宁省 Liaoning Province	182512	93363	19816	63301	4112
沈阳应用生态研究所 Shenyang Inst. of Applied Ecology	10207	6464	3040	2307	446
沈阳计算技术研究所 Shenyang Inst. of Computing Technology	33469	11549	1626	9923	0
沈阳自动化研究所 Shenyang Inst. of Automation	37254	15030	2752	12234	44
金属研究所 Inst. of Metals Research	45741	24460	5314	16848	1923
金属腐蚀与防护研究所 Inst. of Corrosion and Protection of Metals	10424	6706	1467	4600	589
大连化学物理研究所 Dalian Inst. of Chemical Physics	45417	29154	5617	17389	1110

续表 5.5

横向技术性收入 Lateral technology related income	技术开发收入 Technology development income	技术转让收入 Technology transfer income	技术咨询及服务收入 Income from technical consultancy and services	生产经营收入 Production and business income	银行贷款 Bank loans	其他收入 Other incomes
366	371	0	0	0	0	513
514	489	0	25	0	0	37
4227	5563	0	349	0	0	423
3870	223	0	3647	0	0	4509
270	0	264	6	0	0	995
270	0	264	6	0	0	995
3105	1520	617	968	414	147	1024
3105	1520	617	968	414	147	1024
57250	37763	3721	15941	5413	10500	15986
1579	1354	80	145	132	0	2032
10471	10350	0	121	1383	10000	66
19272	19272	0	0	715	0	2237
14677	3107	0	11645	3041	500	3063
803	521	0	282	0	0	2915
10448	3159	3641	3748	142	0	5673

地区、学科及科研单位 Region, field and institute	本年收入合计 Total income	政府拨款 Government funds	科学事业费 Operating funds	科技专项费 S&T special funds	科学技术基金 S&T funds
吉林省 Jilin Province	122972	50238	19949	26272	2407
长春物理研究所 Changchun Inst. of Physics	11140	10065	3803	3999	348
长春人造卫星观测站 Changchun Satellite Observation Station	897	897	607	290	0
长春应用化学研究所 Changchun Inst. of Applied Chemistry	30538	19725	6345	11738	1285
长春地理研究所 Changchun Inst. of Geography	6573	3330	1688	1515	157
长春光学精密机械研究所 Changchun Inst. of Optics and Fine Mechanics	73824	16221	7506	8730	617
黑龙江省 Heilongjiang Province	1957	1606	914	361	0
黑龙江农业现代化研究所 Heilongjiang Institute of Agricultural Modernization	1957	1606	914	361	0
上海市 Shanghai	431613	166066	45163	91693	10071
上海原子核研究所 Shanghai Inst. of Nuclear Research	27302	11207	4497	5445	741
上海天文台 Shanghai Observatory	9307	7414	3618	3317	479
上海硅酸盐研究所 Shanghai Inst. of Ceramics	34661	14578	3997	6466	2687
上海有机化学研究所 Shanghai Inst. of Organic Chemistry	61145	9802	4903	4490	1120
上海植物生理研究所 Shanghai Inst. of Plant Physiology	11942	8717	2409	3838	695
上海昆虫研究所 Shanghai Inst. of Entomology	3813	2122	1187	417	464

续表 5.5

横向技术性收入 Lateral technology related income	技术开发收入 Technology development income	技术转让收入 Technology transfer income	技术咨询及服务收入 Income from technical consultancy and services	生产经营收入 Production and business income	银行贷款 Bank loans	其他收入 Other incomes
30794	27646	772	2513	24103	1620	16217
1055	720	260	75	0	0	20
0	0	0	0	0	0	0
4492	4268	224	0	49	300	5972
1608	1432	0	313	64	0	1571
23639	21226	288	2125	23990	1320	8654
0	0	0	0	0	0	351
0	0	0	0	0	0	351
90771	32990	19410	28154	70502	7872	96402
9259	4051	2830	2378	3481	34	3321
1017	999	0	18	7	0	869
9235	2998	377	470	1234	50	9564
12150	3055	7486	1609	15902	6500	16791
714	147	261	306	120	0	2391
831	345	439	47	681	0	179

地区、学科及科研单位 Region，field and institute	本年收入 合　计 Total income	政府拨款 Government funds	科学事业费 Operating funds	科技专项费 S&T special funds	科学技术基金 S&T funds
上海药物研究所 Shanghai Inst. of Materia Medica	26757	6246	2871	2992	383
上海生理研究所 Shanghai Inst. of Physiology	6820	3669	1913	2143	423
上海生物化学研究所 Shanghai Inst. of Biochemistry	27988	10151	2571	6955	907
上海细胞生物学研究所 Shanghai Inst. of Cell Biology	17228	5621	2127	2912	456
上海脑研究所 Shanghai Inst. of Brain Research	2628	1729	699	728	302
上海生物工程研究中心 Shanghai Bioengineering Research Center	9018	3731	1014	2677	0
上海冶金研究所 Shanghai Inst. of Metallurgy	89558	18759	5171	13805	467
上海光学精密机械研究所 Shanghai Inst. of Optics and Fine Mechanics	38468	24202	5239	13051	754
上海技术物理研究所 Shanghai Inst. of Technical Physics	64978	38118	2947	22403	193
江苏省 Jiangsu Province	39933	26985	10450	13794	1443
紫金山天文台 Purple Mountain Observatory	13112	10747	4000	5960	78
南京地理与湖泊研究所 Nanjing Institute of Geography and Limnology	7439	3882	1695	1975	212
南京地质古生物研究所 Nanjing Inst. of Geology and Palaeontology	5649	4127	2185	1585	357
南京土壤研究所 Nanjing Inst. of Soil Science	13733	8229	2570	4274	796
安徽省 Anhui Province	43205	26518	8013	16616	741

横向技术性收入 Lateral technology related income	技术开发收入 Technology development income	技术转让收入 Technology transfer income	技术咨询及服务收入 Income from technical consultancy and services	生产经营收入 Production and business income	银行贷款 Bank loans	其他收入 Other incomes
5178	1617	837	2709	62	0	15271
568	276	200	92	1	0	2582
6567	1655	3252	1660	4842	0	6428
6895	183	180	6532	569	0	4143
194	147	0	47	0	0	705
3088	1835	0	1253	0	0	2199
18330	8643	2582	2396	37540	260	14669
7262	4010	120	3029	4196	598	2210
9483	3029	846	5608	1867	430	15080
3877	3675	0	202	1066	0	8005
62	38	0	24	952	0	1351
1070	1070	0	0	114	0	2373
0	0	0	0	0	0	1522
2745	2567	0	178	0	0	2759
6592	6543	0	49	109	0	9986

地区、学科及科研单位 Region, field and institute	本年收入合计 Total income	政府拨款 Government funds	科学事业费 Operating funds	科技专项费 S&T special funds	科学技术基金 S&T funds
固体物理研究所 Inst. of Solid State Physics	3065	2587	874	1092	210
等离子体物理研究所 Inst. of Plasma Physics	17159	12892	3326	9377	189
合肥智能机械研究所 Hefei Inst. of Intelligent Machines	4268	2238	728	1377	26
安徽光学精密机械研究所 Anhui Inst. of Optics and Fine Mechanics	18713	8801	3085	4770	316
福建省 Fujian Province	21090	9964	3074	6307	580
福建物质结构研究所 Fujian Inst. of Research on the Structure of Matter	21090	9964	3074	6307	580
山东省 Shandong Province	26548	15590	5506	8841	1243
海洋研究所 Inst. of Oceanology	26548	15590	5506	8841	1243
湖北省、湖南省 Hubei and Hunan Provinces	64497	30961	12161	15030	1777
武汉数学物理研究所 Wuhan Inst. of Mathematical Physics	1266	906	327	633	16
武汉物理研究所 Wuhan Inst. of Physics	6555	5502	2410	2354	656
武汉岩土力学研究所 Wuhan Inst. of Rock and Soil Mechanics	26383	3112	1349	1606	157
测量与地球物理研究所 Inst. of Geodesy and Geophysics	5074	3870	1319	2519	32
武汉植物研究所 Wuhan Insr of Botany	2848	2219	1227	913	79
水生生物研究所 Inst. of Hydrobiology	11599	7767	2188	4128	413

续表 5.5

横向技术性收入 Lateral technology related income	技术开发收入 Technology development income	技术转让收入 Technology transfer income	技术咨询及服务收入 Income from technical consultancy and services	生产经营收入 Production and business income	银行贷款 Bank loans	其他收入 Other incomes
0	0	0	0	0	0	478
123	123	0	0	0	0	4144
380	331	0	49	39	0	1611
6089	6089	0	0	70	0	3753
6961	1326	4906	729	32	0	4133
6961	1326	4906	729	32	0	4133
4497	3127	1260	110	1538	0	4923
4497	3127	1260	110	1538	0	4923
27001	14293	15	12828	584	0	5951
55	70	0	0	55	0	250
595	392	0	203	1	0	457
23230	10819	0	12411	0	0	41
710	710	0	0	0	0	494
173	213	0	80	270	0	186
321	229	0	92	77	0	3434

地区、学科及科研单位 Region, field and institute	本年收入合计 Total income	政府拨款 Government funds	科学事业费 Operating funds	科技专项费 S&T special funds	科学技术基金 S&T funds
武汉病毒研究所 Wuhan Inst. of Virology	5404	2798	1769	844	159
长沙大地构造研究所 Changsha Inst. of Geotectonics	2657	2244	629	1156	131
长沙农业现代化研究所 Changsha Inst. of Agricultural Modernization	2711	2543	943	877	134
广东省 Guangdong Province	87029	36706	13598	18371	4027
广州人造卫星观测站 Guangzhou Satellite Observation Station	1674	636	490	146	0
广州化学研究所 Guangzhou Inst. of Chemistry	11028	5046	2245	2390	143
广州地质新技术研究所 Guangzhou Institute of New Geotechnology	9499	6913	2113	1862	2938
南海海洋研究所 South China Sea Inst. of Oceanology	32571	14623	3524	10563	536
华南植物研究所 South China Inst. of Botany	15703	4876	2831	1532	274
广州电子研究所 Guangzhou Inst. of Electronic Technology	8573	2648	1232	1302	54
广州能源研究所 Guangzhou Inst. of Energy Conversion	7981	1964	1163	576	82
四川省 Sichuan Province	85053	38704	12855	22194	468
成都有机化学研究所 Chengdu Inst. of Organic Chemistry	9342	4355	2093	1988	274
成都山地灾害与环境研究所 Chengdu Inst. of Mountain Hazards and Environment	7596	4873	1825	3025	0
成都生物研究所 Chengdu Inst. of Biology	13687	3738	2115	1334	164

横向技术性收入 Lateral technology related income	技术开发收入 Technology development income	技术转让收入 Technology transfer income	技术咨询及服务收入 Income from technical consultancy and services	生产经营收入 Production and business income	银行贷款 Bank loans	其他收入 Other incomes
1761	1733	15	13	102	0	743
140	127	0	13	0	0	273
16	0	0	16	79	0	73
24367	12289	1328	10375	4136	0	21820
710	67	0	643	41	0	287
2291	621	1328	406	136	0	3555
650	630	0	20	100	0	1836
8839	1518	0	7321	652	0	8457
1461	969	0	53	2925	0	6441
4920	4435	0	485	191	0	814
5496	4049	0	1447	91	0	430
28226	25124	1403	1851	10930	838	6355
1752	1116	402	234	31	0	3204
1179	1344	0	0	0	0	1544
5083	3587	1001	597	3305	0	1561

地区、学科及科研单位 Region, field and institute	本年收入合　计 Total income	政府拨款 Government funds	科学事业费 Operating funds	科技专项费 S&T special funds	科学技术基金 S&T funds
成都计算机应用研究所 Chengdu Inst. of Computer Application	8229	2338	1140	1168	30
光电技术研究所 Inst. of Optics and Electronics	46199	23400	5682	14679	0
贵州省 Guizhou Province	10233	8551	2624	4464	1463
贵阳地球化学研究所 Guiyang Inst. of Geochemistry	10233	8551	2624	4464	1463
云南省 Yunnan Province	29966	18926	8590	8763	1207
云南天文台 Yunnan Observatory	4721	4553	2457	1806	181
昆明植物研究所 Kunming Inst. of Botany	17685	8190	3646	4589	811
昆明动物研究所 Kunming Inst. of Zoology	5252	4075	1617	1885	196
昆明生态研究所 Kunming Inst. of Ecology	2308	2108	870	483	19
陕西省 Shaanxi Province	47628	23841	8655	14841	381
陕西天文台 Shaanxi Observatory	11078	9568	3326	6225	17
西北水土保持研究所 Northwest Inst. of Soil and Water Conservation	11780	5605	1977	3609	55
西安光学精密机械研究所 Xi'an Inst. of Optics and Fine Mechanics	24770	8668	3352	5007	309
甘肃省、青海省 Gansu and Qinghai Provinces	76660	59413	18640	30221	7618
近代物理研究所 Inst. of Modern Physics	22740	20797	4691	10858	5248

横向技术性收入 Lateral technology related income	技术开发收入 Technology development income	技术转让收入 Technology transfer income	技术咨询及服务收入 Income from technical consultancy and services	生产经营收入 Production and business income	银行贷款 Bank loans	其他收入 Other incomes
5192	5018	0	59	359	340	0
15020	14059	0	961	7235	498	46
0	0	0	0	0	0	1682
0	0	0	0	0	0	1682
3327	2745	96	804	563	870	6280
90	90	0	0	0	0	78
2727	2145	96	804	563	870	5335
510	510	0	0	0	0	667
0	0	0	0	0	0	200
13626	13678	0	3	423	0	9738
0	0	0	0	0	0	1510
169	221	0	3	52	0	5954
13457	13457	0	0	371	0	2274
7214	5087	593	1534	1531	0	8502
1688	938	0	750	0	0	255

地区、学科及科研单位 Region, field and institute	本年收入合计 Total income	政府拨款 Government funds	科学事业费 Operating funds	科技专项费 S&T special funds	科学技术基金 S&T funds
兰州化学物理研究所 Lanzhou Inst. of Chemical Physics	13140	8978	3181	5239	488
兰州冰川冻土研究所 Lanzhou Inst. of Glaciology and Geocryology	10408	7956	2157	5139	238
兰州沙漠研究所 Lanzhou Inst. of Desert Research	6438	4770	1566	1688	177
兰州地质研究所 Lanzhou Inst. of Geology	5294	3877	1046	1731	478
兰州高原大气物理研究所 Lanzhou Inst. of Plateau Atmospheric Physics	5017	3936	1419	1473	628
青海盐湖研究所 Qinghai Inst. of Saline Lakes	8893	5148	2825	2162	236
西北高原生物研究所 Northwest Inst. of Plateau Biology	4730	3951	1755	1931	125
新疆维吾尔自治区 Xinjiang Uygur Autonomous Region	18903	13525	6279	4957	300
疆物理研究所 Xinjiang Inst. of Physics	4241	2575	1280	1252	43
乌鲁木齐天文工作站 Urumqi Astronomic Working Station	2960	2451	1661	790	0
新疆化学研究所 Xinjiang Inst. of Chemistry	2158	1487	848	557	82
新疆地理研究所 Xinjiang Inst. of Geography	2901	1941	965	902	74
新疆生物土壤沙漠研究所 Xinjiang Inst. of Biology, Pedology and Desert Research	6643	5071	1525	1456	101

注：1. 本年收入合计中不包括基本建设投资。

Annual income in 1992 excludes capital investment.

2. 本表科技专项费包括院重大项目，重点项目，开放实验室专项费，大型仪器集资，院军工项目，所长择优支持

Note: 2. Special funds listed in this table include CAS key project funds, major key project funds, open laboratory special projects, CAS Branch's funds for preferential projects, income from account transfers of foreign orders, three sums of

横向技术性收入 Lateral technology related income	技术开发收入 Technology development income	技术转让收入 Technology transfer income	技术咨询及服务收入 Income from technical consultancy and services	生产经营收入 Production and business income	银行贷款 Bank loans	其他收入 Other incomes
2666	1626	500	540	137	0	1359
896	896	0	0	0	0	1556
217	0	93	124	441	0	1010
622	622	0	0	117	0	678
499	420	0	79	181	0	401
262	221	0	41	655	0	2828
364	364	0	0	0	0	415
2537	2452	0	85	688	150	2003
569	568	0	1	135	0	962
76	0	0	76	325	0	108
494	486	0	8	15	150	12
339	339	0	0	0	0	621
1059	1059	0	0	213	0	300

费，分院择优支持费，国外订货转帐，科技三项费，“863”项目费，等.
funds, funds for purchasing large instruments and equipment, CAS military project funds, institute director's funds for preferential S&T funds, “863” projects, and so on.

5.6 科研机构经常费支出情况（1993年）

Total Current Intramural Expenditures in CAS Research Units：1993

单位：千元（thousand yuan）

地区、学科及科研单位 Region, field and institute	本年支出合计 Total expenditure	劳务费 Labor cost	固定资产购建支出 Expenditures on purchasing fixed assets	科研业务费 Operating expenses	管理费 Overheads	其他支出 Other expenses
总计 Total	**1996224**	**404443**	**270755**	**765949**	**204965**	**350112**
一、按地区、分院分 By region and branch						
北京地区 Beijing	718051	122532	135703	267863	67911	124042
沈阳分院 Shenyang Branch	183989	30547	9178	110448	17920	15895
长春分院 Changchun Branch	118534	26245	7517	40706	17689	26377
上海分院 Shanghai Branch	385938	88516	39885	114152	33282	110103
南京分院 Nanjing Branch	36653	11065	3578	13070	5337	3603
合肥分院 Hefei Branch	47750	8864	5748	26007	4014	3117
武汉分院 Wuhan Branch	62659	14610	4205	27511	9461	6872
广州分院 Guangzhou Branch	87930	21488	8438	33998	12770	11236
成都分院 Chengdu Branch	76597	16051	10613	31821	5447	12665
昆明分院 Kunming Branch	34145	7329	11310	8868	3168	3470
西安分院 Xi'an Branch	47069	9298	3120	24516	7031	3104
兰州分院 Lanzhou Branch	96633	21518	13057	35096	9755	17207
新疆分院 Xinjiang Branch	19401	5694	4053	6135	2400	1119
其他地区 Other regions	80875	20686	14350	25758	8779	11302
二、按学科分 By field						
数学、物理 Mathematics & physics	389497	75390	49202	147632	43465	73808

地区、学科及科研单位 Region, field and institute	本年支出合计 Total expenditure	劳务费 Labor cost	固定资产购建支出 Expenditures on purchasing fixed assets	科研业务费 Operating expenses	管理费 Overheads	其他支出 Other expenses
化学与化工 Chemistry & chemical Engineering	312767	74165	39392	100235	33565	65410
地学 Earth sciences	270342	52293	57653	102240	26340	31816
生物学 Biological sciences	338424	75200	51853	109765	40762	60844
技术科学 Technological sciences	680342	125949	71982	304899	59835	117677
其他 Others	4852	1446	673	1178	998	557
三、按科研单位分 By institute						
北京市 Beijing	718051	122532	135703	267863	67911	124042
数学研究所 Inst. of Mathematics	3583	898	1053	461	416	755
应用数学研究所 Inst. of Applied Mathematics	3634	820	224	1084	221	1285
系统科学研究所 Inst. of Systems Science	3870	507	482	2512	108	261
物理研究所 Inst. of Physics	26230	4968	8984	7903	1463	2912
声学研究所 Inst. of Acoustics	21695	5359	1787	11598	2056	895
理论物理研究所 Inst. of Theoretical Physics	2331	417	668	642	204	400
低温技术实验中心 Cryogenic Laboratory	5348	1394	204	1893	1023	834
高能物理研究所 Inst. of High Energy Physics	98567	10377	15174	22392	14121	36503
北京天文台 Beijing Astronomical Observatory	20396	3453	3057	9290	1183	3413
力学研究所 Inst. of Mechanics	24800	5231	3052	13724	2450	343
化学研究所 Inst. of Chemistry	22621	4874	3129	13204	624	790

地区、学科及科研单位 Region, field and institute	本年支出合计 Total expenditure	劳务费 Labor cost	固定资产购建支出 Expenditures on purchasing fixed assets	科研业务费 Operating expenses	管理费 Overheads	其他支出 Other expenses
感光化学研究所 Inst. of Photographic Chemistry	18793	2321	2462	3776	1687	8547
生态环境研究中心 Research Center for Eco-Environmental Sciences	10671	3008	1587	5462	500	114
化工冶金研究所 Inst. of Chemical Metallurgy	9011	2680	1216	4243	869	3
地理研究所 Inst. of Geography	17553	3070	1289	4216	1645	7333
遥感应用研究所 Inst. of Remote Sensing Application	35574	1468	30383	2390	1333	0
地质研究所 Inst. of Geology	15390	3281	413	8040	1448	2208
地球物理研究所 Inst. of Geophysics	10577	2089	3285	4691	495	17
古脊椎动物与古人类研究所 Inst. of Vertebrate Paleontology and Paleoanthropology	7506	1051	270	914	971	4300
大气物理研究所 Inst. of Atmospheric Physics	17980	2944	1645	10546	1437	1408
自然资源综合考察委员会 Commission for Integrated Surveys of Natural Resources	18083	2353	3499	9918	1636	677
植物研究所 Inst. of Botany	16194	4662	2712	5681	2522	617
动物研究所 Inst. of Zoology	16684	3095	5094	4675	2265	1555
心理研究所 Inst. of Psychology	3478	770	1321	962	425	0
微生物研究所 Inst. of Microbiology	13614	3123	3287	5537	1132	535
生物物理研究所 Inst. of Biophysics	15434	3608	3204	5676	2931	15
遗传研究所 Inst. of Genetics	22059	3459	1732	6668	1491	8709
发育生物学研究所 Inst. of Developmental Biology	5054	785	781	932	659	1897

地区、学科及科研单位 Region, field and institute	本年支出合计 Total expenditure	劳务费 Labor cost	固定资产购建支出 Expenditures on purchasing fixed assets	科研业务费 Operating expenses	管理费 Overheads	其他支出 Other expenses
计算技术研究所 Inst. of Computing Technology	19935	5933	2414	1342	228	10018
计算中心 Computing Center	10123	2423	1944	3864	1053	839
软件研究所 Inst. of Software	11579	2580	2131	2850	740	3278
半导体研究所 Inst. of Semiconductors	39342	5330	3836	23701	5775	700
微电子中心 Microelectronics R&D Center	28833	4623	131	13319	1372	9388
电子学研究所 Inst. of Electronics	30289	5338	7654	14906	1959	432
自动化研究所 Inst. of Automation	17698	2213	454	12368	1998	665
电工研究所 Inst. of Electric Engineering	14593	3915	3251	5058	1098	1271
工程热物理研究所 Inst. of Engineering Thermophysics	8795	1400	446	3147	1548	2254
自然科学史研究所 Inst. of History of Natural Sciences	1843	740	296	334	339	134
科技政策与管理科学研究所 Inst. of Science Policy and Management	3009	706	377	844	659	423
北京软件工程研制中心 Beijing Software Engineering Center	2873	527	391	1206	229	520
空间科学与应用研究中心 Space Science and Technology Center	22678	3576	4282	6547	2754	5519
遥感卫星地面站 Remote-Sensing Satellite Ground Station	19731	1163	6102	9347	844	2275
河北省 Hebei Province	3709	972	586	926	580	645

地区、学科及科研单位 Region, field and institute	本年支出合计 Total expenditure	劳务费 Labor cost	固定资产购建支出 Expenditures on purchasing fixed assets	科研业务费 Operating expenses	管理费 Overheads	其他支出 Other expenses
石家庄农业现代化研究所 Shijiazhuang Inst. of Agricultural Modernization	3709	972	586	926	580	645
山西省 Shanxi Province	12520	4866	1727	4037	1601	289
山西煤炭化学研究所 Shanxi Inst. of Coal Chemistry	12520	4866	1727	4037	1601	289
辽宁省 Liaoning Province	183989	30547	9178	110448	17921	15895
沈阳应用生态研究所 Shenyang Inst. of Applied Ecology	10154	3356	687	3725	1670	716
沈阳计算技术研究所 Shenyang Inst. of Computing Technology	39920	3401	1879	29124	2073	3443
沈阳自动化研究所 Shenyang Inst. of Automation	42933	4925	1495	32621	2892	1000
金属研究所 Inst. of Metals Research	42976	7328	3509	21349	6337	4453
金属腐蚀与防护研究所 Inst. of Corrosion and Protection of Metals	7615	1226	610	2643	990	2146
大连化学物理研究所 Dalian Inst. of Chemical Physics	40391	10311	998	20986	3959	4137
吉林省 Jilin Province	118534	26245	7517	40706	17689	26377
长春物理研究所 Changchun Inst. of Physics	12639	1834	253	8782	1216	554
长春人造卫星观测站 Changchun Satellite Observation Station	822	282	50	102	383	5
长春应用化学研究所 Changchun Inst. of Applied Chemistry	35476	6326	4428	12228	3883	8611
长春地理研究所 Changchun Inst. of Geography	6306	1366	240	2677	1405	618

地区、学科及科研单位 Region, field and institute	本年支出合计 Total expenditure	劳务费 Labor cost	固定资产购建支出 Expenditures on purchasing fixed assets	科研业务费 Operating expenses	管理费 Overheads	其他支出 Other expenses
长春光学精密机械研究所 Changchun Inst. of Optics and Fine Mechanics	63291	16437	2546	16917	10802	16589
黑龙江省 Heilongjiang Province	2491	936	33	947	575	0
黑龙江农业现代化研究所 Heilongjiang Institute of Agricultural Modernization	2491	936	33	947	575	0
上海市 Shanghai	385938	88516	39885	114152	33282	110103
上海原子核研究所 Shanghai Inst. of Nuclear Research	29341	11250	2208	7093	2482	6308
上海天文台 Shanghai Observatory	7468	2716	777	1984	1804	187
上海硅酸盐研究所 Shanghai Inst. of Ceramics	35005	10824	6741	9332	3868	4240
上海有机化学研究所 Shanghai Inst. of Organic Chemistry	56630	12221	3321	10679	7433	22976
上海植物生理研究所 Shanghai Inst. of Plant Physiology	13928	3380	3374	2662	538	3974
上海昆虫研究所 Shanghai Inst. of Entomology	3790	1911	116	685	392	686
上海药物研究所 Shanghai Inst. of Materia Medica	26549	4162	556	3254	3883	14694
上海生理研究所 Shanghai Inst. of Physiology	7500	2676	1291	2151	1340	42
上海生物化学研究所 Shanghai Inst. of Biochemistry	31201	4394	5484	9209	580	11534
上海细胞生物学研究所 Shanghai Inst. of Cell Biology	15647	2855	1986	10000	700	106
上海脑研究所 Shanghai Inst. of Brain Research	2089	588	409	329	142	621

地区、学科及科研单位 Region, field and institute	本年支出合计 Total expenditure	劳务费 Labor cost	固定资产购建支出 Expenditures on purchasing fixed assets	科研业务费 Operating expenses	管理费 Overheads	其他支出 Other expenses
上海生物工程研究中心 Shanghai Bioengineering Research Center	8403	1521	445	2699	1423	2315
上海冶金研究所 Shanghai Inst. of Metallurgy	63130	10686	5749	14330	2775	29590
上海光学精密机械研究所 Shanghai Inst. of Optics and Fine Mechanics	36874	12690	1460	15389	4028	3307
上海技术物理研究所 Shanghai Inst. of Technical Physics	48383	6642	5968	24356	1894	9523
江苏省 Jiangsu Province	36653	11065	3578	13070	5337	3603
紫金山天文台 Purple Mountain Observatory	7609	2815	1091	2061	1259	383
南京地理与湖泊研究所 Nanjing Institute of Geography and Limnology	7451	1923	1188	1561	885	1894
南京地质古生物研究所 Nanjing Inst. of Geology and Palaeontology	7171	2257	686	1818	1665	745
南京土壤研究所 Nanjing Inst. of Soil Science	14422	4070	613	7630	1528	581
安徽省 Anhui Province	47750	8864	5748	26007	4014	3117
固体物理研究所 Inst. of Solid State Physics	3517	972	240	1750	354	201
等离子体物理研究所 Inst. of Plasma Physics	20200	2792	1483	12764	2058	1103
合肥智能机械研究所 Hefei Inst. of Intelligent Machines	4440	834	737	1178	471	1220
安徽光学精密机械研究所 Anhui Inst. of Optics and Fine Mechanics	19593	4266	3288	10315	1131	593
福建省 Fujian Province	24376	3588	8620	3585	1709	6874

地区、学科及科研单位 Region, field and institute	本年支出合计 Total expenditure	劳务费 Labor cost	固定资产购建支出 Expenditures on purchasing fixed assets	科研业务费 Operating expenses	管理费 Overheads	其他支出 Other expenses
福建物质结构研究所 Fujian Inst. of Research on the Structure of Matter	24376	3588	8620	3585	1709	6874
山东省 Shandong Province	28245	7199	1975	13307	3038	2726
海洋研究所 Inst. of Oceanology	28245	7199	1975	13307	3038	2726
湖北省、湖南省 Hubei and Hunan Provinces	62659	14610	4205	27511	9461	6872
武汉数学物理研究所 Wuhan Inst. of Mathematical Physics	986	450	121	383	30	2
武汉物理研究所 Wuhan Inst. of Physics	6728	2282	396	2202	1313	535
武汉岩土力学研究所 Wuhan Inst. of Rock and Soil Mechanics	23384	3100	560	14239	3010	2475
测量与地球物理研究所 Inst. of Geodesy and Geophysics	6508	1244	1142	2120	501	1501
武汉植物研究所 Wuhan Inst. of Botany	2781	1491	75	753	412	50
水生生物研究所 Inst. of Hydrobiology	12713	3038	1106	4387	2668	1541
武汉病毒研究所 Wuhan Inst. of Virology	4680	1608	339	1605	747	381
长沙大地构造研究所 Changsha Inst. of Geotectonics	2283	570	403	887	303	120
长沙农业现代化研究所 Changsha Inst. of Agricultural Modernization	2596	827	63	935	477	294
广东省 Guangdong Province	87930	21488	8438	33998	12770	11236
广州人造卫星观测站 Guangzhou Satellite Observation Station	3848	676	175	1088	870	1039
广州化学研究所 Guangzhou Inst. of Chemistry	12247	3183	1773	3812	2042	1437

地区、学科及科研单位 Region, field and institute	本年支出合计 Total expenditure	劳务费 Labor cost	固定资产购建支出 Expenditures on purchasing fixed assets	科研业务费 Operating expenses	管理费 Overheads	其他支出 Other expenses
广州地质新技术研究所 Guangzhou Inst. of New Geotechnology	11022	3226	1781	4647	1368	0
南海海洋研究所 South China Sea Inst. of Oceanology	29454	5357	1180	16826	2568	3523
华南植物研究所 South China Inst. of Botany	15007	4782	1797	2286	4076	2066
广州电子研究所 Guangzhou Inst. of Electronic Technology	7972	2870	280	3841	779	202
广州能源研究所 Guangzhou Inst. of Energy Conversion	8380	1394	1452	1498	1067	2969
四川省 Sichuan Province	76597	16051	10613	31821	5447	12665
成都有机化学研究所 Chengdu Inst. of Organic Chemistry	8979	1548	401	1488	1567	3975
成都山地灾害与环境研究所 Chengdu Inst. of Mountain Hazards and Environment	6993	1584	209	2810	1236	1154
成都生物研究所 Chengdu Inst. of Biology	13068	2618	968	5453	722	3307
成都计算机应用研究所 Chengdu Inst. of Computer Application	8843	1090	1063	5572	1073	45
光电技术研究所 Inst. of Optics and Electronics	38714	9211	7972	16498	849	4184
贵州省 Guizhou Province	9534	3125	1409	2956	1276	768
贵阳地球化学研究所 Guiyang Inst. of Geochemistry	9534	3125	1409	2956	1276	768
云南省 Yunnan Province	34145	7329	11310	8868	3168	3470
云南天文台 Yunnan Observatory	4935	1750	233	1761	610	581
昆明植物研究所 Kunming Inst. of Botany	20529	2779	9933	3757	1535	2525

地区、学科及科研单位 Region, field and institute	本年支出合计 Total expenditure	劳务费 Labor cost	固定资产购建支出 Expenditures on purchasing fixed assets	科研业务费 Operating expenses	管理费 Overheads	其他支出 Other expenses
昆明动物研究所 Kunming Inst. of Zoology	6533	2019	962	2329	933	290
昆明生态研究所 Kunming Inst. of Ecology	2148	781	182	1021	90	74
陕西省 Shaanxi Province	47069	9298	3120	24516	7031	3104
陕西天文台 Shaanxi Observatory	11448	3490	1067	3282	1764	1845
西北水土保持研究所 Northwest Inst. of Soil and Water Conservation	14812	1880	1115	9621	2191	5
西安光学精密机械研究所 Xi'an Inst. of Optics and Fine Mechanics	20809	3928	938	11613	3076	1254
甘肃省、青海省 Gansu and Qinghai Provinces	96633	21518	13057	35096	9755	17207
近代物理研究所 Inst. of Modern Physics	39452	5378	4419	16494	2282	10879
兰州化学物理研究所 Lanzhou Inst. of Chemical Physics	13403	4555	1063	5505	1804	476
兰州冰川冻土研究所 Lanzhou Inst. of Glaciology and Geocryology	9200	2643	630	3769	1116	1042
兰州沙漠研究所 Lanzhou Inst. of Desert Research	5951	1850	164	3111	591	235
兰州地质研究所 Lanzhou Inst. of Geology	9986	1320	4622	3162	321	561
兰州高原大气物理研究所 Lanzhou Inst. of Plateau Atmospheric Physics	4176	1354	548	810	659	805
青海盐湖研究所 Qinghai Inst. of Saline Lakes	9728	2829	896	1605	1696	2702
西北高原生物研究所 Northwest Inst. of Plateau Biology	4737	1589	715	640	1286	507

地区、学科及科研单位 Region, field and institute	本年支出合计 Total expenditure	劳务费 Labor cost	固定资产购建支出 Expenditures on purchasing fixed assets	科研业务费 Operating expenses	管理费 Overheads	其他支出 Other expenses
新疆维吾尔自治区 Xinjiang Uygur Autonomous Region	19401	5694	4053	6135	2400	1119
新疆物理研究所 Xinjiang Inst. of Physics	3614	1528	515	1127	401	43
乌鲁木齐天文工作站 Urumqi Astronomic Working Station	3052	651	929	1021	384	67
新疆化学研究所 Xinjiang Inst. of Chemistry	2916	1031	1030	293	323	239
新疆地理研究所 Xinjiang Inst. of Geography	3399	1019	692	1064	443	181
新疆生物土壤沙漠研究所 Xinjiang Inst. of Biology, Pedology and Desert Research	6420	1465	887	2630	849	589

5.7 科研机构当年收入中转拨外单位科研经费情况
Total Scientific Research Funds Transferred to Other Institutions by CAS Research Units from the Income in the Reference Year

单位：千元（thousand yuan）

年份 Year	合计 Total	政府拨款收入转拨 From government funds	横向技术性收入转拨 From lateral technology-related income	其他收入转拨 Other income transferred
1986	16694			
1987	35972			
1988	23643			
1989	50494	40600	9891	3
1990	42747	34169	8278	300
1991	23445	18154	5103	188
1992	36959	25338	10885	736
1993	46562	27997	18543	22

5.8 科研机构当年收入中转拨外单位科研经费情况（1993 年）

Total Scientific Research Funds Transferred to Other Institutions by CAS Research Units from the Income in the Reference Year：1993

单位：千元（thousand yuan）

地区及学科 Region and field	合计 Total	政府拨款收入转拨 From government funds	横向技术性收入转拨 From lateral technology-related income	其他收入转拨 Other income transferred
总计 Total	**46562**	**27997**	**18543**	**22**
一、按地区、分院分 By region and branch				
北京地区 Beijing	32949	15535	17392	22
沈阳分院 Shenyang Branch	891	716	175	0
长春分院 Changchun Branch	2092	1955	137	0
上海分院 Shanghai Branch	4735	4735	0	0
南京分院 Nanjing Branch	669	669	0	0
合肥分院 Hefei Branch	272	272	0	0
武汉分院 Wuhan Branch	290	155	135	0
广州分院 Guangzhou Branch	116	52	64	0
成都分院 Chengdu Branch	1267	1000	267	0
昆明分院 Kunming Branch	2583	2265	318	0
西安分院 Xi'an Branch	242	187	55	0

地区及学科 Region and field	合计 Total	政府拨款收入转拨 From government funds	横向技术性收入转拨 From hateral technology-related income	其他收入转拨 Other income transferred
兰州分院 Lanzhou Branch	431	431	0	0
新疆分院 Xinjiang Branch	0	0	0	0
其他地区 Other regions	25	25	0	0
二、按学科分 By field				
数学、物理 Mathematics & physics	13087	1977	11098	12
化学与化工 Chemistry & chemical engineering	8101	7411	690	0
地学 Earth sciences	1718	644	1074	0
生物学 Biological sciences	12777	11454	1323	0
技术科学 Technological sciences	10874	6511	4353	10
其他 Others	5	0	5	0

5.9 科研机构基本建设投资及完成情况

Capital Investment and Expenditures in CAS Research Units

单位：千元（thousand yuan）

年份 Year	基本建设投资实际完成额 Actual expenditure in capital investment	科研仪器设备 Scientific research instruments and equipment	科研土建工程 Civil engineering projects for scientific research	自筹 Self-raised funds
1986	141148	62599	43860	3790
1987	152638	59629	62191	4313
1988	168314	63278	73879	3287
1989	177463	34237	72169	3273
1990	125973	26884	47643	4304
1991	207861	49102	117178	13465
1992	240261	48015	123587	25356
1993	201807	30491	71143	43480

5.10 科研机构基本建设投资及完成情况（1993 年）

Capital Investment and Expenditures in CAS Research Units: 1993

单位：千元（thousand yuan）

地区及学科 Region and field	基本建设投资实际完成额 Actual expenditure in capital investment	科研仪器设备 Scientific research instruments and equipment	科研土建工程 Civil engineering projects for scientific research	自筹 Self-raised funds
总计 Total	**201807**	**30491**	**71143**	**43480**
一、按地区、分院分 By region and branch				
北京地区 Beijing	59609	18020	26770	14813
沈阳分院 Shenyang Branch	18200	9660	3400	2250
长春分院 Changchun Branch	18484	0	2244	5000
上海分院 Shanghai Branch	39020	0	11243	140
南京分院 Nanjing Branch	4390	380	1010	100
合肥分院 Hefei Branch	1385	0	1356	585
武汉分院 Wuhan Branch	4640	357	1853	1900
广州分院 Guangzhou Branch	18927	80	2730	5232
成都分院 Chengdu Branch	15420	0	9310	12900
昆明分院 Kunming Branch	4650	0	2970	0
西安分院 Xi'an Branch	4732	166	2356	0
兰州分院 Lanzhou Branch	2295	460	761	60

地区及学科 Region and field	基本建设投资实际完成额 Actual expenditure in capital investment	科研仪器设备 Scientific research instruments and equipment	科研土建工程 Civil engineering projects for scientific research	自筹 Self-raised funds
新疆分院 Xinjiang Branch	0	0	0	0
其他地区 Other regions	10055	1368	5140	500
二、按学科分 By field				
数学、物理 Mathematics & physics	15330	1000	3270	4020
化学与化工 Chemistry & chemical engineering	39449	0	13257	4600
地学 Earth sciences	21416	1968	13091	2415
生物学 Biological sciences	39387	1123	23639	15840
技术科学 Technological sciences	86225	26400	17886	16605
其他 Others	0	0	0	0

5.11 科研机构固定资产情况（1993 年）

Statistics of Fixed Assets in CAS Research Units：1993

单位：千元（thousand yuan）

地区及学科 Region and field	固定资产原值总额 Total original value of fixed assets	房屋和建筑物 Buildings	专用设备 Specialized equipment	图书资料 Books and materials	其他 Others
总计 **Total**	**5022427**	**1257616**	**3395186**	**125080**	**244545**
一、按地区、分院分 By region and branch					
北京地区 Beijing	1962705	381531	1414038	44666	122470
沈阳分院 Shenyang Branch	348866	105268	226343	8716	8539
长春分院 Changchun Branch	280451	96478	170030	6803	9140
上海分院 Shanghai Branch	765120	180976	540082	26631	17431
南京分院 Nanjing Branch	96541	33058	45258	12184	6041
合肥分院 Hefei Branch	241525	38503	200022	1562	1438
武汉分院 Wuhan Branch	148612	55906	81766	4721	6219
广州分院 Guangzhou Branch	182876	59303	111527	2943	9103
成都分院 Chengdu Branch	149322	59001	80913	2003	7405
昆明分院 Kunming Branch	105675	35482	52516	3517	14160
西安分院 Xi'an Branch	137564	46874	84800	2359	3531
兰州分院 Lanzhou Branch	319981	85581	222993	4927	6480

地区及学科 Region and field	固定资产原值总额 Total original value of fixed assets	房屋和建筑物 buildings	专用设备 Specialized equipment	图书资料 Books and materials	其他 Others
新疆分院 Xinjiang Branch	45716	10762	32075	396	2483
其他地区 Other regions	237473	68893	132823	5652	30105
二、按学科分 By field					
数学、物理 Mathematics & physics	1372084	244110	1034718	18934	74322
化学与化工 Chemistry & chemical engineering	734747	179333	511848	20650	22916
地学 Earth sciences	603882	164299	374375	21002	44206
生物学 Biological sciences	752875	227630	444375	39490	41380
技术科学 Technological sciences	1551533	440038	1028710	22891	59894
其他 Others	7306	2206	1160	2113	1827

地区、学科及科研单位 Region, field and institute	合计台（套）数 Total sets	万元以上 Above ten thousand yuan	合计金额（千元） Total value (thousand yuan)	万元以上 Above ten thousand yuan
总计 Total	**354764**	**44806**	**3164091**	**2414144**
一、按地区、分院分 By region and brach				
北京地区 Brijing	134152	16037	1348125	994416
沈阳分院 Shenyang Branch	20019	2837	220793	179275
长春分院 Changchun Branch	18997	2323	157991	123515
上海分院 Shanghai Branch	68860	6726	515802	385787
南京分院 Nanjing Branch	6364	430	44801	18196
合肥分院 Hefei Branch	8683	1144	190513	172795
武汉分院 Wuhan Branch	12901	1042	76538	56745
广州分院 Guangzhou Branch	12159	985	77819	57550
成都分院 Chengdu Branch	12430	1314	75075	57861
昆明分院 Kunming Branch	7751	563	45832	31261
西安分院 Xi'an Branch	8298	706	48156	32751
兰州分院 Lanzhou Branch	20647	8809	217538	197615
新疆分院 Xinjiang Branch	6917	444	30889	20642
其他地区 Other regions	16586	1446	114219	85735
二、按学科分 By field				
数学、物理 Mathematics & physics	84316	14070	964971	711898
化学与化工 Chemitry & chemical engineering	62297	7214	487037	369995

仪器设备（一）（1993 年）

in CAS Research Units：1993

90 年代 In the 90s		80 年代 In the 80s		70 年代 In the 70s	
合计台（套）数 Total sets	合计金额 Total value	合计台（套）数 Total sets	合计金额 Total value	合计台（套）数 Total sets	合计金额 Total value
51116	**784209**	**199351**	**1861716**	**85612**	**404741**
19049	386959	78138	741837	32212	171277
3037	39497	10620	141818	4576	30699
1867	25545	9568	94871	5801	27131
11779	159006	38193	289309	14700	49544
962	8490	3766	17235	1251	1843
1285	13069	5622	164517	1776	12927
2030	19789	8346	48435	2425	7683
1660	17996	7046	49126	3090	9833
1430	12845	5689	36278	3378	25739
1074	9983	3585	21024	2549	14305
976	9697	4054	21922	3161	15565
2762	49704	12924	146582	3950	18338
1222	9499	3643	16138	2038	5018
1983	22130	8157	72624	4705	14839
11703	194613	51661	618393	17038	91017
8238	115944	32505	283507	17504	78414

地区、学科及科研单位 Region, field and institute	合计台（套）数 Total sets	万元以上 Above ten thousand yuan	合计金额（千元） Total value (thousand yuan)	万元以上 Above ten thousand yuan
地学 Earth sciences	45510	4298	337257	263365
生物学 Biological sciences	81208	6388	429446	296418
技术科学 Technological sciences	81363	12812	944220	771665
其他 Others	70	24	1160	803
三、按科研单位分 By instiute				
北京市 Beijing	134152	16037	1348125	994416
数学研究所 Inst. of Mathematics	103	48	2792	2508
应用数学研究所 Inst. of Applied Mathematics	52	52	1444	1444
系统科学研究所 Inst. of Systems Science	133	80	3801	3450
物理研究所 Inst. of Physics	5759	1062	86819	73293
声学研究所 Inst. of Acoustics	5714	792	43024	31919
理论物理研究所 Inst. of Theoretical Physics	163	45	1918	1571
低温技术实验中心 Cryogenic Laboratory	1853	268	6944	3710
高能物理研究所 Inst. of High Energy Physics	23796	306	248420	127186
北京天文台 Beijing Astronomical Observatory	1659	432	31006	19215

续表 5.12

90年代 In the 90s		80年代 In the 80s		70年代 In the 70s	
合计台（套）数 Total sets	合计金额 Total value	合计台（套）数 Total sets	合计金额 Total value	合计台（套）数 Total sets	合计金额 Total value
7026	110546	27936	184269	9482	39119
12806	132157	42794	234179	21959	58171
11322	230366	44406	540792	19629	138020
21	583	49	576	0	0
19049	386959	78138	741837	32212	171277
71	1464	32	1328	0	0
25	576	27	868	0	0
72	2356	61	1445	0	0
840	17179	3608	58379	1310	11237
245	6077	2729	25820	1787	5233
54	1336	104	491	5	91
154	1828	1247	3500	452	1616
2932	79663	15401	130463	3607	14574
520	7427	757	13260	318	6996

地区、学科及科研单位 Region, field and institute	合计台（套）数 Total sets	万元以上 Above ten thousand yuan	合计金额（千元） Total value (thousand yuan)	万元以上 Above ten thousand yuan
力学研究所 Inst. of Mechanics	2398	432	36143	19390
化学研究所 Isnt. of Chemistry	5056	563	58015	40892
感光化学研究所 Inst. of Photographic Chemistry	2656	289	22415	17445
生态环境研究中心 Research Center for Eco-Environmental Sciences	3186	1415	23288	18746
化工冶金研究所 Inst. of Chemical Metallurgy	4384	402	24630	18331
地理研究所 Inst. of Geography	6968	323	27096	19404
遥感应用研究所 Institute of Remote Sensing Application	2105	232	39792	38674
地质研究所 Inst. of Geology	3015	366	24822	20934
地球物理研究所 Inst. of Geophysics	2020	255	15812	12289
古脊椎动物与古人类研究所 Inst. of Vertebrate Paleontology and Paleoanthropology	1443	29	2386	750
大气物理研究所 Inst. of Atmospheric Physics	4021	430	38720	25926
自然资源综合考察委员会 Commission for Integrated Surveys of Natural Resources	2569	202	12371	9146
植物研究所 Inst. of Botany	4663	80	18372	9650
动物研究所 Inst. of Zoology	2820	427	26378	20440
心理研究所 Inst. of Psychology	1101	120	6529	4064

90年代 In the 90s		80年代 In the 80s		70年代 In the 70s	
合计台（套）数 Total sets	合计金额 Total value	合计台（套）数 Total sets	合计金额 Total value	合计台（套）数 Total sets	合计金额 Total value
679	11453	1719	24690	0	0
477	12515	2960	30339	1619	15161
216	5153	1462	12720	978	4542
719	6806	1103	12379	1364	4103
482	4490	2326	15552	1262	4588
2094	8696	3484	13000	1390	5400
597	30735	1508	9057	0	0
315	2031	2021	18176	679	4615
333	3131	1321	11209	366	1472
29	229	1063	1681	351	476
510	13194	2347	19300	1164	6226
222	5966	2347	6405	0	0
585	4943	2437	8972	1641	4457
580	10677	1699	13023	540	2678
146	2472	568	3028	387	1029

地区、学科及科研单位 Region，field and institute	合计台（套）数		合计金额（千元）	
	Total sets	万元以上 Above ten thousand yuan	Total value (thousand yuan)	万元以上 Above ten thousand yuan
微生物研究所 Inst. of Micrbiology	5510	644	37663	28969
生物物理研究所 Inst. of Biophysics	4100	628	43564	40569
遗传研究所 Inst. of Genetics	7784	328	18300	9686
发育生物学研究所 Inst. of Developmental Biology	832	85	4991	3215
计算技术研究所 Inst. of Computing Technology	2152	578	50348	46206
计算中心 Computing Center	1262	399	16512	15115
软件研究所 Inst. of Software	306	125	8514	7620
半导体研究所 Isnt. of Semiconductore	5376	1232	110259	99080
微电子中心 Microelectronics R&D Center	3327	654	87053	77337
电子学研究所 Inst. of Electronics	6440	946	53298	35495
自动化研究所 Inst. of Automation	585	215	5430	3431
电工研究所 Inst. of Electric Engineering	2325	392	20839	17252
工程热物理研究所 Inst. of Engineering Thermophysics	1409	225	12856	11052
自然科学史研究所 Inst. of History of Natural Sciences	50	8	535	208
科技政策与管理科学研究所 Inst. of Science Policy and Management	20	16	625	595

续表 5.12

90年代 In the 90s		80年代 In the 80s		70年代 In the 70s	
合计台（套）数 Total sets	合计金额 Total value	合计台（套）数 Total sets	合计金额 Total value	合计台（套）数 Total sets	合计金额 Total value
642	7767	3027	25259	1841	4637
490	10826	2328	28067	1282	4671
881	4546	4619	10797	2284	2957
219	2242	613	2749	0	0
198	7416	1142	31318	534	3245
251	3451	712	12635	299	426
195	3696	96	3737	15	1081
932	61428	2442	32450	1385	13023
498	12473	2132	55734	687	18647
447	6291	2894	28835	2598	15008
196	2149	265	2262	124	1019
292	6002	1137	11435	738	3402
132	2270	1181	9597	96	989
8	208	42	326	0	0
13	375	7	250	0	0

地区、学科及科研单位 Region, field and institute	合计台（套）数		合计金额（千元）	
	Total sets	万元以上 Above ten thousand yuan	Total value (thousand yuan)	万元以上 Above ten thousand yuan
北京软件工程研制中心 Beijing Software Engineering Center	88	61	9009	8937
空间科学与应用研究中心 Space Science and Technology Center	3946	563	31823	21872
遥感卫星地面站 Remote-Sensing Satellite Ground Staion	1003	288	33569	27400
河北省 Hebei Province	1132	45	2859	1447
石家庄农业现代化研究所 Shijiazhuang Inst. of Agricultural Modernization	1132	45	2859	1447
山西省 Shanxi Province	4313	390	23044	15825
山西煤炭化学研究所 Shanxi Inst. of Coal Chemistry	4313	390	23044	15825
辽宁省 Liaoning Provine	20019	2837	220793	179275
沈阳应用生态研究所 Shenyang Inst. of Applied Ecology	3860	221	15744	10270
沈阳计算技术研究所 Shenyang Inst. of Coputing Technology	1081	258	16673	14955
沈阳自动化研究所 Shenyang Inst. of Automation	1920	371	36613	33209
金属研究所 Inst. of Metals Research	6157	890	73637	61090
金属腐蚀与防护研究所 Inst. of Corrosion and Protection of Metals	870	178	14009	12151
大连化学物理研究所 Dalian Inst. of Chemical Physics	6131	919	64117	47600
吉林省 Jilin Province	18997	2323	157991	123515

续表 5.12

90年代 In the 90s		80年代 In the 80s		70年代 In the 70s	
合计台（套）数 Total sets	合计金额 Total value	合计台（套）数 Total sets	合计金额 Total value	合计台（套）数 Total sets	合计金额 Total value
40	2790	48	6219	0	0
483	5461	2713	22102	750	4260
235	7171	409	22980	359	3418
139	471	282	1050	771	1338
139	471	282	1050	771	1338
653	4931	2481	15533	989	2144
653	4931	2481	15533	989	2144
3037	39497	10620	141818	4576	30699
459	2475	2210	9939	636	2421
454	1276	483	10439	144	4958
319	6273	963	28517	591	1729
766	14664	3191	41397	1318	10699
139	3312	564	10083	167	614
900	11497	3209	41443	1720	10278
1867	25545	9568	94871	5801	27131

地区、学科及科研单位 Region, field and institute	合计台（套）数 Total sets	万元以上 Above ten thousand yuan	合计金额（千元） Total value (thousand yuan)	万元以上 Above ten thousand yuan
长春物理研究所 Changchun Inst. of Physics	4263	467	27674	19831
长春人造卫星观测站 Dhangchun Satellite Observation Station	277	34	3039	2530
长春应用化学研究所 Changchun Inst. of Applied Chemistry	6478	537	54517	43422
长春地理研究所 Changchun Inst. of Geography	1073	112	7509	4271
长春光学精密机械研究所 Changchun Inst. of Optics and Fine Mechanics	6906	1173	65252	53461
黑龙江省 Heilongjiang Province	835	7	1779	380
黑龙江农业现代化研究所 Heilongjiang Inst. of Agricultural Modernization	835	7	1779	380
上海市 Shanghai	68860	6726	515802	385787
上海原子核研究所 Shanghai Inst. of Nuclear Research	7587	698	36163	24986
上海天文台 Shanghai Observatory	3516	301	37560	33688
上海硅酸盐研究所 Shanghai Inst. of Ceramics	10846	837	66596	48293
上海有机化学研究所 Shanghai Inst. of Organic Chemistry	4270	439	42435	37603
上海植物生理研究所 Shanghai Inst. of Plant Physiology	3663	422	23855	18650
上海昆虫研究所 Shanghai Inst. of Entomology	967	102	6572	4455
上海药物研究所 Shanghai Inst. of Materia Medica	3495	333	22832	16524

续表 5.12

90年代 In the 90s		80年代 In the 80s		70年代 In the 70s	
合计台（套）数 Total sets	合计金额 Total value	合计台（套）数 Total sets	合计金额 Total value	合计台（套）数 Total sets	合计金额 Total value
347	1543	2171	19375	1745	6756
25	211	178	2482	74	346
422	11618	2792	31421	2314	10042
367	3024	540	3216	166	1269
706	9149	3887	38377	1502	8718
0	0	25	556	132	312
0	0	25	556	132	312
11779	159006	38193	289309	14700	49544
916	5207	4347	14552	1707	6267
454	9350	2178	24473	775	3354
1453	14693	5773	41514	2587	8229
829	16528	2468	21841	756	3535
579	6737	2208	14314	691	1889
126	900	551	4585	290	1087
578	3850	1941	14202	725	4294

地区、学科及科研单位 Region, field and institute	合计台（套）数 Total sets	万元以上 Above ten thousand yuan	合计金额（千元） Total value (thousand yuan)	万元以上 Above ten thousand yuan
上海生理研究所 Shanghai Inst. of Physiology	3481	349	15634	11244
上海生物化学研究所 Shanghai Inst. of Biochemistry	5718	193	32328	12222
上海细胞生物学研究所 Shanghai Inst. of Cell Biology	2843	298	19223	13762
上海脑研究所 Shanghai Inst. of Brain Research	949	125	5516	2022
上海生物工程研究中心 Shanghai Bioengineering Research Center	1507	258	22377	18390
上海冶金研究所 Shanghai Inst. of Metallurgy	4585	567	70929	57517
上海光学精密机械研究所 Shanghai Inst. of Optics and Fine Mechanics	9445	920	53227	37796
上海技术物理研究所 Shanghai Inst. of Technical Physics	5988	884	60555	48635
江苏省 Jiangsu Province	6364	430	44801	18196
紫金山天文台 Purple Mountain Observatory	2259	44	22339	2010
南京地理与湖泊研究所 Nanjing Inst. of Geography and Limnology	1164	87	5233	3816
南京地质古生物研究所 Nanjing Inst. of Geology and Palaeontology	1274	114	6067	4062
南京土壤研究所 Nanjing Inst. of Soil Science	1667	185	11162	8308
安徽省 Anhui Province	8683	1144	190513	172795
固体物理研究所 Inst. of Solid State Physics	1137	146	12369	9944

续表 5.12

90年代 In the 90s		80年代 In the 80s		70年代 In the 70s	
合计台（套）数 Total sets	合计金额 Total value	合计台（套）数 Total sets	合计金额 Total value	合计台（套）数 Total sets	合计金额 Total value
395	4124	524	6474	1741	4869
1321	16096	2932	13335	1304	2655
602	5370	1674	12288	567	1565
139	458	618	4699	172	321
1107	21571	337	806	0	0
482	12957	3597	55231	506	2741
1275	13430	6031	32942	1626	4731
1523	27735	3014	28053	1253	4007
962	8490	3766	17235	1251	1843
306	3082	1026	1678	627	346
169	1528	707	3255	204	450
160	1495	805	3581	308	991
327	2385	1228	8721	112	56
1285	13069	5622	164517	1776	12927
145	1909	992	10460	0	0

地区、学科及科研单位 Region, field and institute	合计台（套）数 Total sets	万元以上 Above ten thousand yuan	合计金额（千元） Total value (thousand yuan)	万元以上 Above ten thousand yuan
等离子体物理研究所 Inst. of Plasma Physics	4056	495	148703	142021
合肥智能机械研究所 Hefei Inst. of Intelligent Machines	409	60	6861	3515
安徽光学精密机械研究所 Anhui Inst. of Optics and Fine Mechanics	3081	443	22580	17315
福建省 Fujian Province	3011	278	31028	25772
福建物质结构研究所 Fujian Inst. of Research on the Structure of Matter	3011	278	31028	25772
山东省 Shandong Province	4155	522	40651	32731
海洋研究所 Inst. of Oceanology	4155	522	40651	32731
湖北省、湖南省 Hubei and Hunan Provinces	12901	1042	76538	56745
武汉数学物理研究所 Wuhan Inst. of Mathematical Physics	8	8	270	270
武汉物理研究所 Wuhan Inst. of Physics	1772	282	23332	20401
武汉岩土力学研究所 Wuhan Inst. of Rock and Soil Mechanics	2861	187	13636	10258
测量与地球物理研究所 Inst. of Geodesy and Geophysics	775	119	8651	7380
武汉植物研究所 Wuhan Inst. of Botany	1046	34	3163	661
水生生物研究所 Inst. of Hydrobiology	4536	273	17312	11554
武汉病毒研究所 Wuhan Inst. of Virology	1080	84	6015	3839

90年代 In the 90s		80年代 In the 80s		70年代 In the 70s	
合计台（套）数 Total sets	合计金额 Total value	合计台（套）数 Total sets	合计金额 Total value	合计台（套）数 Total sets	合计金额 Total value
578	4741	2698	138021	780	5941
51	2373	358	4488	0	0
511	4046	1574	11548	996	6986
596	10323	1566	17058	758	3020
596	10323	1566	17058	758	3020
384	5025	2406	30404	900	4070
384	5025	2406	30404	900	4070
2030	19789	8346	48435	2425	7683
5	185	3	85	0	0
274	7856	1498	15476	0	0
705	3246	1751	8146	405	2244
120	1749	524	6232	82	254
110	754	615	1635	321	774
511	2643	2614	11076	1411	3593
192	1952	706	3150	131	698

地区、学科及科研单位 Region, field and institute	合计台（套）数 Total sets	万元以上 Above ten thousand yuan	合计金额（千元） Total value (thousand yuan)	万元以上 Above ten thousand yuan
长沙大地构造研究所 Changsha Inst. of Geotectonics	158	30	2073	1073
长沙农业现代化研究所 Changsha Inst. of Agricultural Modernization	665	25	2086	1309
广东省 Guangdong Province	12159	985	77819	57550
广州人造卫星观测站 Guangzhou Satellite Observation Station	118	22	2015	1457
广州化学研究所 Guangzhou Inst. of Chemistry	1995	151	12795	9759
广州地质新技术研究所 Guangzhou Inst. of New Geotechnology	846	99	9747	6943
南海海洋研究所 South China Sea Inst. of Oceanology	3192	316	29307	24439
华南植物研究所 South China Inst. of Botany	2472	158	8122	5321
广州电子研究所 Guangzhou Inst. of Electronic Technology	1878	148	12079	7812
广州能源研究所 Guangzhou Inst. of Energy Conversion	1658	91	3754	1819
四川省 Sichuan Province	12430	1314	75075	57861
成都有机化学研究所 Chengdu Inst. of Organic Chemistry	1454	153	8947	6118
成都山地灾害与环境研究所 Chengdu Inst. of Mountain Hazards and Environment	2074	112	5588	3311
成都生物研究所 Chengdu Inst. of Biology	2094	168	11817	8654
成都计算机应用研究所 Chengdu Inst. of Computer Application	105	105	10024	10024

续表 5.12

90年代 In the 90s		80年代 In the 80s		70年代 In the 70s	
合计台（套）数 Total sets	合计金额 Total value	合计台（套）数 Total sets	合计金额 Total value	合计台（套）数 Total sets	合计金额 Total value
32	872	125	1179	1	22
81	532	510	1456	74	98
1660	17996	7046	49126	3090	9833
6	73	36	376	76	1566
275	3270	1270	7368	378	1720
332	8101	439	1190	75	456
234	2956	1874	23151	980	3002
381	1862	1419	4952	485	1079
85	531	1167	10123	626	1425
347	1203	841	1966	470	585
1430	12845	5689	36278	3378	25739
256	1268	987	6726	187	886
252	938	1316	3434	481	1187
500	1611	936	7428	658	2778
9	114	95	950	1	8960

地区、学科及科研单位 Region, field and institute	合计台（套）数 Total sets	万元以上 Above ten thousand yuan	合计金额（千元） Total value (thousand yuan)	万元以上 Above ten thousand yuan
光电技术研究所 Inst. of Optics and Electronics	6703	776	38699	29754
贵州省 Guizhou Province	3140	204	14858	9580
贵阳地球化学研究所 Guiyang Inst. of Geochemistry	3140	204	14858	9580
云南省 Yunan Province	7751	563	45832	31261
云南天文台 Yunan Observatory	2835	147	23768	16648
昆明植物研究所 Kunming Inst. of Botany	2107	233	11144	7639
昆明动物研究所 Kunming Inst. of Zoology	2021	166	8931	6094
昆明生态研究所 Kunming Inst. of Ecology	788	17	1989	880
陕西省 Shaanxi Province	8298	706	48156	32751
陕西天文台 Shaanxi Observatory	1774	264	17471	13987
西北水土保持研究所 Northwest Inst. of Soil and Water Conservation	4166	172	10867	6949
西安光学精密机械研究所 Xi'an Inst. of Optics and Fine Mechanics	2358	270	19818	11815
甘肃省、青海省 Gansu and Qinghai Provinces	20647	8809	217538	197615
近代物理研究所 Inst. of Modern Physics	7224	7224	120364	120364
兰州化学物理研究所 Lanzhou Inst. of Chemical Physics	4683	546	31558	24023

续表 5.12

90年代 In the 90s		80年代 In the 80s		70年代 In the 70s	
合计台（套）数 Total sets	合计金额 Total value	合计台（套）数 Total sets	合计金额 Total value	合计台（套）数 Total sets	合计金额 Total value
413	8914	2355	17740	2051	11928
211	1380	1397	8023	1215	3955
211	1380	1397	8023	1215	3955
1074	9983	3585	21024	2549	14305
217	1892	1310	11090	1308	10786
402	4254	821	4430	464	1940
357	3208	1182	4684	359	1039
98	629	272	820	418	540
976	9697	4054	21922	3161	15565
179	1964	817	7955	778	7552
454	3942	2122	4333	1590	2592
343	3791	1115	9634	793	5421
2762	49704	12924	146582	3950	18338
1572	20560	5599	96809	53	2995
431	7125	2241	17137	1336	5525

地区、学科及科研单位 Region, field and institute	合计台（套）数 Total sets	万元以上 Above ten thousand yuan	合计金额（千元） Total value (thousand yuan)	万元以上 Above ten thousand yuan
兰州冰川冻土研究所 Lanzhou Inst. of Glaciology and Geocryology	1957	282	14896	12896
兰州沙漠研究所 Lanzhou Inst. of Desert Research	1339	88	6531	4349
兰州地质研究所 Lanzhou Inst. of Geology	694	99	12568	12242
兰州高原大气物理研究所 Lanzhou Inst. of Plateau Atmospheric Physics	885	224	9411	6791
青海盐湖研究所 Qinghai Inst. of Saline Lakes	2543	234	16755	12732
西北高原生物研究所 Northwest Inst. of Plateau Biology	1322	112	5455	4218
新疆维吾尔自治区 Xinjiang Uygur Autonomous Region	6917	444	30889	20642
新疆物理研究所 Xinjiang Inst. of Physics	2473	165	10230	6975
乌鲁木齐天文工作站 Urumqi Astronomic Working Station	526	69	3727	2842
新疆化学研究所 Xinjiang Inst. of Chemistry	1291	61	6897	3434
新疆地理研究所 Xinjiang Inst. of Geography	643	53	3168	2358
新疆生物土壤沙漠研究所 Xinjiang Inst. of Biology, Pedology and Desert Research	1984	96	6867	5033

注：总的合计台（套）数、合计金额≥90年代，80年代、70年代相应项目的总合。

Note: The total sets and total value is equal to or more than The total sets and total value of 90s, 80s and 70s.

续表 5.12

90 年代 In the 90s		80 年代 In the 80s		70 年代 In the 70s	
合计台（套）数 Total sets	合计金额 Total value	合计台（套）数 Total sets	合计金额 Total value	合计台（套）数 Total sets	合计金额 Total value
163	7522	1274	4923	520	2451
149	1808	914	3451	276	1272
91	6493	484	5994	119	81
156	2521	526	5455	182	1407
140	2353	1196	9930	1025	3664
60	1322	690	2883	439	943
1222	9499	3643	16138	2038	5018
222	2094	1135	5489	1102	2413
160	1341	237	1682	129	704
389	3374	671	2546	231	977
106	1152	514	1953	23	63
345	1538	1086	4468	553	861

5.13 科研机构科研
（其中：

Imported Scientific Equipment & Instrumentation

地区及学科 Region and field	合计台（套）数 Total sets	万元以上 Above ten thousand yuan	合计金额（千元） Total value (thousand yuan)	万元以上 Above ten thousand yuan
总计 Total	**67446**	**20513**	**1791468**	**1631758**
一、按地区、分院分 By region and branch				
北京地区 Beijing	25374	7177	735738	650857
沈阳分院 Shenyang Branch	4074	1404	135532	128991
长春分院 Changchun Branch	2570	999	82727	77629
上海分院 Shanghai Branch	11715	3484	302246	279964
南京分院 Nanjing Branch	1351	281	15822	13186
合肥分院 Hefei Branch	464	261	126698	126048
武汉分院 Wuhan Branch	3020	575	49462	40379
广州分院 Guangzhou Branch	2359	594	51292	46670
成都分院 Chengdu Branch	2158	527	40578	36762
昆明分院 Kunming Branch	1917	388	29970	26556
西安分院 Xi’an Branch	1194	175	17172	14364

仪器设备（二）（1993年）
进口）
in CAS Research Units：1993

90年代 In the 90s		80年代 In the 80s		70年代 In the 70s	
合计台（套）数 Total sets	合计金额 Total value	合计台（套）数 Total sets	合计金额 Total value	合计台（套）数 Total sets	合计金额 Total value
10981	**434788**	**46853**	**1172648**	**6749**	**140746**
3988	211168	18003	448122	2659	55133
538	21240	2846	99009	354	12593
331	13055	1621	56235	220	8877
2775	95134	7676	183496	786	15552
204	3402	1020	11675	100	745
103	5230	325	120190	36	1278
355	11432	2079	34233	529	3139
306	9399	1693	38046	286	3162
223	5964	1641	21334	283	13235
307	5518	1231	13289	233	10564
226	4331	833	8028	107	2795

地区及学科 Region and field	合计台（套）数		合计金额（千元）	
	Total (set)	万元以上 Above ten thousand yuan	Total value (thousand yuan)	万元以上 Above ten thousand yuan
兰州分院 Lanzhou Branch	6321	3584	112642	106623
新疆分院 Xinjiang Branch	1925	243	17624	15042
其他地区 Other regions	3004	821	73965	68687
二、按学科分 By field				
数学、物理 Mathematics & physics	17173	5597	481814	422864
化学与化工 Chemistry & chemical engineering	9113	3162	286586	270654
地学 Earth sciences	10210	2096	209469	193872
生物学 Biological sciences	18154	4401	271779	228272
技术科学 Technological sciences	12796	5257	541820	516096
其他 Others	0	0	0	0

续表 5.13

90年代 In the 90s		80年代 In the 80s		70年代 In the 70s	
合计台（套）数 Total sets	合计金额 Total value	合计台（套）数 Total sets	合计金额 Total value	合计台（套）数 Total sets	合计金额 Total value
1010	30457	4706	73681	382	7340
291	4676	1201	11589	433	1359
324	13782	1978	53721	341	4974
2803	78064	12485	364134	1374	28635
1293	64988	6517	189915	742	28471
1175	70447	7740	126156	978	11624
3108	82641	11824	157297	2651	28583
2602	138648	8287	335146	1004	43433
0	0	0	0	0	0

5.14 科研机构课题基本情况

Basic Statistics of Research Projects in CAS Research Units

年 份 Year	课题数（个） figures of projects	课题经费内部支出（千元） Intramural expenditure (thousand yuan)	课题组人员折合全时人数（人·年） Full-time equivalent (man·year)	
				科学家、工程师 Scientists & engineers	其他科技人员 Other S & T personnel
1985	6220	298448	30650	23756	3410
1986	6217	256235	30337	23144	4850
1987	7091	344353	29125	22989	4733
1988	7579	406347	29565	24477	3543
1989	8287	478258	31015	26115	3434
1990	8476	500561	30283	26780	2074
1991	8051	472828	25463	22063	1838
1992	9503	665757	24769	22342	2259
1993	9922	818096	26405	24010	2183

注：1. 课题数包括基础研究、应用研究、试验发展、研究与试验发展成果应用、科技服务和生产性活动课题。

2. 课题经费内部支出指课题组直接投入经费。

Note：1. The figures include projects in basic research，applied research，experimental development，application of research and experimental development results，scientific and technical services and productive activities.

2. The intramural expenditure refers to the direct fund input made by the project group.

5.15 科研机构研究与发展（R & D）活动基本情况

Basic Statistics of R & D Activities in CAS Research Units

年 份 Year	课题数（个） figures of projects	课题经费内部支出（千元） Intramural expenditure (thousand yuan)	课题组人员折合全时人数（人·年） Full-time equivalent (man·year)		
				科学家、工程师 Scientists & engineers	其他科技人员 Other S & T personnel
1985	5986	292147	29622	23135	3272
1986	5726	201145	26363	20096	4187
1987	6618	315245	27052	21539	4243
1988	7078	371698	27153	22856	3188
1989	7696	435509	28272	24323	2926
1990	8028	456186	28354	25363	1849
1991	7272	381604	21995	19540	1403
1992	8790	571472	22346	20330	1919
1993	9265	710487	24223	22211	1887

注：R&D 课题包括基础研究、应用研究和试验发展课题.

Note：R&D projects include basic and applied research and experimental development projects.

5.16 科研机构课题综合情况（1993 年）

Statistics of Research Projects in CAS Research Units：1993

地区、学科及科研单位 Region，field and institute	课题数合计（个） Total projects	当年内开题数 Number of projects started	课题经费内部支出（千元） Intramural expenditure (thousand yuan)	课题组人员折合全时人数（人·年） Full-time equivalent (man·year)	科学家工程师 Scientists & engineers	其他科技人员 Other S & T personnel
总计 **Total**	**9922**	**2648**	**818096**	**26405**	**24010**	**2183**
一、按地区、分院分 By region and branch						
北京地区 Beijing	3469	864	305561	9348	8669	605
沈阳分院 Shenyang Branch	730	194	78439	1857	1758	98
长春分院 Changchun Branch	468	108	40162	1309	1190	119
上海分院 Shanghai Branch	1221	311	155097	4274	3798	436
南京分院 Nanjing Branch	408	123	17509	834	810	24
合肥分院 Hefei Branch	267	61	28771	815	721	82
武汉分院 Wuhan Branch	517	179	33692	1079	943	104
广州分院 Guangzhou Branch	649	145	28159	1206	1129	62
成都分院 Chengdu Branch	375	113	34379	1162	987	141
昆明分院 Kunming Branch	363	82	9785	651	538	113
西安分院 Xi'an Branch	131	50	15807	455	418	37
兰州分院 Lanzhou Branch	590	221	41092	1553	1344	206
新疆分院 Xinjiang Branch	156	40	8967	449	421	28
其他地区 Other regions	596	157	20676	1413	1284	128
二、按学科分 By field						
数学、物理 Mathematics & physics	1820	605	194410	5220	4709	471

地区、学科及科研单位 Region, field and institute	课题数合计(个) Total projects	当年内开题数 Number of projects started	课题经费内部支出(千元) Intramural expenditure (thousand yuan)	课题组人员折合全时人数(人·年) Full-time equivalent (man·year)	科学家工程师 Scientists & engineers	其他科技人员 Other S & T personnel
化学与化工 Chemistry & chemical engineering	1419	364	104679	4245	3901	326
地学 Earth sciences	1968	531	83577	4204	3932	265
生物学 Biological sciences	2311	478	115617	5371	4872	482
技术科学 Technological sciences	2340	647	318377	7236	6470	635
其他 Others	64	23	1436	129	126	4
三、按科研单位分 By institute						
北京市 Beijing	3469	864	305561	9348	8669	605
数学研究所 Inst. of Mathematics	38	11	672	52	52	0
应用数学研究所 Inst. of Applied Mathematics	37	20	1081	74	74	0
系统科学研究所 Inst. of Systems Science	200	29	2897	85	84	1
物理研究所 Inst. of Physics	47	47	13133	401	373	28
声学研究所 Inst. of Acoustics	202	70	15245	336	317	11
理论物理研究所 Inst. of Theoretical Physics	51	17	773	38	38	0
低温技术实验中心 The Cryogenic Laboratory	39	10	2513	91	79	12
高能物理研究所 Inst. of High Energy Physics	175	40	39588	735	665	70
北京天文台 Beijing Astronomical Observatory	22	3	7679	142	129	13
力学研究所 Inst. of Mechanics	136	34	17752	417	384	33
化学研究所 Inst. of Chemistry	93	20	7107	387	364	19

地区、学科及科研单位 Region, field and institute	课题数合计（个） Total projects	当年内开题数 Number of projects started	课题经费内部支出（千元） Intramural expenditure (thousand yuan)	课题组人员折合全时人数（人·年） Full-time equivalent (man·year)	科学家工程师 Scientists & engineers	其他科技人员 Other S & T personnel
感光化学研究所 Inst. of Photographic Chemistry	59	4	3631	201	194	7
生态环境研究中心 Research Center for Eco-Environmental Sciences	95	18	4289	240	228	12
化工冶金研究所 Inst. of Chemical Metallurgy	52	5	5592	233	212	16
地理研究所 Inst. of Geography	139	49	3489	338	330	8
遥感应用研究所 Institute of Remote Sensing Application	53	16	7396	150	146	4
地质研究所 Inst. of Geology	111	31	3444	236	235	1
地球物理研究所 Inst. of Geophysics	87	15	2414	177	171	6
古脊椎动物与古人类研究所 Inst. of Vertebrate Paleontology and Paleoanthropology	62	20	874	67	66	1
大气物理研究所 Inst. of Atmospheric Physics	96	31	7511	312	289	23
自然资源综合考察委员会 Commission for Integrated Surveys of Natural Resources	79	23	5537	178	174	4
植物研究所 Inst. of Botany	116	26	5669	328	294	34
动物研究所 Inst. of Zoology	123	24	4997	326	301	24
心理研究所 Inst. of Psychology	41	13	1861	96	90	8
微生物研究所 Inst. of Microbiology	105	16	5565	285	272	13
生物物理研究所 Inst. of Biophysics	97	15	9123	314	290	24
遗传研究所 Inst. of Genetics	110	9	7283	231	217	14
发育生物学研究所 Inst. of Developmental Biology	28	9	2121	56	49	7

地区、学科及科研单位 Region，field and institute	课题数合计（个） Total projects	当年内开题数 Number of projects started	课题经费内部支出（千元） Intramural expenditure (thousand yuan)	课题组人员折合全时人数（人·年） Full-time equivalent (man·year)	科学家工程师 Scientists & engineers	其他科技人员 Other S & T personnel
计算技术研究所 Inst. of Computing Technology	144	38	19667	403	346	9
计算中心 Computing Center	93	10	3838	145	143	2
软件研究所 Inst. of Software	44	16	3140	149	147	2
半导体研究所 Inst. of Semiconductors	111	23	7741	290	269	18
微电子中心 Microelectronics R&D Center	46	8	10860	191	153	38
电子学研究所 Inst. of Electronics	111	10	28447	417	374	43
自动化研究所 Inst. of Automation	103	28	6925	289	277	12
电工研究所 Inst. of Electric Engineering	80	24	9479	185	164	15
工程热物理研究所 Inst. of Engineering Thermophysics	71	23	2217	145	135	8
自然科学史研究所 Inst. of History of Natural Sciences	23	4	615	60	59	1
科技政策与管理科学研究所 Inst. of Science Policy and Management	41	19	822	70	67	3
北京软件工程研制中心 Beijing Software Engineering Center	23	9	671	61	60	1
空间科学与应用研究中心 Space Science and Technology Center	59	27	7267	291	269	22
遥感卫星地面站 Remote-Sensing Satellite Ground Station	27	0	14635	128	91	37
河北省 Hebei Province	45	7	2002	97	94	3

地区、学科及科研单位 Region, field and institute	课题数合计（个） Total projects	当年内开题数 Number of projects started	课题经费内部支出（千元） Intramural expenditure (thousand yuan)	课题组人员折合全时人数（人·年） Full-time equivalent (man·year)	科学家工程师 Scientists & engineers	其他科技人员 Other S & T personnel
石家庄农业现代化研究所 Shijiazhuang Inst. of Agricultural Modernization	45	7	2002	97	94	3
山西省 Shanxi Province	80	42	4668	366	297	69
山西煤炭化学研究所 Shanxi Inst. of Coal Chemistry	80	42	4668	366	297	69
辽宁省 Liaoning Province	730	194	78439	1857	1758	98
沈阳应用生态研究所 Shenyang Inst. of Applied Ecology	110	9	4081	217	203	14
沈阳计算技术研究所 Shenyang Inst. of Computing Technology	111	82	27613	240	228	12
沈阳自动化研究所 Shenyang Inst. of Automation	105	21	15752	287	279	8
金属研究所 Inst. of Metals Research	201	34	17437	510	466	44
金属腐蚀与防护研究所 Inst. of Corrosion and Protection of Metals	64	9	3298	125	117	8
大连化学物理研究所 Dalian Inst. of Chemical Physics	139	39	10258	478	465	13
吉林省 Jilin Province	468	108	40162	1309	1190	119
长春物理研究所 Changchun Inst. of Physics	107	27	3762	315	291	24
长春人造卫星观测站 Changchun Satellite Observation Station	6	2	731	21	16	5
长春应用化学研究所 Changchun Inst. of Applied Chemistry	204	59	16984	349	331	18
长春地理研究所 Changchun Inst. of Geography	44	11	2562	156	141	15

地区、学科及科研单位 Region, field and institute	课题数合计（个） Total projects	当年内开题数 Number of projects started	课题经费内部支出（千元） Intramural expenditure (thousand yuan)	课题组人员折合全时人数（人·年） Full-time equivalent (man·year)	科学家工程师 Scientists & engineers	其他科技人员 Other S & T personnel
长春光学精密机械研究所 Changchun Inst. of Optics and Fine Mechanics	107	9	16123	468	411	57
黑龙江省 Heilongjiang Province	33	1	548	69	68	1
黑龙江农业现代化研究所 Heilongjiang Institute of Agricultural Modernization	33	1	548	69	68	1
上海市 Shanghai	1221	311	155097	4274	3798	436
上海原子核研究所 Shanghai Inst. of Nuclear Research	81	8	11158	387	356	31
上海天文台 Shanghai Observatory	48	7	6534	204	198	6
上海硅酸盐研究所 Shanghai Inst. of Ceramics	118	27	11676	401	347	54
上海有机化学研究所 Shanghai Inst. of Organic Chemistry	159	24	20617	554	508	37
上海植物生理研究所 Shanghai Inst. of Plant Physiology	111	40	6169	226	213	13
上海昆虫研究所 Shanghai Inst. of Entomology	44	3	1521	100	89	11
上海药物研究所 Shanghai Inst. of Materia Medica	72	17	4664	225	202	20
上海生理研究所 Shanghai Inst. of Physiology	38	7	3092	91	82	9
上海生物化学研究所 Shanghai Inst. of Biochemistry	71	14	7729	266	247	19
上海细胞生物学研究所 Shanghai Inst. of Cell Biology	71	29	8792	180	154	26
上海脑研究所 Shanghai Inst. of Brain Research	13	7	794	37	33	4
上海生物工程研究中心 Shanghai Bioengineering Research Center	22	1	2616	63	53	10

地区、学科及科研单位 Region, field and institute	课题数合计(个) Total projects	当年内开题数 Number of projects started	课题经费内部支出(千元) Intramural expenditure (thousand yuan)	课题组人员折合全时人数(人·年) Full-time equivalent (man·year)	科学家工程师 Scientists & engineers	其他科技人员 Other S & T personnel
上海冶金研究所 Shanghai Inst. of Metallurgy	90	16	22438	458	400	58
上海光学精密机械研究所 Shanghai Inst. of Optics and Fine Mechanics	158	58	17749	551	467	84
上海技术物理研究所 Shanghai Inst. of Technical Physics	125	53	29548	532	450	55
江苏省 Jiangsu Province	408	123	17509	834	810	24
紫金山天文台 Purple Mountain Observatory	88	37	3489	254	247	7
南京地理与湖泊研究所 Nanjing Inst. of Geography and Limnology	100	25	4130	124	122	2
南京地质古生物研究所 Nanjing Inst. of Geology and Palaeontology	82	25	2404	132	130	2
南京土壤研究所 Nanjing Inst. of Soil Science	138	36	7486	324	311	13
安徽省 Anhui Province	267	61	28771	815	721	82
固体物理研究所 Inst. of Solid State Physics	30	6	2521	79	74	5
等离子体物理研究所 Inst. of Plasma Physics	77	16	11449	297	256	41
合肥智能机械研究所 Hefei Inst. of Intelligent Machines	40	10	2063	64	62	2
安徽光学精密机械研究所 Anhui Inst. of Optics and Fine Mechanics	120	29	12738	376	330	34
福建省 Fujian Province	136	37	3341	172	165	7
福建物质结构研究所 Fujian Inst. of Research on the Structure of Matter	136	37	3341	172	165	7

地区、学科及科研单位 Region, field and institute	课题数合计（个）Total projects	当年内开题数 Number of projects started	课题经费内部支出（千元）Intramural expenditure (thousand yuan)	课题组人员折合全时人数（人·年）Full-time equivalent (man·year)	科学家工程师 Scientists & engineers	其他科技人员 Other S & T personnel
山东省 Shandong Province	213	45	6816	471	431	40
海洋研究所 Inst. of Oceanology	213	45	6816	471	431	40
湖北省、湖南省 Hubei and Hunan Provinces	517	179	33692	1079	943	104
武汉数学物理研究所 Wuhan Inst. of Mathematical Physics	13	8	543	36	36	0
武汉物理研究所 Wuhan Inst. of Physics	63	36	4425	152	140	12
武汉岩土力学研究所 Wuhan Inst. of Rock and Soil Mechanics	51	36	16389	204	152	21
测量与地球物理研究所 Inst. of Geodesy and Geophysics	60	25	2548	89	75	13
武汉植物研究所 Wuhan Inst. of Botany	45	9	1465	94	73	21
水生生物研究所 Inst. of Hydrobiology	147	25	4290	252	232	20
武汉病毒研究所 Wuhan Inst. of Virology	57	23	1594	119	107	12
长沙大地构造研究所 Changsha Inst. of Geotectonics	28	5	1158	48	47	1
长沙农业现代化研究所 Changsha Inst. of Agricultural Modernization	53	12	1281	86	83	3
广东省 Guangdong Province	649	145	28159	1206	1129	62
广州人造卫星观测站 Guangzhou Satellite Observation Station	17	6	770	26	22	4
广州化学研究所 Guangzhou Inst. of Chemistry	82	20	3833	166	154	12
广州地质新技术研究所 Guangzhou Inst. of New Geotechnology	203	44	5988	281	276	5

地区、学科及科研单位 Region, field and institute	课题数合计（个） Total projects	当年内开题数 Number of projects started	课题经费内部支出（千元） Intramural expenditure (thousand yuan)	课题组人员折合全时人数（人·年） Full-time equivalent (man·year)	科学家工程师 Scientists & engineers	其他科技人员 Other S & T personnel
南海海洋研究所 South China Sea Inst. of Oceanology	116	21	8641	302	286	14
华南植物研究所 South China Inst. of Botany	125	25	2959	210	190	8
广州电子研究所 Guangzhou Inst. of Electronic Technology	39	13	3870	114	105	9
广州能源研究所 Guangzhou Inst. of Energy Conversion	67	16	2099	107	97	10
四川省 Sichuan Province	357	113	34379	1162	987	141
成都有机化学研究所 Chengdu Inst. of Organic Chemistry	53	4	2669	162	153	9
成都山地灾害与环境研究所 Chengdu Inst. of Mountain Hazards and Environment	68	29	1652	316	242	74
成都生物研究所 Chengdu Inst. of Biology	85	18	3497	189	166	23
成都计算机应用研究所 Chengdu Inst. of Computer Application	72	33	5402	148	141	7
光电技术研究所 Inst. of Optics and Electronics	79	29	21160	347	285	28
贵州省 Guizhou Province	89	25	3303	240	231	9
贵阳地球化学研究所 Guiyang Inst. of Geochemistry	89	25	3303	240	231	9
云南省 Yunnan Province	363	82	9785	651	538	113
云南天文台 Yunnan Observatory	108	33	2303	174	152	22
昆明植物研究所 Kunming Inst. of Botany	134	28	3744	242	184	58

地区、学科及科研单位 Region, field and institute	课题数合计(个) Total projects	当年内开题数 Number of projects started	课题经费内部支出(千元) Intramural expenditure (thousand yuan)	课题组人员折合全时人数(人·年) Full-time equivalent (man·year)	科学家工程师 Scientists & engineers	其他科技人员 Other S & T personnel
昆明动物研究所 Kunming Inst. of Zoology	82	13	2696	163	136	27
昆明生态研究所 Kunming Inst. of Ecology	39	8	1042	72	66	6
陕西省 Shaanxi Province	131	50	15807	455	418	37
陕西天文台 Shaanxi Observatory	42	27	7181	72	67	5
西北水土保持研究所 Northwest Inst. of Soil and Water Conservation	39	4	2425	166	145	21
西安光学精密机械研究所 Xi'an Inst. of Optics and Fine Mechanics	50	19	6200	217	206	11
甘肃省、青海省 Gansu and Qinghai Provinces	590	221	41092	1553	1344	206
近代物理研究所 Inst. of Modern Physics	105	65	18505	502	390	112
兰州化学物理研究所 Lanzhou Inst. of Chemical Physics	79	21	5925	302	271	31
兰州冰川冻土研究所 Lanzhou Inst. of Glaciology and Geocryology	89	44	4725	161	148	13
兰州沙漠研究所 Lanzhou Inst. of Desert Research	64	9	2596	127	122	5
兰州地质研究所 Lanzhou Inst. of Geology	73	9	2929	124	111	9
兰州高原大气物理研究所 Lanzhou Inst. of Plateau Atmospheric Physics	78	17	2374	87	76	11
青海盐湖研究所 Qinghai Inst. of Saline Lakes	49	35	2646	152	135	17
西北高原生物研究所 Northwest Inst. of Plateau Biology	53	21	1393	98	92	6

地区、学科及科研单位 Region, field and institute	课题数合计（个） Total projects	当年内开题数 Number of projects started	课题经费内部支出（千元） Intramural expenditure (thousand yuan)	课题组人员折合全时人数（人·年） Full-time equivalent (man·year)	科学家工程师 Scientists & engineers	其他科技人员 Other S & T personnel
新疆维吾尔自治区 Xinjiang Uygur Autonomous Region	156	40	8967	449	421	28
新疆物理研究所 Xinjiang Inst. of Physics	28	7	1899	88	85	3
乌鲁木齐天文工作站 Urumqi Astronomic Working Station	9	3	1419	40	36	4
新疆化学研究所 Xinjiang Inst. of Chemistry	21	9	1445	82	78	4
新疆地理研究所 Xinjiang Inst. of Geography	34	12	1086	88	84	4
新疆生物土壤沙漠研究所 xinjiang Inst. of Biology, Pedology and Desert Research	64	9	3118	151	138	13

地区、学科及科研单位 Region, field and institute	基础研究课题 (个) Basic research	课题经费 内部支出 (千元) Intramural expenditure (thousand yuan)	课题组人员折合全时人数 (人·年) Full-time equivalent (man·year)	科学家工程师 Scientists & engineers	应用研究课题 (个) Applied research
总计 Total	**3493**	**196734**	**7878**	**7342**	**5056**
一、按地区分、分院分 By region and branch					
北京地区 Beijing	1371	79674	3275	3116	1680
沈阳分院 Shenyang Branch	116	4110	253	247	442
长春分院 Changchun Branch	131	10747	228	221	248
上海分院 Shanghai Branch	464	33926	1162	1081	662
南京分院 Nanjing Branch	160	5373	336	331	220
合肥分院 Hefei Branch	82	11704	286	254	132
武汉分院 Wuhan Branch	192	7827	360	323	246
广州分院 Guangzhou Branch	185	5275	280	267	378
成都分院 Chengdu Branch	52	967	127	111	219
昆明分院 Kunming Branch	161	4083	251	222	131
西安分院 Xi'an Branch	15	463	46	44	77
兰州分院 Lanzhou Branch	314	25211	777	655	220
新疆分院 Xinjiang Branch	37	1652	106	95	101
其他地区 Other regions	213	5362	391	375	300
二、按学科分 By field					
数学、物理 Mathematics & physics	857	79365	2296	2100	731

按活动类型分类（一）（1993 年）

Research Units，by Type of Research (1)：1993

课题经费内部支出（千元）Intramural expenditure (thousand yuan)	课题组人员折合全时人数（人·年）Full-time equivalent (man·year)	科学家工程师 Scientists & engineers	试验发展课题（个）Experimental development	课题经费内部支出（千元）Intramural expenditure (thousand yuan)	课题组人员折合全时人数（人·年）Full-time equivalent (man·year)	科学家工程师 Scientists & engineers
397047	**13956**	**12754**	**716**	**117066**	**2389**	**2115**
154332	4788	4457	161	25317	442	415
30376	1070	1009	130	40972	415	391
19272	738	675	53	7196	248	212
91657	2616	2284	54	10192	291	254
10500	423	408	12	1064	42	41
11399	356	332	9	899	29	24
10653	510	469	59	8825	126	104
16121	709	663	67	5924	184	170
18106	699	599	43	7390	142	117
2954	238	199	36	1636	73	56
5603	255	232	8	490	30	28
11543	587	535	21	1470	82	69
5143	283	267	17	2081	55	53
9388	684	625	46	3610	230	181
72731	2121	1947	81	16164	343	309

地区、学科及科研单位 Region, field and institute	基础研究课题 （个） Basic research	课题经费内部支出 （千元） Intramural expenditure (thousand yuan)	课题组人员折合全时人数 （人·年） Full-time equivalent (man·year)	科学家工程师 Scientists & engineers	应用研究课题 （个） Applied research
化学与化工 Chemistry & chemical engineering	418	29017	1011	968	816
地学 Earth sciences	952	31396	1791	1700	934
生物学 Biological sciences	885	41111	1999	1837	1192
技术科学 Technological sciences	346	14623	695	656	1354
其他 Others	35	862	86	81	29
三、按科研单位分 By research unit					
北京市 Beijing	1371	79674	3275	3116	1680
数学研究所 Inst. of Mathematics	23	189	30	30	15
应用数学研究所 Inst. of Applied Mathematics	29	831	57	57	8
系统科学研究所 Inst. of Systems Science	134	2154	64	63	55
物理研究所 Inst. of Physics	30	6415	223	213	17
声学研究所 Inst. of Acoustics	46	991	47	45	123
理论物理研究所 Inst. of Theoretical Physics	51	773	38	38	0
低温技术实验中心 Cryogenic Laboratory	19	855	32	32	15
高能物理研究所 Inst. of High Energy Physics	89	20896	400	372	83
北京天文台 Beijing Astronomical Observatory	15	6058	103	100	4
力学研究所 Inst. of Mechanics	25	2281	69	64	87

课题经费内部支出（千元）Intramural expenditure (thousand yuan)	课题组人员折合全时人数（人·年）Full-time equivalent (man·year)	科学家工程师 Scientists & engineers	试验发展课题（个）Experimental development	课题经费内部支出（千元）Intramural expenditure (thousand yuan)	课题组人员折合全时人数（人·年）Full-time equivalent (man·year)	科学家工程师 Scientists & engineers
60334	2553	2346	102	9368	441	372
45613	2192	2032	28	1285	59	51
65828	2878	2620	158	5787	313	274
151966	4168	3764	347	84462	1233	1110
575	44	45	0	0	0	
154332	4788	4457	161	25317	442	415
483	22	22	0	0	0	0
250	17	17	0	0	0	0
666	18	18	0	0	0	0
6718	178	160	0	0	0	0
10843	223	211	8	444	19	18
0	0	0	0	0	0	0
822	41	39	0	0	0	0
18398	328	287	0	0	0	0
1185	20	18	0	0	0	0
8861	264	246	12	2399	45	43

地区、学科及科研单位 Region, field and institute	基础研究课题（个） Basic research	课题经费内部支出（千元） Intramural expenditure (thousand yuan)	课题组人员折合全时人数（人·年） Full-time equivalent (man·year)	科学家工程师 Scientists & engineers	应用研究课题（个） Applied research
化学研究所 Inst. of Chemistry	43	2611	160	152	48
感光化学研究所 Inst. of Photographic Chemistry	22	1333	87	86	32
生态环境研究中心 Research Center for Eco-Environmental Sciences	31	1338	69	66	58
化工冶金研究所 Inst. of Chemical Metallurgy	0	0	0	0	49
地理研究所 Inst. of Geography	49	736	97	96	87
遥感应用研究所 Inst. of Remote Sensing Application	4	144	8	8	45
地质研究所 Inst. of Geology	79	2321	168	167	31
地球物理研究所 Inst. of Geophysics	57	1828	112	107	26
古脊椎动物与古人类研究所 Inst. of Vertebrate Paleontology and Paleoanthropology	61	868	67	66	1
大气物理研究所 Inst. of Atmospheric Physics	47	3619	152	144	47
自然资源综合考察委员会 Commission for Integrated Surveys of Natural Resources	15	224	22	22	50
植物研究所 Inst. of Botany	71	2854	195	178	43
动物研究所 Inst. of Zoology	78	2782	217	203	43
心理研究所 Inst. of Psychology	20	793	54	48	21
微生物研究所 Inst. of Microbiology	55	2601	129	124	42
生物物理研究所 Inst. of Biophysics	57	6360	184	172	28
遗传研究所 Inst. of Genetics	21	1669	71	67	78

课题经费内部支出（千元）Intramural expenditure (thousand yuan)	课题组人员折合全时人数（人·年）Full-time equivalent (man·year)	科学家工程师 Scientists & engineers	试验发展课题（个）Experimental development	课题经费内部支出（千元）Intramural expenditure (thousand yuan)	课题组人员折合全时人数（人·年）Full-time equivalent (man·year)	科学家工程师 Scientists & engineers
4301	219	205	0	0	0	0
1706	96	93	2	284	6	5
2731	156	147	1	105	5	5
5397	212	192	2	70	12	12
2716	236	229	3	37	5	5
5623	130	127	0	0	0	0
1023	65	65	1	100	3	3
551	60	59	1	9	1	1
7	0	0	0	0	0	0
3755	148	134	2	138	12	11
3449	88	88	1	342	0	0
2708	126	110	1	42	2	2
2167	101	93	0	0	0	0
1068	44	42	0	0	0	0
2365	136	130	7	498	17	17
2215	103	95	6	157	10	10
5289	150	140	9	305	8	8

地区、学科及科研单位 Region, field and institute	基础研究课题 (个) Basic research	课题经费内部支出 (千元) Intramural expenditure (thousand yuan)	课题组人员折合全时人数 (人·年) Full-time equivalent (man·year)	科学家工程师 Scientists & engineers	应用研究课题 (个) Applied research
发育生物学研究所 Inst. of Developmental Biology	13	484	28	24	15
计算技术研究所 Inst. of Computing Technology	2	29	3	3	63
计算中心 Computing Center	57	1354	53	53	31
软件研究所 Inst. of Software	14	456	42	42	30
半导体研究所 Inst. of Semiconductors	23	672	65	61	82
微电子中心 Microelectronics R&D Center	7	974	15	13	37
电子学研究所 Inst. of Electronics	18	602	44	41	55
自动化研究所 Inst. of Automation	0	0	0	0	72
电工研究所 Inst. of Electric Engineering	0	0	0	0	19
工程热物理研究所 Inst. of Engineering Thermophysics	4	116	9	6	59
自然科学史研究所 Inst. of History of Natural Sciences	23	615	60	59	0
科技政策与管理科学研究所 Institute of Science Policy and Management	12	247	25	22	29
北京软件工程研制中心 Beijing Software Engineering Center	1	12	2	2	8
空间科学与应用研究中心 Space Science and Technology Center	26	592	78	73	28
遥感卫星地面站 Remote Sensing Satellite Ground Station	0	0	0	0	16
河北省 Hebei Province	10	184	13	13	25
石家庄农业现代化研究所 Shijiazhuang Inst. of Agricultural Modernization	10	184	13	13	25

续表 5.17

课题经费内部支出（千元）Intramural expenditure (thousand yuan)	课题组人员折合全时人数（人·年）Full-time equivalent (man·year)	科学家工程师 Scientists & engineers	试验发展课题（个）Experimental development	课题经费内部支出（千元）Intramural expenditure (thousand yuan)	课题组人员折合全时人数（人·年）Full-time equivalent (man·year)	科学家工程师 Scientists & engineers
1637	27	25	0	0	0	0
2632	173	160	67	15492	174	160
1764	48	47	3	650	41	40
2684	107	105	0	0	0	0
6623	205	192	1	18	2	2
9643	160	126	0	0	0	0
18393	219	205	3	167	7	7
5289	210	201	5	96	11	11
2793	75	64	16	3742	47	42
1623	116	111	1	63	2	2
0	0	0	0	0	0	0
575	44	44	0	0	0	0
148	18	18	0	0	0	0
4615	178	164	0	0	0	0
617	31	30	9	159	15	14
1355	64	63	9	446	19	17
1355	64	63	9	446	19	17

地区、学科及科研单位 Region, field and institute	基础研究课题 (个) Basic research	课题经费内部支出 (千元) Intramural expenditure (thousand yuan)	课题组人员折合全时人数 (人·年) Full-time equivalent (man·year)	科学家工程师 Scientists & engineers	应用研究课题 (个) Applied research
山西省 Shanxi Province	0	0	0	0	46
山西煤炭化学研究所 Shanxi Inst. of Coal Chemistry	0	0	0	0	46
辽宁省 Liaoning Province	116	4110	253	247	442
沈阳应用生态研究所 Shenyang Inst. of Applied Ecology	29	507	51	50	75
沈阳计算技术研究所 Shenyang Inst. of Computing Technology	5	57	2	2	50
沈阳自动化研究所 Shenyang Inst. of Automation	2	17	2	2	42
金属研究所 Inst. of Metals Research	31	1322	68	68	133
金属腐蚀与防护研究所 Inst. of Corrosion and Protection of Metals	19	1398	35	32	37
大连化学物理研究所 Dalian Inst. of Chemical Physics	30	809	95	93	105
吉林省 Jilin Province	131	10747	228	221	248
长春物理研究所 Changchun Inst. of Physics	28	518	79	79	55
长春人造卫星观测站 Changchun Satellite Observation Station	1	20	1	1	5
长春应用化学研究所 Changchun Inst. of Applied Chemistry	93	9961	128	121	90
长春地理研究所 Changchun Inst. of Geography	9	247	19	19	35
长春光学精密机械研究所 Changchun Inst. of Optics and Fine Mechanics	0	0	0	0	63
黑龙江省 Heilongjiang Province	0	0	0	0	26
黑龙江农业现代化研究所 Heilongjiang Institute of Agricultural Modernization	0	0	0	0	26

课题经费内部支出（千元）Intramural expenditure (thousand yuan)	课题组人员折合全时人数（人·年）Full-time equivalent (man·year)	科学家工程师 Scientists & engineers	试验发展课题（个）Experimental development	课题经费内部支出（千元）Intramural expenditure (thousand yuan)	课题组人员折合全时人数（人·年）Full-time equivalent (man·year)	科学家工程师 Scientists & engineers
1465	151	128	29	3014	188	144
1465	151	128	29	3014	188	144
30376	1070	1009	130	40972	415	391
3317	157	144	0	0	0	0
1201	60	60	55	26349	175	163
1836	72	70	53	13279	182	175
13385	343	312	13	998	31	26
1674	71	66	8	226	20	19
8963	368	358	1	120	7	7
19272	738	675	53	7196	248	212
1679	153	144	3	109	11	9
710	20	15	0	0	0	0
5821	185	176	8	65	19	17
2315	137	122	0	0	0	0
8747	242	217	42	7023	218	186
409	47	46	5	100	18	18
409	47	46	5	100	18	18

地区、学科及科研单位 Region, field and institute	基础研究课题 （个） Basic research	课题经费 内部支出 （千元） Intramural expenditure (thousand yuan)	课题组人员折 合全时人数 （人·年） Full-time equivalent (man·year)		应用研究课题 （个） Applied research
				科学家 工程师 Scientists & engineers	
上海市 Shanghai	464	33926	1162	1081	662
上海原子核研究所 Shanghai Inst. of Nuclear Research	23	1296	84	83	54
上海天文台 Shanghai Observatory	27	2565	94	91	12
上海硅酸盐研究所 Shanghai Inst. of Ceramics	32	2267	89	87	76
上海有机化学研究所 Shanghai Inst. of Organic Chemistry	53	7415	188	175	79
上海植物生理研究所 Shanghai Inst. of Plant Physiology	58	2636	100	90	46
上海昆虫研究所 Shanghai Inst. of Entomology	15	496	33	28	25
上海药物研究所 Shanghai Inst. of Materia Medica	9	510	27	27	63
上海生理研究所 Shanghai Inst. of Physiology	38	3092	91	82	0
上海生物化学研究所 Shanghai Inst. of Biochemistry	39	3160	121	111	30
上海细胞生物学研究所 Shanghai Inst. of Cell Biology	56	3446	88	79	15
上海脑研究所 Shanghai Inst. of Brain Research	11	717	31	28	2
上海生物工程研究中心 Shanghai Bioengineering Research Center	0	0	0	0	22
上海冶金研究所 Shanghai Inst. of Metallurgy	17	802	42	39	64
上海光学精密机械研究所 Shanghai Inst. of Optics and Fine Mechanics	27	2188	87	80	122
上海技术物理研究所 Shanghai Inst. of Technical Physics	59	3339	88	80	52
江苏省 Jiangsu Province	160	5373	336	331	220

课题经费内部支出(千元) Intramural expenditure (thousand yuan)	课题组人员折合全时人数(人·年) Full-time equivalent (man·year)	科学家工程师 Scientists & engineers	试验发展课题(个) Experimental development	课题经费内部支出(千元) Intramural expenditure (thousand yuan)	课题组人员折合全时人数(人·年) Full-time equivalent (man·year)	科学家工程师 Scientists & engineers
91657	2616	2284	54	10192	291	254
9516	248	226	4	347	54	47
2072	49	48	6	1313	37	37
7224	259	219	7	1363	35	30
10946	297	273	14	1280	30	26
3245	109	106	3	57	5	4
915	60	55	4	111	7	6
4154	198	175	0	0	0	0
0	0	0	0	0	0	0
4492	139	130	0	0	0	0
5346	92	75	0	0	0	0
78	6	6	0	0	0	0
2616	63	53	0	0	0	0
7435	348	302	2	170	15	11
14570	430	355	2	164	6	6
19048	320	263	12	5388	101	86
10500	423	408	12	1064	42	41

地区、学科及科研单位 Region, field and institute	基础研究课题 (个) Basic research	课题经费内部支出 (千元) Intramural expenditure (thousand yuan)	课题组人员折合全时人数 (人·年) Full-time equivalent (man·year)	科学家工程师 Scientists & engineers	应用研究课题 (个) Applied research
紫金山天文台 Purple Mountain Observatory	45	1168	116	114	29
南京地理与湖泊研究所 Nanjing Institute of Geography and Limnology	21	1493	64	64	76
南京地质古生物研究所 Nanjing Inst. of Geology and Palaeontology	72	1939	117	115	10
南京土壤研究所 Nanjing Inst. of Soil Science	22	773	38	38	105
安徽省 Anhui Province	82	11704	286	254	132
固体物理研究所 Inst. of Solid State Physics	18	1693	45	42	9
等离子体物理研究所 Inst. of Plasma Physics	53	9645	209	181	23
合肥智能机械研究所 Hefei Inst. of Intelligent Machines	0	0	0	0	29
安徽光学精密机械研究所 Anhui Inst. of Optics and Fine Mechanics	11	367	32	31	71
福建省 Fujian Province	63	1355	72	71	54
福建物质结构研究所 Fujian Inst. of Research on the Structure of Matter	63	1355	72	71	54
山东省 Shandong Province	86	2244	171	159	117
海洋研究所 Inst. of Oceanology	86	2244	171	159	117
湖北省、湖南省 Hubei and Hunan Provinces	192	7827	360	323	246
武汉数学物理研究所 Wuhan Inst. of Mathematical Physics	12	496	34	34	1
武汉物理研究所 Wuhan Inst. of Physics	28	2441	61	56	25
武汉岩土力学研究所 Wuhan Inst. of Rock and Soil Mechanics	10	606	25	24	21

课题经费内部支出（千元）Intramural expenditure (thousand yuan)	课题组人员折合全时人数（人·年）Full-time equivalent (man·year)	科学家工程师 Scientists & engineers	试验发展课题（个）Experimental development	课题经费内部支出（千元）Intramural expenditure (thousand yuan)	课题组人员折合全时人数（人·年）Full-time equivalent (man·year)	科学家工程师 Scientists & engineers
1231	93	90	9	970	35	33
2613	58	56	0	0	0	0
465	15	15	0	0	0	0
6191	257	246	3	94	8	8
11399	356	332	9	899	29	24
613	25	24	1	141	5	3
1747	81	70	1	58	7	5
1306	45	44	1	97	3	3
7734	205	194	6	604	15	14
1162	65	60	1	33	3	3
1162	65	60	1	33	3	3
4157	270	245	2	18	2	2
4157	270	245	2	18	2	2
10653	510	469	59	8825	126	104
47	2	2	0	0	0	0
1610	66	61	8	229	18	18
1938	69	61	7	7712	41	28

地区、学科及科研单位 Region, field and institute	基础研究课题（个）Basic research	课题经费内部支出（千元）Intramural expenditure (thousand yuan)	课题组人员折合全时人数（人·年）Full-time equivalent (man·year)	科学家工程师 Scientists & engineers	应用研究课题（个）Applied research
测量与地球物理研究所 Inst. of Geodesy and Geophysics	33	1284	52	42	27
武汉植物研究所 Wuhan Inst. of Botany	15	357	26	19	22
水生生物研究所 Inst. of Hydrobiology	50	1306	78	69	77
武汉病毒研究所 Wuhan Inst. of Virology	26	522	55	49	31
长沙大地构造研究所 Changsha Inst. of Geotectonics	13	568	22	22	15
长沙农业现代化研究所 Changsha Inst. of Agricultural Modernization	5	246	9	8	27
广东省 Guangdong Province	185	5275	280	267	378
广州人造卫星观测站 Guangzhou Satellite Observation Station	1	80	5	1	11
广州化学研究所 Guangzhou Inst. of Chemistry	12	321	16	16	58
广州地质新技术研究所 Guangzhou Institute of New Geotechnology	106	3167	127	124	92
南海海洋研究所 South China Sea Inst. of Oceanology	33	935	68	65	74
华南植物研究所 South China Inst. of Botany	31	721	62	59	78
广州电子研究所 Guangzhou Inst. of Electronic Technology	0	0	0	0	9
广州能源研究所 Guangzhou Inst. of Energy Conversion	2	51	3	3	56
四川省 Sichuan Province	52	967	127	111	219
成都有机化学研究所 Chengdu Inst. of Organic Chemistry	3	157	9	9	24
成都山地灾害与环境研究所 Chengdu Inst. of Mountain Hazards and Environment	15	345	79	68	50

课题经费内部支出（千元） Intramural expenditure (thousand yuan)	课题组人员折合全时人数（人·年） Full-time equivalent (man·year)	科学家工程师 Scientists & engineers	试验发展课题（个） Experimental development	课题经费内部支出（千元） Intramural expenditure (thousand yuan)	课题组人员折合全时人数（人·年） Full-time equivalent (man·year)	科学家工程师 Scientists & engineers
1265	37	33	0	0	0	0
853	49	42	4	153	12	7
2636	148	139	19	339	26	23
1071	64	57	0	0	0	0
590	27	26	0	0	0	0
643	48	48	21	391	29	27
16121	709	663	67	5924	184	170
485	13	13	2	105	4	4
1768	108	99	12	1744	43	40
2688	149	148	1	26	1	1
7525	219	207	9	181	15	14
1773	114	100	12	362	25	23
385	20	20	30	3485	94	85
1498	85	77	1	21	3	3
18106	699	599	43	7390	142	117
1362	75	71	11	474	30	28
1276	226	167	3	32	11	7

地区、学科及科研单位 Region，field and institute	基础研究课题 （个） Basic research	课题经费内部支出 （千元） Intramural expenditure (thousand yuan)	课题组人员折合全时人数 （人·年） Full-time equivalent (man·year)	科学家工程师 Scientists & engineers	应用研究课题 （个） Applied research
成都生物研究所 Chengdu Inst. of Biology	16	342	23	18	54
成都计算机应用研究所 Chengdu Inst. of Computer Application	18	123	16	16	54
光电技术研究所 Inst. of Optics and Electronics	0	0	0	0	37
贵州省 Guizhou Province	54	1581	137	133	32
贵阳地球化学研究所 Guiyang Inst. of Geochemistry	54	1581	137	133	32
云南省 Yunnan Province	161	4083	251	222	131
云南天文台 Yunnan Observatory	72	1416	107	94	26
昆明植物研究所 Kunming Inst. of Botany	39	1135	65	58	49
昆明动物研究所 Kunming Inst. of Zoology	38	1109	57	51	30
昆明生态研究所 Kunming Inst. of Ecology	12	424	22	19	26
陕西省 Shaanxi Province	15	463	46	44	77
陕西天文台 Shaanxi Observatory	6	150	6	6	13
西北水土保持研究所 Northwest Inst. of Soil and Water Conservation	6	160	30	28	29
西安光学精密机械研究所 Xi'an Inst. of Optics and Fine Mechanics	3	152	10	10	35
甘肃省、青海省 Gansu and Qinghai Provinces	314	25211	777	655	220
近代物理研究所 Inst. of Modern Physics	68	15664	357	271	17
兰州化学物理研究所 Lanzhou Inst. of Chemical Physics	12	536	43	40	60

课题经费内部支出（千元）Intramural expenditure (thousand yuan)	课题组人员折合全时人数（人·年）Full-time equivalent (man·year)	科学家工程师 Scientists & engineers	试验发展课题（个）Experimental development	课题经费内部支出（千元）Intramural expenditure (thousand yuan)	课题组人员折合全时人数（人·年）Full-time equivalent (man·year)	科学家工程师 Scientists & engineers
2492	135	120	12	611	28	24
5279	132	125	0	0	0	0
7698	131	117	17	6273	74	57
841	87	84	0	0	0	0
841	87	84	0	0	0	0
2954	238	199	36	1636	73	56
665	44	38	0	0	0	0
752	71	55	24	1000	47	36
934	77	63	12	636	27	19
603	47	43	0	0	0	0
5603	255	232	8	490	30	28
223	10	10	6	267	14	14
2032	118	102	2	223	16	14
3348	128	121	0	0	0	0
11543	587	535	21	1470	82	69
574	60	54	4	313	14	12
4759	218	197	6	462	36	29

地区、学科及科研单位 Region，field and institute	基础研究课题（个） Basic research	课题经费内部支出（千元） Intramural expenditure (thousand yuan)	课题组人员折合全时人数（人·年） Full-time equivalent (man·year)	科学家工程师 Scientists & engineers	应用研究课题（个） Applied research
兰州冰川冻土研究所 Lanzhou Inst. of Glaciology and Geocryology	59	3597	105	96	27
兰州沙漠研究所 Lanzhou Inst. of Desert Research	25	431	32	31	39
兰州地质研究所 Lanzhou Inst. of Geology	57	2202	94	83	6
兰州高原大气物理研究所 Lanzhou Inst. of Plateau Atmospheric Physics	43	1352	53	46	27
青海盐湖研究所 Qinghai Inst. of Saline Lakes	21	746	47	44	22
西北高原生物研究所 Northwest Inst. of Plateau Biology	29	684	47	44	22
新疆维吾尔自治区 Xinjiang Uygur Autonomous Region	37	1652	106	95	101
新疆物理研究所 Xinjiang Inst. of Physics	0	0	0	0	19
乌鲁木齐天文工作站 Urumqi Astronomic Working Station	4	165	12	10	4
新疆化学研究所 Xinjiang Inst. of Chemistry	3	170	10	9	15
新疆地理研究所 Xinjiang Inst. of Geography	14	274	28	25	20
新疆生物土壤沙漠研究所 Xinjiang Inst. of Biology, Pedology and Desert Research	16	1044	56	52	43

续表 5.17

课题经费内部支出（千元）Intramural expenditure (thousand yuan)	课题组人员折合全时人数（人·年）Full-time equivalent (man·year)	科学家工程师 Scientists & engineers	试验发展课题（个）Experimental development	课题经费内部支出（千元）Intramural expenditure (thousand yuan)	课题组人员折合全时人数（人·年）Full-time equivalent (man·year)	科学家工程师 Scientists & engineers
946	51	48	3	182	5	4
2164	95	91	0	0	0	0
207	9	9	1	13	2	2
626	25	23	1	207	1	1
1606	82	71	6	294	24	21
661	46	44	0	0	0	0
5143	283	267	17	2081	55	53
1223	65	62	9	675	23	23
173	12	11	1	1081	17	16
1123	63	60	2	61	5	5
813	60	59	0	0	0	0
1811	85	76	5	263	11	10

地区及学科 Region and field	研究与试验发展成果应用课题（个） Application of R&D results	课题经费内部支出（千元） Intramural expenditure (thousand yuan)	课题组人员折合全时人数（人·年） Full-time equivalent (man·year)	科学家工程师 Scientists & engineers	科技服务课题（个） S & T services
总计 Total	**423**	**49754**	**1294**	**1131**	**203**
一、按地区、分院分 By region and branch					
北京地区 Beijing	181	21610	463	414	63
沈阳分院 Shenyang Branch	33	2722	95	89	7
长春分院 Changchun Branch	34	2922	93	79	2
上海分院 Shanghai Branch	21	4204	107	91	19
南京分院 Nanjing Branch	8	468	23	21	6
合肥分院 Hefei Branch	33	3516	104	83	8
武汉分院 Wuhan Branch	8	575	14	12	9
广州分院 Guangzhou Branch	16	728	29	25	3
成都分院 Chengdu Branch	37	7074	159	132	3
昆明分院 Kunming Branch	7	246	21	12	25
西安分院 Xi'an Branch	13	2451	74	69	18
兰州分院 Lanzhou Branch	8	1528	33	29	26

活动类型分类（二）（1993 年）

Research Units, by Type of Research (2): 1993

课题经费内部支出（千元）Intramural expenditure (thousand yuan)	课题组人员折合全时人数（人・年）Full-time equivalent (man・year)	科学家工程师 Scientists & engineers	生产性活动课题（个）Production activities	课题经费内部支出（千元）Intramural expenditure (thousand yuan)	课题组人员折合全时人数（人・年）Full-time equivalent (man・year)	科学家工程师 Scientists & engineers
39913	**747**	**569**	**31**	**17943**	**142**	**99**
22428	340	231	13	2200	39	36
224	20	19	2	37	3	3
27	3	3	0	0	0	0
1658	74	65	1	13461	25	23
56	6	5	2	49	4	4
568	21	16	3	684	19	12
5077	47	32	3	735	22	4
111	4	4	0	0	0	0
324	23	20	3	518	12	9
626	52	42	3	239	16	7
6800	50	45	0	0	0	0
1320	73	57	1	20	2	0

地区及学科 Region and field	研究与试验发展成果应用课题（个） Application of R&D results	课题经费内部支出（千元） Intramural expenditure (thousand yuan)	课题组人员折合全时人数（人·年） Full-time equivalent (man·year)	科学家工程师 Scientists & engineers	科技服务课题（个） S & T services
新疆分院 Xinjiang Branch	1	91	6	6	0
其他地区 Other regions	23	1619	73	69	14
二、按学科分 By field					
数学、物理 Mathematics & physics	76	10359	194	162	71
化学与化工 Chemistry & chemical engineering	60	4560	189	170	23
地学 Earth sciences	19	2808	48	46	33
生物学 Biological sciences	48	1943	114	96	24
技术科学 Technological sciences	220	30084	749	659	52
其他 Others	0	0	0	0	0

课题经费内部支出（千元）Intramural expenditure (thousand yuan)	课题组人员折合全时人数（人·年）Full-time equivalent (man·year)	科学家工程师 Scientists & engineers	生产性活动课题（个）Production activities	课题经费内部支出（千元）Intramural expenditure (thousand yuan)	课题组人员折合全时人数（人·年）Full-time equivalent (man·year)	科学家工程师 Scientists & engineers
0	0	0	0	0	0	0
694	32	30	0	0	0	0
15016	240	185	4	776	25	7
1399	52	46	0	0	0	0
2444	112	102	2	32	3	2
672	48	36	4	276	18	10
20382	295	200	21	16859	95	80
0	0	0	0	0	0	0

5.19 科研机构课题按任务来源分类（1993 年）

Research Projects in CAS Research Units，by Source of Project：1993

地区、学科及科研单位 Region，field and institute	课题数合计 Total Projects	国家 State	地方 Locality	企业委托 Enterprise entrusted	自选 Self-selected	国际合作 International cooperation	其他 Others
总计 Total	**9922**	**6762**	**690**	**495**	**1057**	**137**	**781**
一、按地区、分院分 By region and branch							
北京地区 Beijing	3469	2497	50	171	400	45	306
沈阳分院 Shenyang Branch	730	517	43	64	76	8	22
长春分院 Changchun Branch	468	306	60	20	26	2	54
上海分院 Shanghai Branch	1221	912	69	26	123	15	76
南京分院 Nanjing Branch	408	305	40	2	35	10	16
合肥分院 Hefei Branch	267	178	11	15	36	1	26
武汉分院 Wuhan Branch	517	335	47	32	76	7	20
广州分院 Guangzhou Branch	649	378	84	51	90	6	40
成都分院 Chengdu Branch	357	237	43	35	2	2	38
昆明分院 Kunming Branch	363	182	86	14	13	18	50
西安分院 Xi'an Branch	131	98	7	3	14	3	6
兰州分院 Lanzhou Branch	590	390	34	35	55	11	65
新疆分院 Xinjiang Branch	156	87	35	5	11	5	13
其他地区 Other regions	596	340	81	22	100	4	49
二、按学科分 By field							
数学、物理 Mathematics & physics	1820	1234	77	77	203	15	214

地区、学科及科研单位 Region, field and institute	课题数合计 Total Projects	国家 State	地方 Locality	企业委托 Enterprise entrusted	自选 Self-selected	国际合作 International cooperation	其他 Others
化学与化工 Chemistry & chemical engineering	1419	949	111	80	134	23	122
地学 Earth sciences	1968	1428	154	50	172	25	139
生物学 Biological sciences	2311	1643	225	31	228	58	126
技术科学 Technological sciences	2340	1470	119	256	299	16	180
其他 Others	64	38	4	1	21	0	0
三、按科研单位分 By institute							
北京市 Beijing	3469	2497	50	171	400	45	306
数学研究所 Inst. of Mathematics	38	34	0	0	2	0	2
应用数学研究所 Inst. of Applied Mathematics	37	33	0	0	0	0	4
系统科学研究所 Inst. of Systems Science	200	161	5	2	0	0	32
物理研究所 Inst. of Physics	47	38	0	0	9	0	0
声学研究所 Inst. of Acoustics	202	126	2	10	52	1	11
理论物理研究所 Inst. of Theoretical Physics	51	43	0	0	8	0	0
低温技术实验中心 Cryogenic Laboratory	39	20	0	4	13	0	2
高能物理研究所 Inst. of High Energy Physics	175	74	1	2	18	3	77
北京天文台 Beijing Astronomical Observatory	22	16	0	0	4	0	2
力学研究所 Inst. of Mechanics	136	105	3	16	7	0	5
化学研究所 Inst. of Chemistry	93	90	0	0	0	3	0
感光化学研究所 Inst. of Photographic Chemistry	59	47	0	5	4	2	1

地区、学科及科研单位 Region, field and institute	课题数合计 Total Projects	国家 State	地方 Locality	企业委托 Enterprise entrusted	自选 Self-selected	国际合作 International cooperation	其他 Others
生态环境研究中心 Research Center for Eco-Environmental Sciences	95	76	1	3	1	5	9
化工冶金研究所 Inst. of Chemical Metallurgy	52	44	0	6	2	0	0
地理研究所 Inst. of Geography	139	116	1	3	3	0	16
遥感应用研究所 Inst. of Remote Sensing Application	53	42	6	1	0	4	0
地质研究所 Inst. of Geology	111	107	0	0	0	0	4
地球物理研究所 Inst. of Geophysics	87	70	3	1	6	0	7
古脊椎动物与古人类研究所 Inst. of Vertebrate Paleontology and Paleoanthropology	62	14	0	0	46	2	0
大气物理研究所 Inst. of Atmospheric Physics	96	85	1	0	1	1	8
自然资源综合考察委员会 Commission for Integrated Surveys of Natural Resources	79	39	2	0	26	3	9
植物研究所 Inst. of Botany	116	109	2	1	2	1	1
动物研究所 Inst. of Zoology	123	107	3	0	1	1	11
心理研究所 Inst. of Psychology	41	32	0	0	3	3	3
微生物研究所 Inst. of Microbiology	105	90	0	0	12	2	1
生物物理研究所 Inst. of Biophysics	97	60	0	1	24	2	10
遗传研究所 Inst. of Genetics	110	110	0	0	0	0	0
发育生物学研究所 Inst. of Developmental Biology	29	24	0	2	0	1	1
计算技术研究所 Inst. of Computing Technology	144	70	3	19	45	1	6
计算中心 Computing Center	93	49	0	4	0	0	40

地区、学科及科研单位 Region, field and institute	课题数合计 Total Projects	国家 State	地方 Locality	企业委托 Enterprise entrusted	自选 Self-selected	国际合作 International cooperation	其他 Others
软件研究所 Inst. of Software	44	32	0	10	2	0	0
半导体研究所 Inst. of Semiconductors	111	100	0	0	4	0	7
微电子中心 Microelectronics R&D Center	46	40	0	0	6	0	0
电子学研究所 Inst. of Electronics	111	58	2	22	17	3	9
自动化研究所 Inst. of Automation	103	68	0	21	10	1	3
电工研究所 Inst. of Electric Engineering	80	38	5	5	11	2	19
工程热物理研究所 Inst. of Engineering Thermophysics	71	31	2	24	10	3	1
自然科学史研究所 Inst. of History of Natural Sciences	23	9	0	0	14	0	0
科技政策与管理科学研究所 Institute of Science Policy and Management	41	29	4	1	7	0	0
北京软件工程研制中心 Beijing Software Engineering Center	23	12	2	3	4	1	1
空间科学与应用研究中心 Space Science and Technology Center	59	42	2	5	6	0	4
遥感卫星地面站 Remote Sensing Satellite Ground Station	27	7	0	0	20	0	0
河北省 Hebei Province	45	27	1	3	12	2	0
石家庄农业现代化研究所 Shijiazhuang Inst. of Agricultural Modernization	45	27	1	3	12	2	0
山西省 Shanxi Province	80	31	13	4	32	0	0
山西煤炭化学研究所 Shanxi Inst. of Coal Chemistry	80	31	13	4	32	0	0

地区、学科及科研单位 Region, field and institute	课题数合计 Total Projects	国家 State	地方 Locality	企业委托 Enterprise entrusted	自选 Self-selected	国际合作 International cooperation	其他 Others
辽宁省 Liaoning Province	730	517	43	64	76	8	22
沈阳应用生态研究所 Shenyang Inst. of Applied Ecology	110	87	11	2	4	4	2
沈阳计算技术研究所 Shenyang Inst. of Computing Technology	111	40	1	6	58	0	6
沈阳自动化研究所 Shenyang Inst. of Automation	105	84	1	20	0	0	0
金属研究所 Inst. of Metals Research	201	142	16	15	14	1	13
金属腐蚀与防护研究所 Inst. of Corrosion and Protection of Metals	64	49	5	9	0	0	1
大连化学物理研究所 Dalian Inst. of Chemical Physics	139	115	9	12	0	3	0
吉林省 Jilin Province	468	306	60	20	26	2	54
长春物理研究所 Changchun Inst. of Physics	107	69	22	0	7	0	9
长春人造卫星观测站 Changchun Satellite Observation Station	6	2	1	0	3	0	0
长春应用化学研究所 Changchun Inst. of Applied Chemistry	204	141	23	5	7	1	27
长春地理研究所 Changchun Inst. of Geography	44	32	3	9	0	0	0
长春光学精密机械研究所 Changchun Inst. of Optics and Fine Mechanics	107	62	11	6	9	1	18
黑龙江省 Heilongjiang Province	33	20	8	0	5	0	0
黑龙江农业现代化研究所 Heilongjiang Institute of Agricultural Modernization	33	20	8	0	5	0	0
上海市 Shanghai	1221	912	69	26	123	15	76

地区、学科及科研单位 Region，field and institute	课题数合计 Total Projects	国家 State	地方 Locality	企业委托 Enterprise entrusted	自选 Self-selected	国际合作 International cooperation	其他 Others
上海原子核研究所 Shanghai Inst. of Nuclear Research	81	48	8	1	15	2	7
上海天文台 Shanghai Observatory	48	46	0	0	0	1	1
上海硅酸盐研究所 Shanghai Inst. of Ceramics	118	100	4	0	5	0	9
上海有机化学研究所 Shanghai Inst. of Organic Chemistry	159	92	5	18	23	6	15
上海植物生理研究所 Shanghai Inst. of Plant Physiology	111	75	12	0	0	1	23
上海昆虫研究所 Shanghai Inst. of Entomology	44	37	0	0	7	0	0
上海药物研究所 Shanghai Inst. of Materia Medica	72	34	2	2	19	4	11
上海生理研究所 Shanghai Inst. of Physiology	38	35	1	0	0	0	2
上海生物化学研究所 Shanghai Inst. of Biochemistry	71	63	4	0	4	0	0
上海细胞生物学研究所 Shanghai Inst. of Cell Biology	71	50	1	0	13	1	6
上海脑研究所 Shanghai Inst. of Brain Research	13	11	0	0	1	0	1
上海生物工程研究中心 Shanghai Bioengineering Research Center	22	17	2	0	2	0	1
上海冶金研究所 Shanghai Inst. of Metallurgy	90	73	12	4	1	0	0
上海光学精密机械研究所 Shanghai Inst. of Optics and Fine Mechanics	158	120	12	0	26	0	0
上海技术物理研究所 Shanghai Inst. of Technical Physics	125	111	6	1	7	0	0
江苏省 Jiangsu Province	408	305	40	2	35	10	16

地区、学科及科研单位 Region, field and institute	课题数合计 Total Projects	国家 State	地方 Locality	企业委托 Enterprise entrusted	自选 Self-selected	国际合作 International cooperation	其他 Others
紫金山天文台 Purple Mountain Observatory	88	65	3	0	15	1	4
南京地理与湖泊研究所 Nanjing Institute of Geography and Limnology	100	71	28	0	1	0	0
南京地质古生物研究所 Nanjing Inst. of Geology and Palaeontology	82	60	1	2	19	0	0
南京土壤研究所 Nanjing Inst. of Soil Science	138	109	8	0	0	9	12
安徽省 Anhui Province	267	178	11	15	36	1	26
固体物理研究所 Inst. of Solid State Physics	30	22	0	0	7	0	1
等离子体物理研究所 Inst. of Plasma Physics	77	62	0	0	9	0	6
合肥智能机械研究所 Hefei Inst. of Intelligent Machines	40	23	7	4	5	0	1
安徽光学精密机械研究所 Anhui Inst. of Optics and Fine Mechanics	120	71	4	11	15	1	18
福建省 Fujian Province	136	40	19	8	32	2	35
福建物质结构研究所 Fujian Inst. of Research on the Structure of Matter	136	40	19	8	32	2	35
山东省 Shandong Province	213	151	28	7	19	0	8
海洋研究所 Inst. of Oceanology	213	151	28	7	19	0	8
湖北省、湖南省 Hubei and Hunan Provinces	517	335	47	32	76	7	20
武汉数学物理研究所 Wuhan Inst. of Mathematical Physics	13	11	2	0	0	0	0
武汉物理研究所 Wuhan Inst. of Physics	63	40	1	6	7	0	9

地区、学科及科研单位 Region, field and institute	课题数合计 Total Projects	国家 State	地方 Locality	企业委托 Enterprise entrusted	自选 Self-selected	国际合作 International cooperation	其他 Others
武汉岩土力学研究所 Wuhan Inst. of Rock and Soil Mechanics	51	15	4	21	9	1	1
测量与地球物理研究所 Inst. of Geodesy and Geophysics	60	48	1	0	8	0	3
武汉植物研究所 Wuhan Inst. of Botany	45	29	4	1	6	0	5
水生生物研究所 Inst. of Hydrobiology	147	94	12	2	34	5	0
武汉病毒研究所 Wuhan Inst. of Virology	57	44	6	1	5	1	0
长沙大地构造研究所 Changsha Inst. of Geotectonics	28	20	3	1	2	0	2
长沙农业现代化研究所 Changsha Inst. of Agricultural Modernization	53	34	14	0	5	0	0
广东省 Guangdong Province	649	378	84	51	90	6	40
广州人造卫星观测站 Guangzhou Satellite Observation Station	17	8	0	5	4	0	0
广州化学研究所 Guangzhou Inst. of Chemistry	82	36	17	0	15	0	14
广州地质新技术研究所 Guangzhou Institute of New Geotechnology	203	156	12	14	2	1	18
南海海洋研究所 South China Sea Inst. of Oceanology	116	80	11	0	21	2	2
华南植物研究所 South China Inst. of Botany	125	65	29	1	28	1	1
广州电子研究所 Guangzhou Inst. of Electronic Technology	39	8	6	24	1	0	0
广州能源研究所 Guangzhou Inst. of Energy Conversion	67	25	9	7	19	2	5
四川省 Sichuan Province	357	237	43	35	2	2	38

地区、学科及科研单位 Region, field and institute	课题数合计 Total Projects	国家 State	地方 Locality	企业委托 Enterprise entrusted	自选 Self-selected	国际合作 International cooperation	其他 Others
成都有机化学研究所 Chengdu Inst. of Organic Chemistry	53	36	14	1	1	0	1
成都山地灾害与环境研究所 Chengdu Inst. of Mountain Hazards and Environment	68	51	6	0	0	0	11
成都生物研究所 Chengdu Inst. of Biology	85	73	10	0	0	2	0
成都计算机应用研究所 Chengdu Inst. of Computer Application	72	31	9	27	1	0	4
光电技术研究所 Inst. of Optics and Electronics	79	46	4	7	0	0	22
贵州省 Guizhou Province	89	71	12	0	0	0	6
贵阳地球化学研究所 Guiyang Inst. of Geochemistry	89	71	12	0	0	0	6
云南省 Yunnan Province	363	182	86	14	13	18	50
云南天文台 Yunnan Observatory	108	69	17	0	0	4	18
昆明植物研究所 Kunming Inst. of Botany	134	52	32	5	7	9	29
昆明动物研究所 Kunming Inst. of Zoology	82	38	24	7	5	5	3
昆明生态研究所 Kunming Inst. of Ecology	39	23	13	2	1	0	0
陕西省 Shaanxi Province	131	98	7	3	14	3	6
陕西天文台 Shaanxi Observatory	42	28	2	1	5	2	4
西北水土保持研究所 Northwest Inst. of Soil and Water Conservation	39	32	5	0	1	1	0
西安光学精密机械研究所 Xi'an Inst. of Optics and Fine Mechanics	50	38	0	2	8	0	2
甘肃省、青海省 Gansu and Qinghai Provinces	590	390	34	35	55	11	65

地区、学科及科研单位 Region, field and institute	课题数合计 Total Projects	国家 State	地方 Locality	企业委托 Enterprise entrusted	自选 Self-selected	国际合作 International cooperation	其他 Others
近代物理研究所 Inst. of Modern Physics	105	82	4	4	3	0	12
兰州化学物理研究所 Lanzhou Inst. of Chemical Physics	79	62	1	12	0	1	3
兰州冰川冻土研究所 Lanzhou Inst. of Glaciology and Geocryology	89	61	11	0	1	8	8
兰州沙漠研究所 Lanzhou Inst. of Desert Research	64	52	10	0	0	0	2
兰州地质研究所 Lanzhou Inst. of Geology	73	50	3	12	3	2	3
兰州高原大气物理研究所 Lanzhou Inst. of Plateau Atmospheric Physics	78	33	2	0	11	0	32
青海盐湖研究所 Qinghai Inst. of Saline Lakes	49	28	1	6	12	0	2
西北高原生物研究所 Northwest Inst. of Plateau Biology	53	22	2	1	25	0	3
新疆维吾尔自治区 Xinjiang Uygur Autonomous Region	156	87	35	5	11	5	13
新疆物理研究所 Xinjiang Inst. of Physics	28	14	1	5	1	0	7
乌鲁木齐天文工作站 Urumqi Astronomic Working Station	9	3	1	0	5	0	0
新疆化学研究所 Xinjiang Inst. of Chemistry	21	11	4	0	0	0	6
新疆地理研究所 Xinjiang Inst. of Geography	34	19	10	0	3	2	0
新疆生物土壤沙漠研究所 Xinjiang Inst. of Biology, Pedology and Desert Research	64	40	19	0	2	3	0

5.20 科研机构课题经费内部支出按任务来源分类（1993 年）

Intramural Expenditure for Research Projects in CAS Research Units, by Source of Project: 1993

单位：千元（thousand yuan）

地区、学科及科研单位 Region, field and institute	课题经费内部支出合计 Intramural expenditure	国家 State	地方 Locality	企业委托 Enterprise entrusted	自选 Self-selected	国际合作 International cooperation	其他 Others
总计 Totel	**818096**	**591821**	**25957**	**63189**	**57501**	**22068**	**57560**
一、按地区、分院分 By region and branch							
北京地区 Beijing	305561	217112	2954	17721	21650	10926	35198
沈阳分院 Shenyang Branch	78439	64007	1152	7244	2174	3322	540
长春分院 Changchun Branch	40162	34409	1984	1056	775	65	1873
上海分院 Shanghai Branch	155097	113156	6373	15635	13127	1638	5168
南京分院 Nanjing Branch	17509	12917	627	198	1039	2477	251
合肥分院 Hefei Branch	28771	21280	389	1505	2708	65	2824
武汉分院 Wuhan Branch	33692	14268	1750	7833	8867	257	717
广州分院 Guangzhou Branch	28159	19519	2217	4003	1357	314	749
成都分院 Chengdu Branch	34379	24518	2011	3338	87	26	4399
昆明分院 Kunming Branch	9785	5466	2161	232	317	852	757
西安分院 Xi'an Branch	15807	12620	37	857	1450	136	707
兰州分院 Lanzhou Branch	41092	32895	1279	2153	998	913	2854
新疆分院 Xinjiang Branch	8967	5114	1533	530	396	675	719
其他地区 Other regions	20679	14539	1490	886	2555	404	805
二、按学科分 By field							
数学、物理 Mathematics & physics	194410	122613	4415	13263	22219	1252	30648

地区、学科及科研单位 Region, field and institute	课题经费内部支出合计 Intramural expenditure	国家 State	地方 Locality	企业委托 Enterprise entrusted	自选 Self-selected	国际合作 International cooperation	其他 Others
化学与化工 Chemistry & chemical engineering	104679	80507	4400	4008	5749	4575	5440
地学 Earth sciences	83577	67918	4510	3140	2370	2383	3256
生物学 Biological sciences	115617	87674	6365	648	8635	7146	5149
技术科学 Technological sciences	318377	232228	6125	42087	18160	6711	13066
其他 Others	1436	881	143	44	369	0	0
三、按科研单位分 By institute							
北京市 Beijing	305561	217112	2954	17721	21650	10926	35198
数学研究所 Inst. of Mathematics	672	633	0	0	20	0	19
应用数学研究所 Inst. of Applied Mathematics	1081	701	0	0	0	0	380
系统科学研究所 Inst. of Systems Science	2897	2631	50	30	0	0	185
物理研究所 Inst. of Physics	13133	11416	0	0	1717	0	0
声学研究所 Inst. of Acoustics	15245	11453	277	1409	1191	127	788
理论物理研究所 Inst. of Theoretical Physics	773	354	0	0	419	0	0
低温技术实验中心 Cryogenic Laboratory	2513	1186	0	116	1051	0	159
高能物理研究所 Inst. of High Energy Physics	39588	13244	139	33	2175	618	23379
北京天文台 Beijing Astronomical Observatory	7679	6163	0	0	1420	0	96
力学研究所 Inst. of Mechanics	17752	10709	497	2759	3064	0	723
化学研究所 Inst. of Chemistry	7107	6875	0	0	0	233	0
感光化学研究所 Inst. of Photographic Chemistry	3631	2719	0	177	102	552	81

地区、学科及科研单位 Region, field and institute	课题经费内部支出合计 Intramural expenditure	国家 State	地方 Locality	企业委托 Enterprise entrusted	自选 Self-selected	国际合作 International cooperation	其他 Others
生态环境研究中心 Research Center for Eco-Environmental Sciences	4289	3413	17	107	21	325	406
化工冶金研究所 Inst. of Chemical Metallurgy	5592	5029	0	486	77	0	0
地理研究所 Inst. of Geography	3489	3231	8	44	25	0	181
遥感应用研究所 Inst. of Remote Sensing Application	7396	4395	644	1345	0	1013	0
地质研究所 Inst. of Geology	3444	3321	0	0	0	0	123
地球物理研究所 Inst. of Geophysics	2414	2138	29	12	122	0	113
古脊椎动物与古人类研究所 Inst. of Vertebrate Paleontology and Paleoanthropology	874	198	0	0	489	187	0
大气物理研究所 Inst. of Atmospheric Physics	7511	6376	35	0	102	7	991
自然资源综合考察委员会 Commission for Integrated Surveys of Natural Resources	5537	4781	93	0	258	158	247
植物研究所 Inst. of Botany	5669	4605	152	8	108	785	11
动物研究所 Inst. of Zoology	4997	4391	85	0	10	203	308
心理研究所 Inst. of Psychology	1861	1577	0	0	35	152	97
微生物研究所 Inst. of Microbiology	5565	5146	0	0	377	27	15
生物物理研究所 Inst. of Biophysics	9123	6674	0	17	888	48	1496
遗传研究所 Inst. of Genetics	7283	7283	0	0	0	0	0
发育生物学研究所 Inst. of Developmental Biology	2121	1760	0	70	0	194	97
计算技术研究所 Inst. of Computing Technology	19667	9732	104	2357	1008	5517	949
计算中心 Computing Center	3838	2239	0	153	0	0	1446

地区、学科及科研单位 Region, field and institute	课题经费内部支出合计 Intramural expenditure	国家 State	地方 Locality	企业委托 Enterprise entrusted	自选 Self-selected	国际合作 International cooperation	其他 Others
软件研究所 Inst. of Software	3140	1266	0	1874	1	0	0
半导体研究所 Inst. of Semiconductors	7741	7554	0	0	78	0	109
微电子中心 Microelectronics R&D Center	10860	10722	0	0	138	0	0
电子学研究所 Inst. of Electronics	28447	21556	54	1670	4085	649	433
自动化研究所 Inst. of Automation	6925	4499	0	632	819	5	970
电工研究所 Inst. of Electric Engineering	9479	7317	234	196	694	35	1003
工程热物理研究所 Inst. of Engineering Thermophysics	2217	1205	26	647	203	73	63
自然科学史研究所 Inst. of History of Natural Sciences	615	340	0	0	275	0	0
科技政策与管理科学研究所 Institute of Science Policy and Management	822	541	143	44	95	0	0
北京软件工程研制中心 Beijing Software Engineering Center	671	396	93	58	55	18	51
空间科学与应用研究中心 Space Science and Technology Center	7267	3115	279	3479	124	0	270
遥感卫星地面站 Remote Sensing Satellite Ground Station	14635	14228	0	0	408	0	0
河北省 Hebei Province	2002	1568	22	30	130	253	0
石家庄农业现代化研究所 Shijiazhuang Inst. of Agricultural Modernization	2002	1568	22	30	130	253	0
山西省 Shanxi Province	4668	2696	158	136	1678	0	0
山西煤炭化学研究所 Shanxi Inst. of Coal Chemistry	4668	2696	158	136	1678	0	0

地区、学科及科研单位 Region, field and institute	课题经费内部支出合计 Intramural expenditure	国家 State	地方 Locality	企业委托 Enterprise entrusted	自选 Self-selected	国际合作 International cooperation	其他 Others
辽宁省 Liaoning Province	78439	64007	1152	7244	2174	3322	540
沈阳应用生态研究所 Shenyang Inst. of Applied Ecology	4081	2652	306	30	54	1020	19
沈阳计算技术研究所 Shenyang Inst. of Computing Technology	27613	25790	176	109	1460	0	78
沈阳自动化研究所 Shenyang Inst. of Automation	15752	10164	2	5586	0	0	0
金属研究所 Inst. of Metals Research	17437	15052	482	771	660	40	432
金属腐蚀与防护研究所 Inst. of Corrosion and Protection of Metals	3298	2936	103	249	0	0	10
大连化学物理研究所 Dalian Inst. of Chemical Physics	10258	7414	84	499	0	2261	0
吉林省 Jilin Province	40162	34409	1984	1056	775	65	1873
长春物理研究所 Changchun Inst. of Physics	3762	2973	562	0	169	0	58
长春人造卫星观测站 Changchun Satellite Observation Station	731	582	10	0	139	0	0
长春应用化学研究所 Changchun Inst. of Applied Chemistry	16984	14983	698	65	232	6	1000
长春地理研究所 Changchun Inst. of Geography	2562	2123	219	221	0	0	0
长春光学精密机械研究所 Changchun Inst. of Optics and Fine Mechanics	16123	13749	495	770	235	59	815
黑龙江省 Heilongjiang Province	548	388	131	0	29	0	0
黑龙江农业现代化研究所 Heilongjiang Institute of Agricultural Modernization	548	388	131	0	29	0	0
上海市 Shanghai	155097	113156	6373	15635	13127	1638	5168

地区、学科及科研单位 Region, field and institute	课题经费内部支出合计 Intramural expenditure	国家 State	地方 Locality	企业委托 Enterprise entrusted	自选 Self-selected	国际合作 International cooperation	其他 Others
上海原子核研究所 Shanghai Inst. of Nuclear Research	11158	8205	1567	28	831	83	444
上海天文台 Shanghai Observatory	6534	6413	0	0	0	75	46
上海硅酸盐研究所 Shanghai Inst. of Ceramics	11676	9856	720	0	572	0	528
上海有机化学研究所 Shanghai Inst. of Organic Chemistry	20617	13970	964	865	4859	1039	1920
上海植物生理研究所 Shanghai Inst. of Plant Physiology	6169	5063	313	0	0	87	706
上海昆虫研究所 Shanghai Inst. of Entomology	1521	1314	0	0	207	0	0
上海药物研究所 Shanghai Inst. of Materia Medica	4664	2181	87	160	1392	328	516
上海生理研究所 Shanghai Inst. of Physiology	3092	2998	45	0	0	0	49
上海生物化学研究所 Shanghai Inst. of Biochemistry	7729	7492	121	0	117	0	0
上海细胞生物学研究所 Shanghai Inst. of Cell Biology	8792	5402	82	0	2855	26	427
上海脑研究所 Shanghai Inst. of Brain Research	794	733	0	0	29	0	32
上海生物工程研究中心 Shanghai Bioengineering Research Center	2616	1636	125	0	354	0	501
上海冶金研究所 Shanghai Inst. of Metallurgy	22438	7864	672	13862	39	0	0
上海光学精密机械研究所 Shanghai Inst. of Optics and Fine Mechanics	17749	16613	480	0	657	0	0
上海技术物理研究所 Shanghai Inst. of Technical Physics	29548	23417	1197	720	4215	0	0
江苏省 Jiangsu Province	17509	12917	627	198	1039	2477	251

地区、学科及科研单位 Region, field and institute	课题经费内部支出合计 Intramural expenditure	国家 State	地方 Locality	企业委托 Enterprise entrusted	自选 Self-selected	国际合作 International cooperation	其他 Others
紫金山天文台 Purple Mountain Observatory	3489	2824	50	0	456	126	33
南京地理与湖泊研究所 Nanjing Institute of Geography and Limnology	4130	3695	426	0	8	0	0
南京地质古生物研究所 Nanjing Inst. of Geology and Palaeontology	2404	1610	21	198	575	0	0
南京土壤研究所 Nanjing Inst. of Soil Science	7486	4788	130	0	0	2351	217
安徽省 Anhui Province	28771	21280	389	1505	2708	65	2824
固体物理研究所 Inst. of Solid State Physics	2521	1310	0	0	443	0	768
等离子体物理研究所 Inst. of Plasma Physics	11449	10344	0	0	894	0	211
合肥智能机械研究所 Hefei Inst. of Intelligent Machines	2063	1431	207	154	115	0	156
安徽光学精密机械研究所 Anhui Inst. of Optics and Fine Mechanics	12738	8196	181	1352	1257	65	1687
福建省 Fujian Province	3341	1414	264	427	542	151	543
福建物质结构研究所 Fujian Inst. of Research on the Structure of Matter	3341	1414	264	427	542	151	543
山东省 Shandong Province	6816	5673	517	293	177	0	156
海洋研究所 Inst. of Oceanology	6816	5673	517	293	177	0	156
湖北省、湖南省 Hubei and Hunan Provinces	33692	14268	1750	7833	8867	257	717
武汉数学物理研究所 Wuhan Inst. of Mathematical Physics	543	495	48	0	0	0	0
武汉物理研究所 Wuhan Inst. of Physics	4425	3473	59	269	316	0	308

地区、学科及科研单位 Region，field and institute	课题经费内部支出合计 Intramural expenditure	国家 State	地方 Locality	企业委托 Enterprise entrusted	自选 Self-selected	国际合作 International cooperation	其他 Others
武汉岩土力学研究所 Wuhan Inst. of Rock and Soil Mechanics	16389	915	673	7465	7275	30	31
测量与地球物理研究所 Inst. of Geodesy and Geophysics	2548	2125	31	0	157	0	235
武汉植物研究所 Wuhan Inst. of Botany	1465	1048	111	27	147	0	132
水生生物研究所 Inst. of Hydrobiology	4290	3200	176	31	825	58	0
武汉病毒研究所 Wuhan Inst. of Virology	1594	1218	127	19	61	169	0
长沙大地构造研究所 Changsha Inst. of Geotectonics	1158	824	261	22	40	0	11
长沙农业现代化研究所 Changsha Inst. of Agricultural Modernization	1281	970	264	0	47	0	0
广东省 Guangdong Province	28159	19519	2217	4003	1357	314	749
广州人造卫星观测站 Guangzhou Satellite Observation Station	770	373	0	205	192	0	0
广州化学研究所 Guangzhou Inst. of Chemistry	3833	2645	585	0	277	0	326
广州地质新技术研究所 Guangzhou Institute of New Geotechnology	5988	4923	332	417	14	39	263
南海海洋研究所 South China Sea Inst. of Oceanology	8641	8376	85	0	145	11	24
华南植物研究所 South China Inst. of Botany	2959	1994	737	9	200	14	5
广州电子研究所 Guangzhou Inst. of Electronic Technology	3870	268	188	3177	238	0	0
广州能源研究所 Guangzhou Inst. of Energy Conversion	2099	941	291	196	292	250	129
四川省 Sichuan Province	34379	24518	2011	3338	87	26	4399

地区、学科及科研单位 Region, field and institute	课题经费内部支出合计 Intramural expenditure	国家 State	地方 Locality	企业委托 Enterprise entrusted	自选 Self-selected	国际合作 International cooperation	其他 Others
成都有机化学研究所 Chengdu Inst. of Organic Chemistry	2669	1971	529	94	53	0	22
成都山地灾害与环境研究所 Chengdu Inst. of Mountain Hazards and Environment	1652	1392	159	0	0	0	101
成都生物研究所 Chengdu Inst. of Biology	3497	3011	460	0	0	26	0
成都计算机应用研究所 Chengdu Inst. of Computer Application	5402	1590	775	2892	35	0	110
光电技术研究所 Inst. of Optics and Electronics	21160	16555	89	353	0	0	4163
贵州省 Guizhou Province	3303	2801	398	0	0	0	104
贵阳地球化学研究所 Guiyang Inst. of Geochemistry	3303	2801	398	0	0	0	104
云南省 Yunnan Province	9785	5466	2161	232	317	852	757
云南天文台 Yunnan Observatory	2303	1630	247	0	0	125	301
昆明植物研究所 Kunming Inst. of Botany	3744	1548	925	116	163	574	418
昆明动物研究所 Kunming Inst. of Zoology	2696	1513	756	99	137	153	38
昆明生态研究所 Kunming Inst. of Ecology	1042	775	233	17	17	0	0
陕西省 Shaanxi Province	15807	12620	37	857	1450	136	707
陕西天文台 Shaanxi Observatory	7181	6445	18	24	100	69	525
西北水土保持研究所 Northwest Inst. of Soil and Water Conservation	2425	2337	19	0	3	66	0
西安光学精密机械研究所 Xi'an Inst. of Optics and Fine Mechanics	6200	3839	0	832	1347	0	182
甘肃省、青海省 Gansu and Qinghai Provinces	41092	32895	1279	2153	998	913	2853

地区、学科及科研单位 Region, field and institute	课题经费内部支出合计 Intramural expenditure	国家 State	地方 Locality	企业委托 Enterprise entrusted	自选 Self-selected	国际合作 International cooperation	其他 Others
近代物理研究所 Inst. of Modern Physics	18505	16125	67	395	83	0	1835
兰州化学物理研究所 Lanzhou Inst. of Chemical Physics	5925	4808	44	842	0	7	224
兰州冰川冻土研究所 Lanzhou Inst. of Glaciology and Geocryology	4725	3343	496	0	2	695	189
兰州沙漠研究所 Lanzhou Inst. of Desert Research	2596	2222	343	0	0	0	31
兰州地质研究所 Lanzhou Inst. of Geology	2929	2016	46	588	48	210	21
兰州高原大气物理研究所 Lanzhou Inst. of Plateau Atmospheric Physics	2374	1678	107	0	123	0	466
青海盐湖研究所 Qinghai Inst. of Saline Lakes	2646	1893	81	311	337	0	24
西北高原生物研究所 Northwest Inst. of Plateau Biology	1393	811	97	17	406	0	62
新疆维吾尔自治区 Xinjiang Uygur Autonomous Region	8967	5114	1533	530	396	675	719
新疆物理研究所 Xinjiang Inst. of Physics	1899	905	43	530	66	0	354
乌鲁木齐天文工作站 Urumqi Astronomic Working Station	1419	1111	109	0	200	0	0
新疆化学研究所 Xinjiang Inst. of Chemistry	1445	823	257	0	0	0	365
新疆地理研究所 Xinjiang Inst. of Geography	1086	677	263	0	866	61	0
新疆生物土壤沙漠研究所 Xinjiang Inst. of Biology, Pedology and Desert Research	3118	1599	82	0	44	614	0

5.21 科研机构课题投入人员按任务来源分类（1993年）

Personnel Input for Research Projects in CAS Research Units, by Source of Project: 1993

单位：人·年（man·year）

地区、学科及科研单位 Region, field and institute	课题组人员折合全时人数合计 Full-time equivalent	国家 State	地方 Locality	企业委托 Enterprise entrusted	自选 Self-selected	国际合作 International cooperation	其他 Others
总计 Total	**26405**	**19078**	**1491**	**1363**	**2355**	**379**	**1739**
一、按地区、分院分 By region and branch							
北京地区 Beijing	9348	6876	120	453	882	145	872
沈阳分院 Shenyang Branch	1857	1399	75	172	141	31	39
长春分院 Changchun Branch	1309	1015	135	47	43	3	66
上海分院 Shanghai Branch	4274	3341	212	96	406	61	158
南京分院 Nanjing Branch	834	674	41	4	70	21	24
合肥分院 Hefei Branch	815	562	20	39	108	2	84
武汉分院 Wuhan Branch	1079	679	86	130	135	8	41
广州分院 Guangzhou Branch	1206	751	161	107	128	8	51
成都分院 Chengdu Branch	1162	814	116	89	7	3	133
昆明分院 Kunming Branch	651	308	178	18	30	44	73
西安分院 Xi'an Branch	455	364	11	17	41	8	14
兰州分院 Lanzhou Branch	1553	1142	83	121	83	25	99
新疆分院 Xinjiang Branch	449	264	79	15	35	12	44
其他地区 Other regions	1415	889	173	54	246	9	43
二、按学科分 By field							
数学、物理 Mathematics & physics	5220	3500	172	255	552	54	687

地区、学科及科研单位 Region, field and institute	课题组人员折合全时人数合计 Full-time equivalent	国家 State	地方 Locality	企业委托 Enterprise entrusted	自选 Self-selected	国际合作 International cooperation	其他 Others
化学与化工 Chemistry & chemical engineering	4245	3099	256	230	384	95	181
地学 Earth sciences	4204	3310	321	121	209	50	193
生物学 Biological sciences	5371	4077	452	49	437	139	217
技术科学 Technological sciences	7236	5019	282	705	729	40	461
其他 Others	130	74	9	3	44	0	0
三、按科研单位分 By institute							
北京市 Beijing	9348	6876	120	453	882	145	872
数学研究所 Inst. of Mathematics	52	47	0	0	2	0	3
应用数学研究所 Inst. of Applied Mathematics	74	47	0	0	0	0	27
系统科学研究所 Inst. of Systems Science	85	75	1	2	0	0	7
物理研究所 Inst. of Physics	401	330	0	0	71	0	0
声学研究所 Inst. of Acoustics	336	222	5	22	65	1	21
理论物理研究所 Inst. of Theoretical Physics	38	27	0	0	11	0	0
低温技术实验中心 Cryogenic Laboratory	91	47	0	5	33	0	6
高能物理研究所 Inst. of High Energy Physics	735	274	2	1	52	16	389
北京天文台 Beijing Astronomical Observatory	142	105	0	0	29	0	8
力学研究所 Inst. of Mechanics	417	310	8	56	27	0	16
化学研究所 Inst. of Chemistry	387	373	0	0	0	13	0
感光化学研究所 Inst. of Photographic Chemistry	201	169	0	13	11	5	3

地区、学科及科研单位 Region, field and institute	课题组人员折合全时人数合计 Full-time equivalent	国家 State	地方 Locality	企业委托 Enterprise entrusted	自选 Self-selected	国际合作 International cooperation	其他 Others
生态环境研究中心 Research Center for Eco-Environmental Sciences	240	189	3	6	2	20	19
化工冶金研究所 Inst. of Chemical Metallurgy	233	193	0	33	7	0	0
地理研究所 Inst. of Geography	338	282	2	14	6	0	34
遥感应用研究所 Inst. of Remote Sensing Application	150	115	24	3	0	8	0
地质研究所 Inst. of Geology	236	234	0	0	0	0	2
地球物理研究所 Inst. of Geophysics	177	155	5	2	7	0	8
古脊椎动物与古人类研究所 Inst. of Vertebrate Paleontology and Paleoanthropology	67	23	0	0	42	3	
大气物理研究所 Inst. of Atmospheric Physics	312	278	5	0	3	3	22
自然资源综合考察委员会 Commission for Integrated Surveys of Natural Resources	178	122	12	0	31	6	7
植物研究所 Inst. of Botany	328	309	4	2	4	8	1
动物研究所 Inst. of Zoology	326	281	4	0	2	3	36
心理研究所 Inst. of Psychology	98	75	0	0	6	10	7
微生物研究所 Inst. of Microbiology	285	245	0	0	31	6	3
生物物理研究所 Inst. of Biophysics	314	213	0	2	56	7	36
遗传研究所 Inst. of Genetics	231	231	0	0	0	0	0
发育生物学研究所 Inst. of Developmental Biology	56	43	0	4	0	7	2
计算技术研究所 Inst. of Computing Technology	403	234	6	37	100	12	13
计算中心 Computing Center	145	61	0	7	0	0	76

地区、学科及科研单位 Region, field and institute	课题组人员折合全时人数合计 Full-time equivalent	国家 State	地方 Locality	企业委托 Enterprise entrusted	自选 Self-selected	国际合作 International cooperation	其他 Others
软件研究所 Inst. of Software	149	111	0	35	3	0	0
半导体研究所 Inst. of Semiconductors	290	269	0	0	9	0	12
微电子中心 Microelectronics R&D Center	191	178	0	0	13	0	0
电子学研究所 Inst. of Electronics	417	224	4	59	99	7	24
自动化研究所 Inst. of Automation	289	188	0	58	23	1	19
电工研究所 Inst. of Electric Engineering	185	127	4	4	22	2	26
工程热物理研究所 Inst. of Engineering Thermophysics	145	78	2	43	15	5	2
自然科学史研究所 Inst. of History of Natural Sciences	60	29	0	0	31	0	0
科技政策与管理科学研究所 Institute of Science Policy and Management	70	45	9	3	13	0	0
北京软件工程研制中心 Beijing Software Engineering Center	61	32	12	5	5	1	6
空间科学与应用研究中心 Space Science and Technology Center	291	188	8	40	20	0	35
遥感卫星地面站 Remote Sensing Satellite Ground Station	128	98	0	0	30	0	0
河北省 Hebei Province	97	72	2	2	14	6	0
石家庄农业现代化研究所 Shijiazhuang Inst. of Agricultural Modernization	97	72	2	2	14	6	0
山西省 Shanxi Province	366	153	35	14	165	0	
山西煤炭化学研究所 Shanxi Inst. of Coal Chemistry	366	153	35	14	165	0	

地区、学科及科研单位 Region, field and institute	课题组人员折合全时人数合计 Full-time equivalent	国家 State	地方 Locality	企业委托 Enterprise entrusted	自选 Self-selected	国际合作 International cooperation	其他 Others
辽宁省 Liaoning Province	1857	1399	75	172	141	31	39
沈阳应用生态研究所 Shenyang Inst. of Applied Ecology	217	170	22	5	9	8	3
沈阳计算技术研究所 Shenyang Inst. of Computing Technology	240	108	3	21	100	0	8
沈阳自动化研究所 Shenyang Inst. of Automation	287	221	0	66	0	0	0
金属研究所 Inst. of Metals Research	510	386	28	35	32	2	27
金属腐蚀与防护研究所 Inst. of Corrosion and Protection of Metals	125	102	7	16	0	0	0
大连化学物理研究所 Dalian Inst. of Chemical Physics	478	413	15	30	0	20	0
吉林省 Jilin Province	1309	1015	135	47	43	3	66
长春物理研究所 Changchun Inst. of Physics	315	230	55	0	14	0	15
长春人造卫星观测站 Changchun Satellite Observation Station	21	13	1	0	7	0	0
长春应用化学研究所 Changchun Inst. of Applied Chemistry	349	294	39	8	4	0	4
长春地理研究所 Changchun Inst. of Geography	156	122	10	24	0	0	0
长春光学精密机械研究所 Changchun Inst. of Optics and Fine Mechanics	468	356	31	15	18	3	45
黑龙江省 Heilongjiang Province	69	45	17	0	7	0	0
黑龙江农业现代化研究所 Heilongjiang Institute of Agricultural Modernization	69	45	17	0	7	0	0
上海市 Shanghai	4274	3341	212	96	406	61	157

地区、学科及科研单位 Region，field and institute	课题组人员折合全时人数合计 Full-time equivalent	国家 State	地方 Locality	企业委托 Enterprise entrusted	自选 Self-selected	国际合作 International cooperation	其他 Others
上海原子核研究所 Shanghai Inst. of Nuclear Research	387	250	35	2	65	10	25
上海天文台 Shanghai Observatory	204	198	0	0	0	4	2
上海硅酸盐研究所 Shanghai Inst. of Ceramics	401	331	25	0	32	0	13
上海有机化学研究所 Shanghai Inst. of Organic Chemistry	554	353	18	34	66	33	50
上海植物生理研究所 Shanghai Inst. of Plant Physiology	226	181	17	0	0	3	25
上海昆虫研究所 Shanghai Inst. of Entomology	100	85	0	0	15	0	0
上海药物研究所 Shanghai Inst. of Materia Medica	225	100	7	9	75	9	25
上海生理研究所 Shanghai Inst. of Physiology	91	85	3	0	0	0	3
上海生物化学研究所 Shanghai Inst. of Biochemistry	266	243	13	0	10	0	0
上海细胞生物学研究所 Shanghai Inst. of Cell Biology	180	143	4	0	23	2	8
上海脑研究所 Shanghai Inst. of Brain Research	37	32	0	0	3	0	2
上海生物工程研究中心 Shanghai Bioengineering Research Center	63	51	4	0	5	0	2
上海冶金研究所 Shanghai Inst. of Metallurgy	458	369	46	40	3	0	0
上海光学精密机械研究所 Shanghai Inst. of Optics and Fine Mechanics	551	466	30	0	55	0	0
上海技术物理研究所 Shanghai Inst. of Technical Physics	532	455	11	11	55	0	0
江苏省 Jiangsu Province	834	674	41	4	70	21	23

地区、学科及科研单位 Region, field and institute	课题组人员折合全时人数合计 Full-time equivalent	国家 State	地方 Locality	企业委托 Enterprise entrusted	自选 Self-selected	国际合作 International cooperation	其他 Others
紫金山天文台 Purple Mountain Observatory	254	195	4	0	42	4	8
南京地理与湖泊研究所 Nanjing Institute of Geography and Limnology	124	104	20	0	1	0	0
南京地质古生物研究所 Nanjing Inst. of Geology and Palaeontology	132	97	4	4	27	0	0
南京土壤研究所 Nanjing Inst. of Soil Science	324	278	14	0	0	17	15
安徽省 Anhui Province	815	562	20	39	108	2	84
固体物理研究所 Inst. of Solid State Physics	79	53	0	0	18	0	8
等离子体物理研究所 Inst. of Plasma Physics	297	247	0	0	29	0	21
合肥智能机械研究所 Hefei Inst. of Intelligent Machines	64	41	9	5	7	0	2
安徽光学精密机械研究所 Anhui Inst. of Optics and Fine Mechanics	376	222	11	34	55	2	51
福建省 Fujian Province	172	69	22	12	42	3	24
福建物质结构研究所 Fujian Inst. of Research on the Structure of Matter	172	69	22	12	42	3	24
山东省 Shandong Province	471	360	57	26	18	0	10
海洋研究所 Inst. of Oceanology	471	360	57	26	18	0	10
湖北省、湖南省 Hubei and Hunan Provinces	1079	679	86	130	135	8	41
武汉数学物理研究所 Wuhan Inst. of Mathematical Physics	36	33	3	0	0	0	0
武汉物理研究所 Wuhan Inst. of Physics	152	101	3	18	13	0	17

地区、学科及科研单位 Region，field and institute	课题组人员折合全时人数合计 Full-time equivalent	国家 State	地方 Locality	企业委托 Enterprise entrusted	自选 Self-selected	国际合作 International cooperation	其他 Others
武汉岩土力学研究所 Wuhan Inst. of Rock and Soil Mechanics	204	42	17	108	34	2	1
测量与地球物理研究所 Inst. of Geodesy and Geophysics	89	62	2	0	18	0	7
武汉植物研究所 Wuhan Inst. of Botany	94	62	7	2	10	0	13
水生生物研究所 Inst. of Hydrobiology	252	187	12	2	47	4	0
武汉病毒研究所 Wuhan Inst. of Virology	119	94	15	1	7	2	0
长沙大地构造研究所 Changsha Inst. of Geotectonics	48	38	5	1	3	0	1
长沙农业现代化研究所 Changsha Inst. of Agricultural Modernization	86	60	22	0	4	0	0
广东省 Guangdong Province	1206	751	161	107	128	8	50
广州人造卫星观测站 Guangzhou Satellite Observation Station	26	13	0	8	6	0	0
广州化学研究所 Guangzhou Inst. of Chemistry	166	86	34	0	22	0	23
广州地质新技术研究所 Guangzhou Institute of New Geotechnology	281	219	21	25	1	2	13
南海海洋研究所 South China Sea Inst. of Oceanology	302	248	18	0	32	1	3
华南植物研究所 South China Inst. of Botany	210	120	52	2	34	1	1
广州电子研究所 Guangzhou Inst. of Electronic Technology	114	25	19	61	9	0	0
广州能源研究所 Guangzhou Inst. of Energy Conversion	107	40	18	12	24	4	9
四川省 Sichuan Province	1162	814	116	89	7	3	132

地区、学科及科研单位 Region，field and institute	课题组人员折合全时人数合计 Full-time equivalent	国家 State	地方 Locality	企业委托 Enterprise entrusted	自选 Self-selected	国际合作 International cooperation	其他 Others
成都有机化学研究所 Chengdu Inst. of Organic Chemistry	162	116	38	2	5	0	1
成都山地灾害与环境研究所 Chengdu Inst. of Mountain Hazards and Environment	316	258	26	0	0	0	32
成都生物研究所 Chengdu Inst. of Biology	189	167	19	0	0	3	0
成都计算机应用研究所 Chengdu Inst. of Computer Application	148	62	24	57	2	0	3
光电技术研究所 Inst. of Optics and Electronics	347	213	10	30	0	0	94
贵州省 Guizhou Province	240	190	40	0	0	0	10
贵阳地球化学研究所 Guiyang Inst. of Geochemistry	240	190	40	0	0	0	10
云南省 Yunnan Province	651	308	178	18	30	44	73
云南天文台 Yunnan Observatory	174	101	17	0	0	13	43
昆明植物研究所 Kunming Inst. of Botany	242	91	84	6	13	21	26
昆明动物研究所 Kunming Inst. of Zoology	163	72	52	11	15	11	2
昆明生态研究所 Kunming Inst. of Ecology	72	44	25	1	2	0	0
陕西省 Shaanxi Province	455	364	11	17	41	8	14
陕西天文台 Shaanxi Observatory	72	48	2	2	6	5	9
西北水土保持研究所 Northwest Inst. of Soil and Water Conservation	166	151	9	0	4	2	0
西安光学精密机械研究所 Xi'an Inst. of Optics and Fine Mechanics	217	165	0	15	32	0	5
甘肃省、青海省 Gansu and Qinghai provinces	1553	1142	83	121	83	25	99

地区、学科及科研单位 Region, field and institute	课题组人员折合全时人数合计 Full-time equivalent	国家 State	地方 Locality	企业委托 Enterprise entrusted	自选 Self-selected	国际合作 International cooperation	其他 Others
近代物理研究所 Inst. of Modern Physics	502	423	11	17	9	0	42
兰州化学物理研究所 Lanzhou Inst. of Chemical Physics	302	226	6	60	0	0	10
兰州冰川冻土研究所 Lanzhou Inst. of Glaciology and Geocryology	161	107	23	0	0	22	9
兰州沙漠研究所 Lanzhou Inst. of Desert Research	127	101	23	0	0	0	3
兰州地质研究所 Lanzhou Inst. of Geology	124	88	5	24	4	2	0
兰州高原大气物理研究所 Lanzhou Inst. of Plateau Atmospheric Physics	87	52	3	0	5	0	27
青海盐湖研究所 Qinghai Inst. of Saline Lakes	152	95	7	20	28	0	2
西北高原生物研究所 Northwest Inst. of Plateau Biology	98	50	6	1	36	0	5
新疆维吾尔自治区 Xinjiang Uygur Autonomous Region	449	264	79	15	35	12	44
新疆物理研究所 Xinjiang Inst. of Physics	88	51	2	15	3	0	16
乌鲁木齐天文工作站 Urumqi Astronomic Working Station	40	20	5	0	16	0	0
新疆化学研究所 Xinjiang Inst. of Chemistry	82	38	16	0	0	0	28
新疆地理研究所 Xinjiang Inst. of Geography	88	55	19	0	11	3	0
新疆生物土壤沙漠研究所 Xinjiang Inst. of Biology, Pedology and Desert Research	151	99	38	0	5	9	0

5.22 科研机构R&D课题数按社会经济目标分类（1993年）
R&D Projects in CAS Research Unies, by Socio-Economic Objectives: 1993

单位：个

社会经济目标 Socio-economic objectives	课题数合计 Total projects	数学、物理 Mathematics & physics	化学与化工 Chemistry & chemical engineering	地学 Earth sciences	生物学 Biological sciences	技术科学 Technological sciences	其他 Others
合计 Total	**9265**	**1669**	**1336**	**1914**	**2235**	**2047**	**64**
陆地海洋与大气的开发与评价 Exploration and assessment of the earth, the seas and the atmosphere	937	45	5	841	13	33	0
民用宇宙空间开发 Exploration civil space	240	50	13	18	7	152	0
农业、林业与渔业的发展 Development of agriculture, forestry and fishing	1102	11	39	140	899	13	0
促进工业的发展 Promotion of industrial development	908	72	328	27	49	429	3
能源的生产、储存和分配 Production, conservation and distribution of energy	464	78	85	103	16	182	0
交通、通讯事业的发展 Development of transport and communication	152	39	19	7	3	83	1
教育事业的发展 Development of educational services	19	3	1	1	11	3	0
卫生事业的发展 Development of health services	440	26	66	7	310	31	0
社会发展和社会-经济服务 Social development and socio-economic services	392	51	88	106	95	51	1
环境保护 Protection of environment	430	31	95	123	161	16	4
知识的全面发展 General development of knowledge	3216	1028	374	496	633	638	47
其他民用目标 Other civil aims	529	113	164	44	37	163	8
国防 National defense	436	122	59	1	1	253	0

5.23 科研机构 R&D 课题经费内部支出按社会经济目标分类（1993 年）

Intramural Expenditure for R&D Projects in CAS Research Units, by Socio-Economic Objectives: 1993

单位：千元（thousand yuan）

社会经济目标 Socio-economic objectives	课题经费内部支出 Intramural expenditure	数学、物理 Mathematics & physics	化学与化工 Chemistry & chemical engineering	地学 Earth sciences	生物学 Biological sciences	技术科学 Technological sciences	其他 Others
合计 Total	**710487**	**168259**	**98720**	**78294**	**112726**	**251052**	**1436**
陆地海洋与大气的开发与评价 Exploration and assessment of the earth, the seas and the atmosphere	41622	3708	341	32044	343	5186	0
民用宇宙空间开发 Exploration civil space	33984	6532	1460	1163	299	24530	0
农业、林业与渔业的发展 Development of agriculture, forestry and fishing	51692	475	3370	6548	40560	739	0
促进工业的发展 Promotion of industrial development	105203	6978	27819	1378	2959	65961	108
能源的生产、储存和分配 Production, conservation and distribution of energy	38481	12754	6869	3600	756	14502	0
交通、通讯事业的发展 Development of transport and communication	13485	2129	2112	359	122	8699	64
教育事业的发展 Development of educational services	704	32	23	61	406	182	0
卫生事业的发展 Development of health services	35323	1675	5890	112	25833	1813	0
社会发展和社会-经济服务 Social development and socio-economic services	29386	11887	4892	3913	4357	4288	49
环境保护 Protection of environment	19698	2028	5302	5336	6283	677	72
知识的全面发展 General development of knowledge	217244	98567	26041	22348	29114	40154	1020
其他民用目标 Other civil aims	39471	7378	8744	1423	1618	20186	122
国防 National defense	84194	14116	5857	9	76	64135	1

5.24 科研机构R&D课题投入人员按社会经济目标分类（1993年）

Personnel Input for R&D Projects in CAS Research Units, by Socio-Economic Objectives: 1993

单位：人·年（man·year）

社会经济目标 Socio-economic objectives	课题组人员折合全时人数 Full-time equivalent	数学、物理 Mathematics & physics	化学与化工 Chemistry & chemical engineering	地学 Earth sciences	生物学 Biological sciences	技术科学 Technological sciences	其他 Others
合计 Total	**24223**	**4760**	**4004**	**4042**	**5191**	**6097**	**129**
陆地海洋与大气的开发与评价 Exploration and assessment of the earth, the seas and the atmosphere	1983	81	15	1727	25	135	0
民用宇宙空间开发 Exploration civil space	905	119	45	66	16	659	0
农业、林业与渔业的发展 Development of agriculture, forestry and fishing	2493	19	102	340	1995	37	0
促进工业的发展 Promotion of industrial development	2781	212	1149	61	126	1226	7
能源的生产、储存和分配 Production, conservation and distribution of energy	1307	290	342	152	62	461	0
交通、通讯事业的发展 Development of transport and communication	553	110	82	12	5	340	4
教育事业的发展 Development of educational services	46	4	2	2	28	10	0
卫生事业的发展 Development of health services	1322	79	226	13	924	80	0
社会发展和社会-经济服务 Social development and socio-economic services	1032	143	243	243	227	175	1
环境保护 Protection of environment	1027	88	257	316	321	38	7
知识的全面发展 General development of knowledge	7700	2907	858	1022	1383	1433	97
其他民用目标 Other civil aims	1488	393	473	89	76	442	15
国防 National defense	1585	315	210	0	3	1061	0

5.25 科研机构技术领域课题数情况（1993 年）

Technological Projects in CAS Research Units，by Field：1993

单位：个

地区及学科 Region and field	合计 Total	信息技术 Information technology	生物技术 Biotechnology	新材料 New materials	能源技术 Energy technology	激光技术 Laser technology	自动化技术 Automation technology	航天技术 Space technology	其他技术领域 Other technologies
总计 Total	**5888**	**1072**	**1031**	**808**	**259**	**246**	**367**	**116**	**1989**
一、按地区、分院分 By region and branch									
北京地区 Beijing	1932	607	367	165	128	33	103	60	469
沈阳分院 Shenyang Branch	637	93	28	170	8	14	125	9	190
长春分院 Changchun Branch	372	59	8	115	4	14	4	2	166
上海分院 Shanghai Branch	939	86	318	180	9	104	21	27	194
南京分院 Nanjing Branch	248	16	109	0	0	0	2	0	121
合肥分院 Hefei Branch	250	42	1	30	12	46	29	4	86
武汉分院 Wuhan Branch	146	6	54	1	6	0	1	0	78
广州分院 Guangzhou Branch	332	24	35	50	55	4	25	5	134
成都分院 Chengdu Branch	283	91	30	11	0	10	29	5	107
昆明分院 Kunming Branch	94	0	21	0	0	0	0	0	73
西安分院 Xi'an Branch	104	35	15	2	0	6	10	2	34
兰州分院 Lanzhou Branch	245	2	16	28	3	2	1	1	192

地区及学科 Region and field	合计 Total	信息技术 Information technology	生物技术 Biotechnology	新材料 New materials	能源技术 Energy technology	激光技术 Laser technology	自动化技术 Automation technology	航天技术 Space technology	其他技术领域 Other technologies
新疆分院 Xinjiang Branch	109	9	14	8	1	0	7	1	69
其他地区 Other regions	197	2	15	48	33	13	10	0	76
二、按学科分 By field									
数学、物理 Mathematics & physics	955	192	21	76	38	26	39	18	545
化学与化工 Chemistry & chemical engineering	1075	23	73	412	58	24	6	8	471
地学 Earth sciences	419	60	71	15	9	1	7	13	243
生物学 Biological sciences	1360	21	848	7	5	0	3	4	472
技术科学 Technological sciences	2070	772	18	298	149	195	312	73	253
其他 Others	9	4	0	0	0	0	0	0	5

5.26 科研机构技术领域课题经费内部支出情况（1993 年）

Intramural Expenditure for Technological Projects in CAS Research Units, by Field: 1993

单位：千元（thousand yuan）

地区及学科 Region and field	合计 Total	信息技术 Information technology	生物技术 Biotechnology	新材料 New materials	能源技术 Energy technology	激光技术 Laser technology	自动化技术 Automation technology	航天技术 Space technology	其他技术领域 Other technologies
总计 Total	**623555**	**151302**	**67435**	**63891**	**21400**	**36337**	**65285**	**32147**	**185758**
一、按地区、分院分 By region and branch									
北京地区 Beijing	218869	76230	23349	12909	14109	12139	9901	20010	50222
沈阳分院 Shenyang Branch	75520	13227	971	15805	270	1537	30318	440	12952
长春分院 Changchun Branch	34594	3252	164	5292	161	530	5360	205	19630
上海分院 Shanghai Branch	132292	31108	30942	18537	351	13510	5479	10875	21490
南京分院 Nanjing Branch	12136	1134	4502	0	0	0	21	0	6479
合肥分院 Hefe i Branch	27162	4351	43	2528	1741	4999	1892	171	11437
武汉分院 Wuhan Branch	19447	57	1750	38	453	0	248	0	16901
广州分院 Guangzhou Branch	13617	1311	1035	2598	1804	1336	1208	131	4194
成都分院 Chengdu Branch	32764	17757	1316	558	0	1605	6187	92	5249
昆明分院 Kunming Branch	3101	0	832	0	0	0	0	0	2269
西安分院 Xi'an Branch	14979	2226	825	180	0	315	2425	157	8851
兰州分院 Lanzhou Branch	24672	18	368	3065	312	30	279	11	20589

地区及学科 Region and field	合计 Total	信息技术 Information technology	生物技术 Biotechnology	新材料 New materials	能源技术 Energy technology	激光技术 Laser technology	自动化技术 Automation technology	航天技术 Space technology	其他技术领域 Other technologies
新疆分院 Xinjiang Branch	6059	543	780	376	43	0	710	55	3552
其他地区 Other regions	8343	88	558	2005	2156	336	1257	0	1943
二、按学科分 By field									
数学、物理 Mathematics & physics	129740	16093	557	6296	5578	5815	4493	2702	88206
化学与化工 Chemistry & chemical engineering	86919	2019	7137	32284	4138	1616	1472	1031	37222
地学 Earth sciences	23898	7054	2881	319	200	66	88	363	12927
生物学 Biological sciences	77388	662	54818	273	167	0	72	57	21339
技术科学 Technological sciences	305364	125332	2041	24721	11317	28840	59159	27994	25960
其他 Others	246	142	1	0	0	0	1	0	104

5.27 科研机构技术领域课题投入人员情况（1993 年）

Personnel Input for Technological Projects in CAS Research Units，by Field：1993

单位：人·年（man·year）

地区及学科 Region and field	课题组人员折合全时人数 Fulltime eguivalent	信息技术 Information technology	生物技术 Biotechnology	新材料 New materials	能源技术 Energy technology	激光技术 Laser technology	自动化技术 Automation technology	航天技术 Space technology	其他技术领域 Other technologies
总计 Total	**17398**	**3285**	**2575**	**2318**	**771**	**817**	**1228**	**562**	**5842**
一、按地区、分院分 By region and branch									
北京地区 Beijing	5658	1730	964	558	380	134	265	298	1329
沈阳分院 Shenyang Branch	1673	190	68	416	14	47	346	25	567
长春分院 Changchun Branch	1143	224	18	240	20	40	97	11	493
上海分院 Shanghai Branch	3449	475	900	653	24	359	118	184	736
南京分院 Nanjing Branch	498	41	187	0	0	0	4	0	266
合肥分院 Hefei Branch	772	104	2	87	66	156	55	6	296
武汉分院 Wuhan Branch	368	7	94	3	8	0	6	0	250
广州分院 Guangzhou Branch	616	50	57	109	88	11	67	8	226
成都分院 Chengdu Branch	871	309	80	37	0	35	110	20	280
昆明分院 Kunming Branch	174	0	44	0	0	0	0	0	130
西安分院 Xi'an Branch	410	119	52	11	0	13	51	5	159
兰州分院 Lanzhou Branch	883	2	27	95	6	3	9	2	739

地区及学科 Region and field	课题组人员折合全时人数 Fulltime eguivalent	信息技术 Information technology	生物技术 Biotechnology	新材料 New materials	能源技术 Energy technology	激光技术 Laser technology	自动化技术 Automation technology	航天技术 Space technology	其他技术领域 Other technologies
新疆分院 Xinjiang Branch	299	30	38	21	2	0	24	5	179
其他地区 Other regions	584	4	44	88	163	19	76	0	192
二、按学科分 By field									
数学、物理 Mathematics & physics	3004	463	31	217	150	69	118	55	1901
化学与化工 Chemistry & chemical engineering	3522	81	269	1233	251	66	81	33	1508
地学 Earth sciences	898	174	73	27	10	2	8	35	569
生物学 Biological sciences	3314	41	2155	16	9	0	5	6	1082
技术科学 Technological sciences	6635	2515	47	824	351	680	1015	433	770
其他 Others	25	11	0	1	0	0	1	0	12

5.28 科研机构科技著述

S&T Works and Papers Published by CAS Research Units

年份 Year	科技论文（篇） Number of S&T papers	向国外发表 Papers published overseas	科技著作 S&T books		译成外文 Those translated into foreign languages	
			万字 Ten thousand Chinese characters	种 Title	万字 Ten thousand Chinese characters	种 Title
1985	14457	2592	5217		288	
1986	10851	2109	5413		413	
1987	12080	2540	7157	265	717	21
1988	13380	3333	9863	526	667	38
1989	13849	3551	9214	356	356	18
1990	16006	4231	13177	419	285	20
1991	16844	4096	11226	383	625	19
1992	17546	4175	8316	245	463	18
1993	18334	4937	9792	292	1294	38

5.29 科研机构科技论文（1993年）

S&T Papers Published by CAS Research Units：1993

单位：篇（No. of article）

地区及学科 Region and field	总计 Total	向国外发表 Papers published overseas
总计 Total	**18334**	**4937**
一、按地区、分院分 By region and branch		
北京地区 Beijing	7386	2088
沈阳分院 Shenyang Branch	1293	441
长春分院 Changchun Branch	1301	358
上海分院 Shanghai Branch	2259	786
南京分院 Nanjing Branch	751	153
合肥分院 Hefei Branch	415	143
武汉分院 Wuhan Branch	642	137
广州分院 Guangzhou Branch	829	183
成都分院 Chengdu Branch	485	61
昆明分院 Kunming Branch	490	114
西安分院 Xi'an Branch	316	60
兰州分院 Lanzhou Branch	1020	164
新疆分院 Xinjiang Branch	347	93
其他地区 Other regions	800	156
二、按学科分 By field		
数学、物理 Mathematics & physics	4208	1505
化学与化工 Chemistry & chemical engineering	3667	1108
地学 Earth sciences	3243	435
生物学 Biological sciences	3496	756
技术科学 Technological sciences	3547	1122
其他 Others	173	11

5.30 科研机构科技著作（1993 年）

S&T Works Published by CAS Research Units：1993

地区及学科 Region and field	科技专著 S&T works		译成外文 Of which：translated into foreign languages		用作大专院校教科书 Those used as text books for universities and colleges		科普著作 Popular science books	
	万字 Ten thousand Chinese characters	种 Title	万字 Ten thousand Chinese characters	种 Title	万字 Ten thousand Chinese characters	种 Title	万字 Ten thousand Chinese characters	种 Title
总计 Total	**9792**	**292**	**1294**	**38**	**125**	**6**	**405**	**16**
一、按地区、分院 By region and branch								
北京地区 Beijing	4782	152	682	20	121	5	40	4
沈阳分院 Shenyang Branch	901	9	25	2	0	0	0	0
长春分院 Changchun Branch	21	1	0	0	0	0	80	2
上海分院 Shanghai Branch	301	13	0	0	0	0	10	2
南京分院 Nanjing Branch	990	24	245	5	0	0	0	0
合肥分院 Hefei Branch	0	0	0	0	0	0	0	0
武汉分院 Wuhan Branch	587	24	60	2	0	0	141	4
广州分院 Guangzhou Branch	627	8	82	2	0	0	4	1
成都分院 Chengdu Branch	359	9	115	2	0	0	8	1
昆明分院 Kunming Branch	323	11	28	1	0	0	0	0
西安分院 Xi'an Branch	30	5	0	0	0	0	0	0

地区及学科 Region and field	科技专著 S&T works		译成外文 Of which: translated into foreign languages		用作大专院校教科书 Those used as text books for universities and colleges		科普著作 Popular science books	
	万字 Ten thousand Chinese characters	种 Title	万字 Ten thousand Chinese characters	种 Title	万字 Ten thousand Chinese characters	种 Title	万字 Ten thousand Chinese characters	种 Title
兰州分院 Lanzhou Branch	307	11	30	1	0	0	0	0
新疆分院 Xinjiang Branch	245	15	27	3	0	0	0	0
其他地区 Other regions	319	10	0	0	4	1	122	2
二、按学科分 By field	9792	292	1294	38	125	6	405	16
数学、物理 Mathematics & physics	795	37	242	11	90	3	114	5
化学与化工 Chemistry & chemical engineering	480	17	5	1	4	1	222	5
地学 Earth sciences	3937	116	413	13	0	0	0	0
生物学 Biological sciences	2749	89	535	11	18	1	64	5
技术科学 Technological sciences	1344	22	99	2	13	1	5	1
其他 Others	487	11	0	0	0	0	0	0

5.31 科研机构获奖成果（1993 年）

Award-Winning Achievements Made by CAS Research Units：1993

单位：项（item）

地区、学科及科研单位 Region，field and institute	国家级奖励 National awards	部级奖励 Ministe-rial-level awards	省级奖励 Provincial-level awards	地（市）级奖励 Prefectural or city-level awards
总计 Total	**45**	**280**	**77**	**66**
一、按地区、分院分 By region and branch				
北京地区 Beijing	21	113	5	0
沈阳分院 Shenyang Branch	7	30	5	3
长春分院 Changchun Branch	1	14	2	3
上海分院 Shanghai Branch	6	30	16	3
南京分院 Nanjing Branch	0	7	1	1
合肥分院 Hefei Branch	0	7	1	0
武汉分院 Wuhan Branch	0	10	6	1
广州分院 Guangzhou Branch	0	11	10	15
成都分院 Chengdu Branch	1	6	4	3
昆明分院 Kunming Branch	1	8	5	0
西安分院 Xi'an Branch	2	11	2	0
兰州分院 Lanzhou Branch	2	13	11	6
新疆分院 Xinjiang Branch	1	6	3	1
其他地区 Other regions	3	14	6	30
二、按学科分 By field				
数学、物理 Mathematics & physics	9	57	6	4

地区、学科及科研单位 Region，field and institute	国家级奖励 National awards	部级奖励 Ministe-rial-level awards	省级奖励 Provincial-level awards	地（市）级奖　励 Prefectural or city-level awards
化学与化工 Chemistry & chemical engineering	5	30	15	7
地学 Earth sciences	5	40	13	44
生物学 Biological sciences	12	56	24	9
技术科学 Technological sciences	13	96	19	2
其他 Others	1	1	0	0
三、按科研单位分 By institute				
北京市 Beijing	21	113	5	0
数学研究所 Inst. of Mathematics	1	1	0	0
应用数学研究所 Inst. of Applied Mathematics	1	2	0	0
系统科学研究所 Inst. of Systems Science	0	4	0	0
物理研究所 Inst. of Physics	2	5	0	0
声学研究所 Inst. of Acoustics	1	3	1	0
理论物理研究所 Inst. of Theoretical Physics	1	1	0	0
低温技术实验中心 Cryogenic Laboratory	0	2	0	0
高能物理研究所 Inst. of High Energy Physics	0	5	0	0
北京天文台 Beijing Astronomical Observatory	0	2	0	0
力学研究所 Inst. of Mechanics	1	8	0	0
化学研究所 Inst. of Chemistry	0	3	0	0

地区、学科及科研单位 Region，field and institute	国家级奖励 National awards	部级奖励 Ministe-rial-level awards	省级奖励 Provincial-level awards	地（市）级奖励 Prefectural or city-level awards
感光化学研究所 Inst. of Photographic Chemistry	0	1	0	0
生态环境研究中心 Research Center for Eco-Environmental Sciences	0	0	0	0
化工冶金研究所 Inst. of Chemical Metallurgy	0	4	0	0
地理研究所 Inst. of Geography	2	5	1	0
遥感应用研究所 Institute of Remote Sensing Application	1	3	0	0
地质研究所 Inst. of Geology	0	4	0	0
地球物理研究所 Inst. of Geophysics	0	0	0	0
古脊椎动物与古人类研究所 Inst. of Vertebrate Paleontology and Paleoanthropology	2	0	0	0
大气物理研究所 Inst. of Atmospheric Physics	0	5	0	0
自然资源综合考察委员会 Commission for Integrated Surveys of Natural Resources	0	2	0	0
植物研究所 Inst. of Botany	2	8	0	0
动物研究所 Inst. of Zoology	0	2	0	0
心理研究所 Inst. of Psychology	0	1	0	0
微生物研究所 Inst. of Microbiology	0	5	0	0
生物物理研究所 Inst. of Biophysics	1	5	0	0
遗传研究所 Inst. of Genetics	0	0	3	0
发育生物学研究所 Inst. of Developmental Biology	0	0	0	0

地区、学科及科研单位 Region, field and institute	国家级奖励 National awards	部级奖励 Ministerial-level awards	省级奖励 Provincial-level awards	地（市）级奖励 Prefectural or city-level awards
计算技术研究所 Inst. of Computing Technology	1	3	0	0
计算中心 Computing Center	0	3	0	0
软件研究所 Inst. of Software	0	1	0	0
半导体研究所 Inst. of Semiconductors	0	4	0	0
微电子中心 Microelectronics R&D Center	0	2	0	0
电子学研究所 Inst. of Electronics	0	2	0	0
自动化研究所 Inst. of Automation	1	4	0	0
电工研究所 Inst. of Electric Engineering	1	3	0	0
工程热物理研究所 Inst. of Engineering Thermophysics	0	1	0	0
自然科学史研究所 Inst. of History of Natural Sciences	0	0	0	0
科技政策与管理科学研究所 Institute of Science Policy and Management	1	1	0	0
北京软件工程研制中心 Beijing Software Engineering Center	0	1	0	0
空间科学与应用研究中心 Space Science and Technology Center	2	5	0	0
遥感卫星地面站 Remote Sensing Satellite Ground Station	0	2	0	0
河北省 Hebei Province	1	1	0	0

地区、学科及科研单位 Region, field and institute	国家级奖励 National awards	部级奖励 Ministe-rial-level awards	省级奖励 Provincial-level awards	地（市）级奖励 Prefectural or city-level awards
石家庄农业现代化研究所 Shijiazhuang Inst. of Agricultural Modernization	1	1	0	0
山西省 Shanxi Province	0	1	1	1
山西煤炭化学研究所 Shanxi Inst. of Coal Chemistry	0	1	1	1
辽宁省 Liaoning Province	7	30	5	3
沈阳应用生态研究所 Shenyang Inst. of Applied Ecology	2	5	4	2
沈阳计算技术研究所 Shenyang Inst. of Computing Technology	0	3	0	0
沈阳自动化研究所 Shenyang Inst. of Automation	1	5	0	0
金属研究所 Inst. of Metals Research	2	9	1	0
金属腐蚀与防护研究所 Inst. of Corrosion and Protection of Metals	0	2	0	0
大连化学物理研究所 Dalian Inst. of Chemical Physics	2	6	0	1
吉林省 Jilin Province	1	14	2	3
长春物理研究所 Changchun Inst. of Physics	0	2	1	0
长春人造卫星观测站 Changchun Satellite Observation Station	0	0	0	0
长春应用化学研究所 Changchun Inst. of Applied Chemistry	0	6	1	0
长春地理研究所 Changchun Inst. of Geography	0	0	0	3

地区、学科及科研单位 Region，field and institute	国家级奖励 National awards	部级奖励 Ministe-rial-level awards	省级奖励 Provincial-level awards	地（市）级奖励 Prefectural or city-level awards
长春光学精密机械研究所 Changchun Inst. of Optics and Fine Mechanics	1	6	0	0
黑龙江省 Heilongjiang Province	0	1	0	0
黑龙江农业现代化研究所 Heilongjiang Institute of Agricultural Modernization	0	1	0	0
上海市 Shanghai	6	30	16	3
上海原子核研究所 Shanghai Inst. of Nuclear Research	0	3	0	0
上海天文台 Shanghai Observatory	1	1	1	0
上海硅酸盐研究所 Shanghai Inst. of Ceramics	0	2	1	0
上海有机化学研究所 Shanghai Inst. of Organic Chemistry	0	0	0	0
上海植物生理研究所 Shanghai Inst. of Plant Physiology	0	1	0	0
上海昆虫研究所 Shanghai Inst. of Entomology	0	1	0	0
上海药物研究所 Shanghai Inst. of Materia Medica	0	2	0	0
上海生理研究所 Shanghai Inst. of Physiology	0	0	0	0
上海生物化学研究所 Shanghai Inst. of Biochemistry	3	1	0	2
上海细胞生物学研究所 Shanghai Inst. of Cell Biology	0	0	0	1
上海脑研究所 Shanghai Inst. of Brain Research	0	0	0	0

地区、学科及科研单位 Region, field and institute	国家级奖励 National awards	部级奖励 Ministe-rial-level awards	省级奖励 Provincial-level awards	地（市）级奖励 Prefectural or city-level awards
上海生物工程研究中心 Shanghai Bioengineering Research Center	0	1	0	0
上海冶金研究所 Shanghai Inst. of Metallurgy	0	1	3	0
上海光学精密机械研究所 Shanghai Inst. of Optics and Fine Mechanics	0	9	5	0
上海技术物理研究所 Shanghai Inst. of Technical Physics	2	8	6	0
江苏省 Jiangsu Province	0	7	1	1
紫金山天文台 Purple Mountain Observatory	0	1	0	0
南京地理与湖泊研究所 Nanjing Institute of Geography and Limnology	0	1	1	1
南京地质古生物研究所 Nanjing Inst. of Geology and Palaeontology	0	2	0	0
南京土壤研究所 Nanjing Inst. of Soil Science	0	3	0	0
安徽省 Anhui Province	0	7	1	0
固体物理研究所 Inst. of Solid State Physics	0	2	0	0
等离子体物理研究所 Inst. of Plasma Physics	0	2	0	0
合肥智能机械研究所 Hefei Inst. of Intelligent Machines	0	1	1	0
安徽光学精密机械研究所 Anhui Inst. of Optics and Fine Mechanics	0	2	0	0
福建省 Fujian Province	2	2	0	1

地区、学科及科研单位 Region，field and institute	国家级奖励 National awards	部级奖励 Ministerial-level awards	省级奖励 Provincial-level awards	地（市）级奖励 Prefectural or city-level awards
福建物质结构研究所 Fujian Inst. of Research on the Structure of Matter	2	2	0	1
山东省 Shandong Province	0	6	0	1
海洋研究所 Inst. of Oceanology	0	6	0	1
湖北省、湖南省 Hubei and Hunan Provinces	0	10	6	1
武汉数学物理研究所 Wuhan Inst. of Mathematical Physics	0	0	0	0
武汉物理研究所 Wuhan Inst. of Physics	0	2	0	0
武汉岩土力学研究所 Wuhan Inst. of Rock and Soil Mechanics	0	3	1	0
测量与地球物理研究所 Inst. of Geodesy and Geophysics	0	1	1	0
武汉植物研究所 Wuhan Inst. of Botany	0	2	1	0
水生生物研究所 Inst. of Hydrobiology	0	1	0	0
武汉病毒研究所 Wuhan Inst. of Virology	0	0	0	0
长沙大地构造研究所 Changsha Inst. of Geotectonics	0	0	0	0
长沙农业现代化研究所 Changsha Inst. of Agricultural Modernization	0	1	3	1
广东省 Guangdong Province	0	11	10	15
广州人造卫星观测站 Guangzhou Satellite Observation Station	0	0	0	0

地区、学科及科研单位 Region, field and institute	国家级奖励 National awards	部级奖励 Ministe-rial-level awards	省级奖励 Provincial-level awards	地（市）级奖励 Prefectural or city-level awards
广州化学研究所 Guangzhou Inst. of Chemistry	0	0	2	0
广州地质新技术研究所 Guangzhou Institute of New Geotechnology	0	1	2	8
南海海洋研究所 South China Sea Inst. of Oceanology	0	3	2	4
华南植物研究所 South China Inst. of Botany	0	4	2	2
广州电子研究所 Guangzhou Inst. of Electronic Technology	0	0	1	1
广州能源研究所 Guangzhou Inst. of Energy Conversion	0	3	1	0
四川省 Sichuan Province	1	6	4	3
成都有机化学研究所 Chengdu Inst. of Organic Chemistry	0	0	2	1
成都山地灾害与环境研究所 Chengdu Inst. of Mountain Hazards and Environment	0	0	0	0
成都生物研究所 Chengdu Inst. of Biology	0	0	1	1
成都计算机应用研究所 Chengdu Inst. of Computer Application	0	2	0	0
光电技术研究所 Inst. of Optics and Electronics	1	4	1	1
贵州省 Guizhou Province	0	3	5	27
贵阳地球化学研究所 Guiyang Inst. of Geochemistry	0	3	5	27

地区、学科及科研单位 Region, field and institute	国家级奖励 National awards	部级奖励 Ministerial-level awards	省级奖励 Provincial-level awards	地（市）级奖励 Prefectural or city-level awards
云南省 Yunnan Province	1	8	5	0
云南天文台 Yunnan Observatory	0	3	1	0
昆明植物研究所 Kunming Inst. of Botany	1	2	4	0
昆明动物研究所 Kunming Inst. of Zoology	0	3	0	0
昆明生态研究所 Kunming Inst. of Ecology	0	0	0	0
陕西省 Shaanxi Province	2	11	2	0
陕西天文台 Shaanxi Observatory	0	0	1	0
西北水土保持研究所 Northwest Inst. of Soil and Water Conservation	1	1	1	0
西安光学精密机械研究所 Xi'an Inst. of Optics and Fine Mechanics	1	10	0	0
甘肃省、青海省 Gansu and Qinghai Provinces	2	13	11	6
近代物理研究所 Inst. of Modern Physics	0	4	0	3
兰州化学物理研究所 Lanzhou Inst. of Chemical Physics	1	3	2	3
兰州冰川冻土研究所 Lanzhou Inst. of Glaciology and Geocryology	0	2	0	0
兰州沙漠研究所 Lanzhou Inst. of Desert Research	0	1	1	0
兰州地质研究所 Lanzhou Inst. of Geology	0	1	0	0
兰州高原大气物理研究所 Lanzhou Inst. of Plateau Atmospheric Physics	0	0	0	0

地区、学科及科研单位 Region, field and institute	国家级奖励 National awards	部级奖励 Ministerial-level awards	省级奖励 Provincial-level awards	地（市）级奖励 Prefectural or city-level awards
青海盐湖研究所 Qinghai Inst. of Saline Lakes	0	0	3	0
西北高原生物研究所 Northwest Inst. of Plateau Biology	1	2	5	0
新疆维吾尔自治区 Xinjiang Uygur Autonomous Region	1	6	3	1
新疆物理研究所 Xinjiang Inst. of Physics	1	1	0	1
乌鲁木齐天文工作站 Urumqi Astronomic Working Station	0	0	0	0
新疆化学研究所 Xinjiang Inst. of Chemistry	0	2	3	0
新疆地理研究所 Xinjiang Inst. of Geography	0	0	0	0
新疆生物土壤沙漠研究所 Xinjiang Inst. of Biology, Pedology and Desert Research	0	3	0	0

5.32 科研机构技术合同按买方分类（一）（1993年）

Number of Technology Contracts Signed by CAS Research Units, by Type of Buyer (1): 1993

单位：项（item）

地区及学科 Region and field	合同数合计 Number of contracts	政府部门 Government departments	科研机构 Research institutions	大中专院校 Universities, colleges, and specialized secondary schools	工业企业 Industrial enterprises	大中型工业企业 Large and mediumsized industrial enterprises	其他 Others
总计 Total	**3140**	**325**	**565**	**225**	**1454**	**767**	**571**
一、按地区、分院分 By region and branch							
北京地区 Beijing	1080	169	261	94	451	171	105
沈阳分院 Shenyang Branch	294	9	58	8	163	122	56
长春分院 Changchun Branch	99	23	2	0	46	16	28
上海分院 Shanghai Branch	493	10	122	47	201	110	113
南京分院 Nanjing Branch	0	0	0	0	0	0	0
合肥分院 Hefei Branch	71	0	22	5	44	29	0
武汉分院 Wuhan Branch	436	77	44	53	233	157	29
广州分院 Guangzhou Branch	245	19	6	6	90	32	124
成都分院 Chengdu Branch	182	13	23	5	81	43	60
昆明分院 Kunming Branch	1	0	0	0	1	1	0
西安分院 Xi'an Branch	36	0	12	0	5	0	19

地区及学科 Region and field	合同数 合 计 Number of contracts	政府部门 Government departments	科研机构 Research institutions	大中专 院 校 Universities, colleges, and specialized secondary schools	工业企业 Industrial enterprises	大中型工 业 企 业 Large and mediumsized industrial enterprises	其他 Others
兰州分院 Lanzhou Branch	57	1	4	0	47	31	5
新疆分院 Xinjiang Branch	7	0	2	0	5	3	0
其他地区 Other regions	139	4	9	7	87	52	32
二、按学科分 By field							
数学、物理 Mathematics & physics	785	105	123	92	391	251	74
化学与化工 Chemistry & chemical engineering	433	8	63	14	299	87	49
地学 Earth sciences	194	14	18	8	78	41	76
生物学 Biological sciences	169	1	18	12	68	34	70
技术科学 Technological sciences	1559	197	343	99	618	354	302
其他 Others	0	0	0	0	0	0	0

5.33 科研机构技术合同按买方分类（二）（1993年）

Number of Technology Contracts Signed by CAS Research Units by Type of Buyer (2): 1993

单位：千元（thousand yuan）

地区及学科 Region and field	成交金额合计 Volume of contract transfer	政府部门 Government departments	科研机构 Research institutions	大中专院校 Universities, colleges, and specialized secondary schools	工业企业 Industrial enterprises	大中型工业企业 Large and mediumsized industrial enterprises	其他 Others
总计 Total	**346750**	**44370**	**38131**	**7510**	**169678**	**117012**	**87061**
一、按地区、分院分 By region and branch							
北京地区 Beijing	116583	23628	19129	2693	52046	30349	19087
沈阳分院 Shenyang Branch	60706	1812	4750	52	40824	35644	13268
长春分院 Changchun Branch	18263	13475	50	0	2648	1850	2090
上海分院 Shanghai Branch	47518	389	2902	737	22029	14025	21461
南京分院 Nanjing Branch	0	0	0	0	0	0	0
合肥分院 Hefei Branch	11334	0	2413	320	8601	5187	0
武汉分院 Wuhan Branch	16511	2959	1568	1852	9080	6284	1052
广州分院 Guangzhou Branch	18138	1435	228	703	7139	2036	8633
成都分院 Chengdu Branch	31411	401	5117	1143	11991	10701	12759
昆明分院 Kunming Branch	160	0	0	0	160	160	0
西安分院 Xi'an Branch	9420	0	1585	0	900	0	6935

地区及学科 Region and field	成交金额合计 Volume of contract transfer	政府部门 Government departments	科研机构 Research institutions	大中专院校 Universities, colleges, and specialized secondary schools	工业企业 Industrial enterprises	大中型工业企业 Large and mediumsized industrial enterprises	其他 Others
兰州分院 Lanzhou Branch	7153	205	189	0	6389	5612	370
新疆分院 Xinjiang Branch	193	0	42	0	151	135	0
其他地区 Other regions	9360	66	158	10	7720	5029	1406
二、按学科分 By field							
数学、物理 Mathematics & physics	55836	4824	5503	2853	37045	29098	5611
化学与化工 Chemistry & chemical engineering	30542	933	2606	295	24105	8655	2603
地学 Earth sciences	17227	836	1494	727	8320	4926	5850
生物学 Biological sciences	35588	12	2248	68	12810	6751	20450
技术科学 Technological sciences	207557	37765	26280	3567	87398	67582	52547
其他 Others	0	0	0	0	0	0	0

5.34 开放实验室（所、站）一览表（1993年）

CAS Open Laboratories (Institutes and Stations): 1993

序号 No.	实验室（所、站）名称 Laboratories (Institutes and Stations)
	数学、物理 **Mathematics & physics**
1	波谱与原子分子物理国家重点实验室 State Key Laboratory of Magnetic Resonance and Atomic and Molecular Physics
2	表面物理国家重点实验室 State Key Laboratory of Surface Physics
3	声场与声信息国家重点实验室 State Key Laboratory of Acoustics
4	超导国家重点实验室 State Key Laboratory of Superconductivity
5	磁学国家重点实验室 State Key Laboratory of Magnetism
6	数学研究所 Institute of Mathematics
7	理论物理研究所 Institute of Theoretical Physics
8	内耗与固体缺陷开放研究实验室 Laboratory of Internal Friction and Defects in Soilds
9	结构分析开放研究实验室 Laboratory of Structure Analysis
10	非线性连续介质力学开放研究实验室 Laboratory of Nonlinear Mechanics of Continuous Media
11	管理、决策与信息系统开放研究实验室 Laboratory of Management Decision and Information Systems
12	激发态物理开放研究实验室 Laboratory of Excited State Process
13	辐射化学开放研究实验室 Laboratory of Radiation Chemistry
14	光学天文联合开放研究实验室 United Laboratory for Optical Astronomy

序号 No.	实验室（所、站）名称 Laboratories (Institutes and Stations)
15	射电天文联合开放研究实验室 United Laboratory for Radio Astronomy
16	核分析技术开放研究实验室 Laboratory of Nuclear Analysis Techniques
	化　学 **Chemistry**
17	催化基础国家重点实验室 State Key Laboratory of Catalysis
18	分子动态与稳态结构国家重点实验室 State Key Laboratory for Structural Chemistry of Unstable and Stable Species
19	生命有机化学国家重点实验室 State Key Laboratory of Bio-organic and Natural Products Chemistry
20	分子反应动力学国家重点实验室 State Key Laboratory of Molecular Reaction Dynamics
21	结构化学国家重点实验室 State Key Laboratory of Structural Chemistory
22	高性能陶瓷和超微结构国家重点实验室 State Key Laboratory of High Performance Ceramics and Superfine Microstructure
23	羰基合成和选择氧化国家重点实验室 State Key Laboratory of Oxo Synthesis and Selective Oxidation
24	多相反应开放研究实验室 Multiphase Reaction Laboratory
25	稀土化学与物理开放研究实验室 Laboratory of Rare Earth Chemistry and Physics
26	固体润滑开放研究实验室 Laboratory of Solid Lubrication
27	电分析化学开放研究实验室 Laboratory of Electroanalytical Chemistry
28	纤维素化学开放研究实验室 Laboratory of Cellulose and Lignocellulosics

序号 No.	实验室（所、站）名称 Laboratories (Institutes and Stations)
29	计算机化学开放研究实验室 Laboratory of Computer Chemistry
30	高分子物理联合开放研究实验室 Polymer Physics Laboratory
31	金属有机化学开放研究实验室 Laboratory of Organometallic Chemistry
32	光化学开放研究实验室 Laboratory of Photochemistry
	资源、环境 **Resources and environment**
33	大气科学及地球流体力学数值模拟国家重点实验室 State Key Laboratory of Numerical Modelling for Atmospheric Sciences and Geophysical Fluid Dynamics
34	有机地球化学国家重点实验室 State Key Laboratory of Organic Geochemistry
35	资源与环境信息系统国家重点实验室 State Key Laboratory of Resources and Environmental Information System
36	冻土工程国家重点实验室 State Key Laboratory of Frozen Soil Engineering
37	气体地球化学国家重点实验室 State Key Laboratory of Gas Geochemistry
38	煤炭转化国家重点实验室 State Key Laboratory of Coal Conversion
39	大气边界层物理和大气化学国家重点实验室 State Key Laboratory of Atmospheric Boundary Layer Physics and Atmospheric Chemistry
40	环境模拟与污染控制国家重点实验室 State Key Laboratory of Enviromental Aquatic Chemistry
41	环境地球化学国家重点实验室 State Key Laboratory of Environmental Geochemistry
42	工程地质力学开放研究实验室 Laboratory of Engineering Geomechanics
43	黄土与第四纪地质国家重点实验室 State Key Laboratory of Loess and Quaternary Geology

续表 5.34

序号 No.	实验室（所、站）名称 Laboratories (Institutes and Stations)
44	黄土高原土壤侵蚀与旱地农业国家重点实验室 State Key Laboratory of Soil Erosion and Dryland Farming on Loess Plateau
45	实验海洋生物学开放研究实验室 Experimental Marine Biology Laboratory
46	土壤圈物质循环开放研究实验室 Laboratory of Material Cyclin in Pedosphere
47	系统生态开放研究实验室 Laboratory of Systems Ecology
48	农业虫害鼠害综合治理国家重点实验室 State Key Laboratory of integrated Management of Pest Insects and Rodents
49	动力大地测量学开放研究实验室 Laboratory of Dynamical Geodesy
50	现代古生物和地层学开放研究实验室 Laboratory of Palaeobiology and Stratigraphy
51	矿床地球化学开放研究实验室 Laboratory of Ore Deposit Geochemistry
52	岩石圈构造演化开放研究实验室 Laboratory of Lithosphere Tectonic Evolution
53	湖泊沉积与环境开放研究实验室 Laboratory of Lake Sedimentation and Environment
54	地球动力学高温高压开放研究实验室 Laboratory of Geodynamics Under High Temperature and High Pressure
55	封丘农业生态实验站 Fengqiu Agroecological Experimental Station
56	禹城综合试验站 Yucheng Comprehensive Experimental Station
57	天山冰川观测试验站 Tianshan Experimental Station of Glaciology
58	东川泥石流观测研究站 Dongchuan Observation and Research Station of Debris Flow

序号 No.	实验室（所、站）名称 Laboratories (Institutes and Stations)
59	海北高寒草甸生态系统定位研究站 Haibei Alpine Meadow Ecosystem Research Station
60	内蒙古草原生态系统定位研究站 Inner Mongolia Grassland Ecosystem Research Station
61	长白山森林生态系统定位研究站 Changbaishan Research Station Of Forest Ecosystem
62	长春净月潭遥感实验站 Jingyuetan Remote Sensing Test Site
63	红壤生态实验站 Ecological Experimental Station of Red Soil
64	大亚湾海洋生物综合实验站 Marine Biology Research Station At Dayawan
65	沙坡头沙漠试验研究站 Shapotou Desert Experimental Research Station
	生　物　学 **Biological sciences**
66	生物大分子国家重点实验室 State Key Laboratory of Biomacromolecules
67	分子生物学国家重点实验室 State Key Laboratory of Molecular Biology
68	植物分子遗传国家重点实验室 State Key Laboratory of Plant Molecular Genetics
69	淡水生态与生物技术国家重点实验室 State Key Laboratory of Freshwater Ecology and Biotechnology
70	生物膜与膜生物工程国家重点实验室 State Key Laboratory of Biomembranes and Membrane Biotechnology
71	微生物资源前期开发国家重点实验室 State Key Laboratory of Microbial Resources
72	计划生育生殖生物学国家重点实验室 State Key Laboratory of Reproductive Biology

序号 No.	实验室（所、站）名称 Laboratories (Institutes and Stations)
73	新药研究国家重点实验室 State Key Laboratory of Drug Research
74	植物细胞与染色体工程国家重点实验室 State Key Laboratory of Plant Cell and Chromosome Engineering
75	生化工程国家重点实验室 State Key Laboratory of Biochemical Engineering
76	真菌、地衣系统学开放研究实验室 Systematic Mycology and Lichenology Laboratory
77	系统与进化植物学开放研究实验室 Laboratory of Systematic and Evolutionary Botany
78	植物化学开放研究实验室 Laboratory of Phytochemistry
79	上海生命科学联合开放研究实验室 Shanghai Joint Laboratory of Life Science
80	低氧生理开放研究实验室 Hypoxia Physiology Laboratory
81	植被数量生态学开放研究实验室 Laboratory of Quantitative Vegetation Ecology
82	视觉信息加工开放研究实验室 Laboratory of Visual Information Processing
83	植物生物技术开放研究实验室 Laboratory of Plant Biotechnology
84	细胞与分子进化开放研究实验室 Laboratory of Cellular and Molecular Evolution
	技术科学 **Technological sciences**
85	红外物理国家重点实验室 State Key Laboratory for Infrared Physics
86	传感技术联合国家重点实验室 State Key Laboratory of Transducer Technology
87	应用光学国家重点实验室 State Key Laboratory of Applied Optics

序号 No.	实验室（所、站）名称 Laboratories (Institutes and Stations)
88	模式识别国家重点实验室 State Key Laboratory of Pattern Recognition
89	材料疲劳与断裂国家重点实验室 State Key Laboratory for Fatigue and Fracture of Materials
90	半导体超晶格国家重点实验室 State Key Laboratory of Superlattices and Microstructures
91	信息安全国家重点实验室 State Key Laboratory of Information Security
92	集成光电子学国家重点实验室 State Key Laboratory of Integrated Photoelectronics
93	快速凝固非平衡合金国家重点实验室 State Key Laboratory of Rapidly Solidified Non-equilibrium
94	瞬态光学技术国家重点实验室 State Key Laboratory of Transient Optics and Technology
95	微细加工光学技术国家重点实验室 State Ket Laboratory of Optical Technologies on Microfabrication
96	科学与工程计算国家重点实验室 State Key Laboratory of Scientific and Engineering Computing
97	信息功能材料国家重点实验室 State Key Laboratory of Functional Materials for Informatics
98	火灾科学国家重点实验室 State Key Laboratory of Fire Science
99	固体原子象开放研究实验室 Laboratory of Atomic Imaging of Solids
100	离子束开放研究实验室 Ion Beam Laboratory
101	激光光谱学开放研究实验室 Laser Spectroscopy Labarotory

序号 No.	实验室（所、站）名称 Laboratories (Institutes and Stations)
102	北京电子显微镜开放研究实验室 Beijing Laboratory of Electron Microscopy
103	北京真空物理开放研究实验室 Beijing Laboratory of Vacuum Physics
104	金属腐蚀与防护国家重点实验室 State Key Laboratory of Metal Corrosion and Protection
105	CAD 开放研究实验室 CAD Laboratory
106	认知科学开放研究实验室 Beijing Laboratory of Cognitive Science
107	量子光学开放研究实验室 Joint Labarotory for Quantum Optics
108	机器人学开放研究实验室 Robotics Laboratory
109	现代制造 CAD/CAM 技术开放研究实验室 Laboratory of CAD/CAM Technology for Advanced Manufacturing
110	激光技术开放研究实验室 Laboratory of Laser Technology
111	半导体材料开放研究实验室 Laboratory of Semiconductor Materials Science
112	工程塑料国家重点实验室 State Key Laboratory of Engineering Plastics
113	结构振动开放研究实验室 Laboratory of Structural Vibration Research Under the CAS,Ministry of Water Resources and Ministry of Energy Resources

5.35 开放实验室（所、站）
Basic Statistics of Staff in the Open

序号	开放实验室名称 Names of the open laboratories	固定研究人员 Permanent researchers				
		合计 Total	高级 Senior	中级 Middle-level	初级 Junior	其他 Others
	总计	**2659**	**1414**	**766**	**353**	**126**
	数学、物理	654	347	173	88	46
1	波谱与原子分子物理国家重点实验室	12	11	1		
2	表面物理国家重点实验室	22	16	3	3	
3	声场与声信息国家重点实验室	27	15	6	6	
4	超导国家重点实验室	35	20	11	4	
5	磁学国家重点实验室	32	17	5	7	3
6	数学研究所	145	67	31	26	21
7	理论物理研究所	55	31	13	4	7
8	内耗与固体缺陷开放研究实验室	41	14	14	11	2
9	结构分析开放研究实验室	22	18	3	1	
10	非线性连续介质力学开放研究实验室	1				1
11	管理、决策与信息系统开放研究实验室	18	15	2	1	
12	激发态物理开放研究实验室	19	11	7		1
13	辐射化学开放研究实验室	23	7	12	3	1
14	光学天文联合开放研究实验室	69	34	20	8	7
15	射电天文联合开放研究实验室	89	42	34	11	2
16	核分析技术开放研究实验室	44	29	11	3	1
	化　　学	378	208	122	41	7
17	催化基础国家重点实验室	40	12	22	6	
18	分子动态与稳态结构国家重点实验室	24	18	4	2	
19	生命有机化学国家重点实验室	31	14	6	11	
20	分子反应动力学国家重点实验室	43	21	16	6	
21	结构化学国家重点实验室	30	14	13	2	1
22	高性能陶瓷和超微结构国家重点实验室	25	12	11	2	
23	羰基合成和选择氧化国家重点实验室	—	—	—	—	—
24	多相反应开放研究实验室	21	7	6	7	1

人员情况（1993 年）

Laboratories（Institues and Stations）：1993

单位：人

客座研究人员 Guest researchers						人才培养 Talent Training		
合计 Total	国外 From abroad	国内高级 Senior	国内中级 Middle-level	国内初级 Junior	国内其他 Others	博士后 Candidates for post doctorate	博士 Candidates for doctor's degree	硕士 Candidates for master's degree
4030	**195**	**2008**	**1001**	**420**	**406**	**37**	**973**	**1234**
843	28	487	173	57	98	19	176	181
39	1	5	30	3			18	7
29		17	6	4	2		9	1
36	4	19	7	6			8	13
12	1	3	2		6		17	5
90	3	44	18	2	23	2	17	12
29	3	22	2		2		6	9
112		104	8			14	29	18
96	2	50	18	8	18		6	8
56	7	40	2		7		10	16
16	1	11	2		2	2	9	6
32	1	8	5	2	16		24	58
18	1	4	1	2	10		7	7
97	2	52	30	7	6		6	10
79	2	38	21	15	3		7	3
102		70	21	8	3	1	3	8
505	17	232	154	53	49	3	262	264
33		16	9	1	7		10	15
12		12					16	17
14	1	3	9	1			26	30
9		4	2		3	1	18	13
51		17	20	14		2	17	27
84	1	38	20	9	16		15	11
—	—	—	—	—	—	—	—	—
25	2	11	7	4	1		5	7

序号	开放实验室名称 Names of the open laboratories	固定研究人员 Permanent researchers				
		合计 Total	高级 Senior	中级 Middle-level	初级 Junior	其他 Others
25	稀土化学与物理开放研究实验室	25	10	12	2	1
26	固体润滑开放研究实验室	14	8	6		
27	电分析化学开放研究实验室	14	9	4	1	
28	纤维素化学开放研究实验室	15	13	2		
29	计算机化学开放研究实验室	10	4	4	2	
30	高分子物理联合开放研究实验室	43	32	8		3
31	金属有机化学开放研究实验室	14	11	2		1
32	光化学开放研究实验室	29	23	6		
	资源、环境	679	378	169	89	43
33	大气科学及地球流体力学数值模拟国家重点实验室	21	18	2	1	
34	有机地球化学国家重点实验室	19	14	2	3	
35	资源与环境信息系统国家重点实验室	31	14	8	9	
36	冻土工程国家重点实验室	32	12	14	6	
37	气体地球化学国家重点实验室	31	13	11	7	
38	煤炭转化国家重点实验室	30	20	5	1	4
39	大气边界层物理和大气化学国家重点实验室	28	11	5	3	9
40	环境模拟与污染控制国家重点实验室	20	6	6	6	2
41	环境地球化学国家重点实验室	37	16	12	9	
42	工程地质力学开放研究实验室	20	12	6	1	1
43	黄土与第四纪地质国家重点实验室	16	8	8		
44	黄土高原土壤侵蚀与旱地农业国家重点实验室	27	16	8	3	
45	实验海洋生物学开放研究实验室	21	11	7	2	1
46	土壤圈物质循环开放研究实验室	19	14	4		1
47	系统生态开放研究实验室	26	15	8	1	2
48	农业虫害鼠害综合治理国家重点实验室	26	20	4	1	1

客座研究人员 Guest researchers						人才培养 Talent Training		
合计 Total	国外 From abroad	国内高级 Senior	国内中级 Middle-level	国内初级 Junior	国内其他 Others	博士后 Candidates for post doctorate	博士 Candidates for doctor's degree	硕士 Candidates for master's degree
24	1	9	11	1	2		19	15
95		45	36	14			13	30
14	3	10	1				28	14
17		7	3	7			1	13
13	2	7	2		2		2	4
31	1	11	9	1	9		30	22
14		1	4	1	8		37	31
69	6	41	21		1		25	15
1148	60	632	291	106	59	4	168	189
34		32	2				17	11
21	2	4	9	6			6	12
46	5	22	11	2	6	1	12	15
33	6	17	10			1	8	3
							4	7
25	2	7	9	1	6		12	22
35		18	9	5	3			
12	1	8		2	1		12	8
18	3	10	5				9	19
10	2	3	2	1	2			
24		14	10				7	3
							11	17
73	4	36	15	12	6		11	8
46	1	22	9	3	11		6	2
51	8	35	8				2	6
20	1	12	4	2	1		12	14

序号	开放实验室名称 Names of the open laboratories	固定研究人员 Permanent researchers				
		合计 Total	高级 Senior	中级 Middle-level	初级 Junior	其他 Others
49	动力大地测量学开放研究实验室	24	15	6	3	
50	现代古生物和地层学开放研究实验室	12	10	1	1	
51	矿床地球化学开放研究实验室	13	11	1		1
52	岩石圈构造演化开放研究实验室	16	11	3		2
53	湖泊沉积与环境开放研究实验室	7	6			1
54	地球动力学高温高压开放研究实验室	26	13	5	6	2
55	封丘农业生态实验站	26	18	5	2	1
56	禹城综合试验站	18	8	4	6	
57	天山冰川观测试验站	14	4	7	3	
58	东川泥石流观测研究站	22	8	9	4	1
59	海北高寒草甸生态系统定位研究站	12	12			
60	内蒙古草原生态系统定位研究站	23	10	5	3	5
61	长白山森林生态系统定位研究站	23	8	5	3	7
62	长春净月潭遥感实验站	17	14	2	1	
63	红壤生态实验站	11	4	1	4	2
64	大亚湾海洋生物综合实验站	11	6	5		
65	沙坡头沙漠试验研究站	—	—	—	—	—
	生物学	411	209	123	68	11
66	生物大分子国家重点实验室	26	20	4	2	
67	分子生物学国家重点实验室	26	13	8	5	
68	植物分子遗传国家重点实验室	38	10	13	14	1
69	淡水生态与生物技术国家重点实验室	25	11	9	4	1
70	生物膜与膜生物工程国家重点实验室	29	15	9	4	1
71	微生物资源前期开发国家重点实验室	17	9	6	2	
72	计划生育生殖生物学国家重点实验室	16	10	2	1	3

客座研究人员 Guest researchers						人才培养 Talent Training		
合计 Total	国外 From abroad	国内高级 Senior	国内中级 Middle-level	国内初级 Junior	国内其他 Others	博士后 Candidates for post doctorate	博士 Candidates for doctor's degree	硕士 Candidates for master's degree
24	1	19	4				11	6
98	4	56	19	2	17	1	11	10
2	1				1			
2	1				1			
15		12	3				1	3
6	1	4	1			1		1
91		45	30	14	2		2	
15		14	1				2	2
34	4	20	6	4			2	1
29	6	20	3				1	1
21		18	3				1	7
41	1	22	17	1				
70		32	30	8			3	3
23	4	17	1		1			2
85	1	58	21	4	1		2	
144	1	55	49	39			3	6
—	—	—	—	—	—	—	—	—
563	55	172	165	113	58	4	181	227
18	1	7	1	9		2	24	27
20		9	5	6		1	14	17
19		7	8	3	1		8	9
56	1	19	19	9	8		6	12
13	2	3	4	2	2		11	28
15		3	7	4	1		2	10
41		13	12	8	8	1	8	6

序号	开放实验室名称 Names of the open laboratories	固定研究人员 Permanent researchers				
		合计 Total	高级 Senior	中级 Middle-level	初级 Junior	其他 Others
73	新药研究国家重点实验室	21	14	3	3	1
74	植物细胞与染色体工程国家重点实验室	12	7	4	1	
75	生化工程国家重点实验室	29	10	12	7	
76	真菌、地衣系统学开放研究实验室	15	9	3	1	2
77	系统与进化植物学开放研究实验室	26	17	1	8	
78	植物化学开放研究实验室	20	14	6		
79	上海生命科学联合开放研究实验室	10	8		2	
80	低氧生理开放研究实验室	11	8	3		
81	植被数量生态学开放研究实验室	22	4	11	7	
82	视觉信息加工开放研究实验室	18	14	1	2	1
83	植物生物技术开放研究实验室	37	11	22	3	1
84	细胞与分子进化开放研究实验室	13	5	6	2	
	技术科学	537	272	179	67	19
85	红外物理国家重点实验室	22	13	8	1	
86	传感技术联合国家重点实验室	7	6		1	
87	应用光学国家重点实验室	40	20	15	3	2
88	模式识别国家重点实验室	40	17	14	9	
89	材料疲劳与断裂国家重点实验室	20	11	9		
90	半导体超晶格国家重点实验室	22	17	4	1	
91	信息安全国家重点实验室	21	9	6	3	3
92	集成光电子学国家重点实验室	14	12	1	1	0
93	快速凝固非平衡合金国家重点实验室	16	9	7		
94	瞬态光学技术国家重点实验室	21	12	7	1	1
95	微细加工光学技术国家重点实验室	16	6	8	1	1
96	科学与工程计算国家重点实验室	14	10	1	1	2

客座研究人员 Guest researchers						人才培养 Talent Training		
合计 Total	国外 From abroad	国内高级 Senior	国内中级 Middle-level	国内初级 Junior	国内其他 Others	博士后 Candidates for post doctorate	博士 Candidates for doctor's degree	硕士 Candidates for master's degree
12	1	7	3		1		10	14
19		3	10	6			15	10
62	30	1	11	4	16		2	18
63	2	28	16	5	12		5	6
42	6	30	6				23	5
53	5	7	17	16	8		9	12
38		16	11	11			13	21
17		3	7	7			3	3
10	4	2	3	1			3	4
12	3	5	3		1		11	11
27		4	14	9			12	11
26		5	8	13			2	3
971	35	485	218	91	142	7	186	372
40		23	15	2			15	8
34	1	16	8	9			1	5
38	1	16	12	9			12	43
21	1	5	3		12		4	22
35	1	13	14	6	1	1	5	11
89	1	41	19	5	23		6	8
22		16	4	2		1	1	5
77	8	54	15	0	0	2	7	9
22		16	6				14	19
14		9	2	3			5	21
9		9					3	16
2		2					8	14

序号	开放实验室名称 Names of the open laboratories	固定研究人员 Permanent researchers				
		合计 Total	高级 Senior	中级 Middle-level	初级 Junior	其他 Others
97	信息功能材料国家重点实验室	24	12	6	5	1
98	火灾科学国家重点实验室	23	8	11	4	
99	固体原子象开放研究实验室	1				1
100	离子束开放研究实验室	18	8	8	2	
101	激光光谱学开放研究实验室	16	8	6	2	
102	北京电子显微镜开放研究实验室	10	3	2	5	
103	北京真空物理开放研究实验室	9	3	2	3	1
104	金属腐蚀与防护国家重点实验室	4	4			
105	CAD 开放研究实验室	21	12	8		1
106	认知科学开放研究实验室	10	5	2	2	1
107	量子光学开放研究实验室	30	14	9	5	2
108	机器人学开放研究实验室	29	10	15	4	
109	现代制造 CAD/CAM 技术开放研究实验室	11	6	4		1
110	激光技术开放研究实验室	30	15	12	3	
111	半导体材料开放研究实验室	26	15	8	2	1
112	工程塑料国家重点实验室	22	7	6	8	1
113	结构振动开放研究实验室	—	—	—	—	—

注：1. 本表中所列开放实验室（所、站）序号与表 5.34 所列开放实验室（所、站）序号完全对应，故开

2. 表中“—”表示该项数据未统计（下同）.

Note：1. For the English translation of the names of open laboratories (institutes and stations)，see table

2. The mark “—” means data are not available.

客座研究人员 Guest researchers						人才培养 Talent Training		
合计 Total	国外 From abroad	国内高级 Senior	国内中级 Middle-level	国内初级 Junior	国内其他 Others	博士后 Candidates for post doctorate	博士 Candidates for doctor's degree	硕士 Candidates for master's degree
49	3	26	6	2	12	1	13	10
9		8	1				8	16
2	1				1			
2	1				1		3	5
24	1	15	7		1	1	4	12
7		5	2				10	10
37	1	33		1	2		3	7
22		21			1		12	34
90	1	28	11	4	46		20	22
21	5	11	2		3		4	14
21		12	8		1		5	5
57	1	24	20	3	9	1	3	23
161	1	59	49	34	18		3	12
42		13	13	11	5		6	8
19	7	5	1		6		8	6
5		5					3	8
—	—	—	—	—	—	—	—	—

放实验室（所、站）的标准定名及相应的英文名称请参见表 5.34.

5.34.

5.36 开放实验室（所、站）

Basic Statistics of Research Projects Conducted

学科 Field	合计 Total	攻关项目 State key projects	"863"课题 "863" key projects
总计 **Total**	**3579**	**230**	**133**
数学、物理 Mathematics & physics	626	10	25
化学 Chemistry	654	35	18
资源、环境 Resources & environment	1008	113	2
生物学 Biological sciences	405	39	21
技术科学 Technological sciences	886	33	67

5.37 开放实验室（所、站）

Statistics of Research Project Funding for CAS Open

	合计 Total	攻关项目 State key projects	"863"课题 "863" key projects
总计 **Total**	**86343**	**11169**	**7818**
数学、物理 Mathematics & physics	15040	980	1233
化学 Chemistry	15030	2008	745
资源、环境 Resources & environment	25111	5217	60
生物学 Biological sciences	11913	794	1777
技术科学 Technological sciences	19249	2170	4003

课题情况（1993 年）

by the Open Laboratories (Institutes and Stations)：1993

攀登计划 Pandeng plan	国家基金 State funded projects	部委课题 Projects at the ministerial level	学委会审批 Projects selected by Academic Committees	国际合作 International cooperative projects	其　他 Others
134	**593**	**347**	**1773**	**105**	**264**
21	125	50	342	16	37
51	120	35	317	27	51
18	139	155	467	35	79
15	66	53	170	13	28
29	143	54	477	14	69

科研课题经费情况（1993 年）

Laboratories (Institutes and Stations)：1993

单位：千元（the thousand yuan）

攀登计划 Pandeng plan	国家基金 State funded projects	部委课题 Projects at the ministerial level	学委会审批 Projects selected by Academic Committees	国际合作 International cooperative projects	其　他 Others
10311	**17956**	**11943**	**16569**	**5879**	**4698**
4117	5237	852	2231	105	285
3189	3480	1245	3204	490	669
1019	3620	5540	4481	4154	1020
580	2681	1684	2144	980	1273
1406	2938	2622	4509	150	1451

	获奖研究成果 Awards-winning S&T						
	国家级奖 National awards					院、部 Academy-and-	
	特等 Special class	一等 1st class	二等 2nd class	三等 3rd class	四等 4th class	特等 Special class	一等 1st class
合　计 Total	**1**	**4**	**12**	**7**	**1**	**1**	**31**
数学、物理 Mathematics & physics		1	4	3			7
化学 Chemistry			1	2	1		5
资源、环境 Resources & environment	1	1	1				6
生物学 Biological sciences		1	1				7
技术科学 Technological sciences		1	5	2		1	6

(所、站)科技成果情况(1993 年)

by the Open Laboratories (Institutes and Stations): 1993

achievements (项) (item)				论文 Theses (篇) (No. of article)		专著 Monographs (种) (title)		授权专利 Patents granted (发明) (Invention) (项) (item)
委奖 ministerial-level awards		国际奖 International awards	其他 Others	国内发表 Published domestically	国际发表 Published internationally	中文 Chinese	外文 Foreign languages	
二等 2nd class	三等 3rd class							
60	**39**	**3**	**22**	**3158**	**1823**	**20**	**111**	**24**
16	6	1	7	743	719	2	11	
7	7		2	751	377	1	10	8
14	8	1	8	690	192	6	47	1
9	6		2	434	177	7	26	3
14	12	1	3	540	358	4	17	12

5.39 支撑机构课题按活动

Total Research Projccts in CAS Supporting

	基础研究课题（个）Basic research	课题经费内部支出（千元）Intramural expenditure (thousand yuan)	课题组人员折合全时人数（人·年）Full-time equivalent (man·year)	科学家工程师 Scientists & engineers	应用研究课题（个）Applied research
总　计 Total	**265**	**10217**	**545**	**541**	**230**
中国科学院文献情报中心 CAS Documentation and Information Center	5	276	23	21	5
成都文献情报中心 Chengdu Documentation and Information Center	0	0	0	0	0
兰州文献情报中心 Lanzhou Center for Documentation and Information	1	28	4	4	2
北京科学仪器研制中心 Beijing R&D Center for Scientific Instruments	24	991	20	20	6
南京天文仪器研制中心 Nanjing R&D Center for Astronomical Instruments	0	0	0	0	8
西安黄土与第四纪地质研究室 Xi'an Laboratory of Loess and Quaternary Geology	44	289	41	41	0
中国科学技术大学 University of Science and Technology of China	191	8633	457	455	209

类型分类（一）（1993 年）

Units，by Type of Research（1）：1993

课题经费内部支出（千元）Intramural expenditure (thousand yuan)	课题组人员折合全时人数（人·年）Full-time equivalent input (man·year)		试验发展课题（个）Experimental development	课题经费内部支出（千元）Intramural expenditure (thousand yuan)	课题组人员折合全时人数（人·年）Full-time equivalent input (man·year)	
		科学家工程师 Scientists & engineers				科学家工程师 Scientists & engineers
14285	**644**	**636**	**15**	**315**	**31**	**31**
638	23	23	0	0	0	0
0	0	0	0	0	0	0
15	3	3	0	0	0	0
200	5	5	0	0	0	0
219	10	10	7	266	12	12
0	0	0	0	0	0	0
13213	604	595	8	49	19	19

5.40 支撑机构课题按活动类

Total Research Projects in CAS Supporting

	研究与试验发展成果应用课题（个）Application of R&D resuts	课题经费内部支出（千元）Intramural expenditure (thousand yuan)	课题组人员折合全时人数（人·年）Full-time equivalent (man·year)	科学家工程师 Scientists & engineers	科技服务课题（个）S & R services
总 计 Total	**71**	**5922**	**175**	**171**	**24**
中国科学院文献情报中心 CAS Documentation and Information Center	0	0	0	0	5
成都文献情报中心 Chengdu Documentation and Information Center	0	0	0	0	3
兰州文献情报中心 Lanzhou Center for Documentation and Information	0	0	0	0	6
北京科学仪器研制中心 Beijing R&D Center for Scientific Information	1	382	5	5	0
南京天文仪器研制中心 Nanjing R&D Center for Astronomical Instruments	24	1731	46	45	0
西安黄土与第四纪地质研究室 Xi'an Laboratory of Loess and Quaternary Geology	0	0	0	0	0
中国科学技术大学 University of Science and Technology of China	46	3809	124	121	10

型分类（二）（1993 年）
Units, by Type of Research (2): 1993

课题经费内部支出（千元）Intramural expenditure (thousand yuan)	课题组人员折合全时人数（人·年）Full-time equivalent (man·year)	科学家工程师 Scientists & engineers	生产性活动课题（个）Production activities	课题经费内部支出（千元）Intramural expenditure (thousand yuan)	课题组人员折合全时人数（人·年）Full-time equivalent (man·year)	科学家工程师 Scientists & engineers
809	**61**	**61**	**3**	**5**	**4**	**4**
199	24	24	0	0	0	0
9	1	1	0	0	0	0
272	17	17	0	0	0	0
0	0	0	0	0	0	0
0	0	0	1	3	1	1
0	0	0	0	0	0	0
329	20	20	2	3	3	3

5.41 支撑机构课题综合情况（1993 年）

Statistics of Rescarch Projects in CAS Supporting Units：1993

	课题数合计（个）Total projects	当年内开题数 Number of projects started	课题经费内部支出（千元）Intramural expenditure (thousand yuan)	课题组人员折合全时人数（人·年）Full-time equivalent (man·year)	科学家工程师 Scientists & engineers	其他科技人员 Other S & T personnel
总 计 Total	**608**	**207**	**31554**	**1460**	**1443**	**17**
中国科学院文献情报中心 CAS Documentation and Information Center	15	4	1113	70	68	2
成都文献情报中心 Chengdu Documentation and Information Center	3	0	9	1	1	0
兰州文献情报中心 Lanzhou Center for Documentation and Information	9	1	314	23	23	0
北京科学仪器研制中心 Beijing R&D Center for Scientific Instruments	31	9	1573	30	30	0
南京天文仪器研制中心 Nanjing R&D Center for Astronomical Instruments	40	12	2219	69	68	1
西安黄土与第四纪地质研究室 Xi'an Laboratory of Loess and Quaternary Geology	44	21	289	41	41	0
中国科学技术大学 University of Science and Technology of China	466	160	26037	1226	1212	14

5.42 支撑机构课题按任务来源分类（1993 年）

Research Projects in CAS Supporting Units，by Source of Project：1993

单位：个

	课题数合计 Total projects	国家 State	地方 Locality	企业委托 Enterprise entrusted	自选 Self-selected	国际合作 International cooperation	其他 Others
总　计 Total	**608**	**363**	**18**	**32**	**107**	**14**	**74**
中国科学院文献情报中心 CAS Documentation and Information Center	15	15	0	0	0	0	0
成都文献情报中心 Chengdu Documentation and Information Center	3	1	0	2	0	0	0
兰州文献情报中心 Lanzhou Center for Documentation and Information	9	7	0	0	2	0	0
北京科学仪器研制中心 Beijing R&D Center for Scientific Instruments	31	11	1	0	4	0	15
南京天文仪器研制中心 Nanjing R&D Center for Astronomical Instruments	40	21	1	0	2	4	12
西安黄土与第四纪地质研究室 Xi'an Laboratory of Loess and Quaternary Geology	44	4	0	0	40	0	0
中国科学技术大学 University of Science and Technology of China	466	304	16	30	59	10	47

5.43 支撑机构课题经费内部支出按任务来源分类（1993 年）

Intramural Expenditure for Research Projects in CAS Supporting Units, by Source of Project: 1993

单位：千元（thousand yuan）

	课题经费内部支出 Intramural expenditure	国家 State	地方 Locality	企业委托 Enterprise entrusted	自选 Self-selected	国际合作 International cooperation	其他 Others
总　计 Total	**31554**	**18142**	**372**	**1607**	**2142**	**1578**	**7713**
中国科学院文献情报中心 CAS Documentation and Information Center	1113	1113	0	0	0	0	0
成都文献情报中心 Chengdu Documentation and Information Center	9	3	0	6	0	0	0
兰州文献情报中心 Lanzhou Center for Documentation and Information	314	300	0	0	15	0	0
北京科学仪器研制中心 Beijing R&D Center for Scientific Instruments	1573	820	36	0	120	0	597
南京天文仪器研制中心 Nanjing R&D Center for Astronomical Instruments	2219	756	1	0	33	794	635
西安黄土与第四纪地质研究室 Xi'an Laboratory of Loess and Quaternary Geology	289	129	0	0	160	0	0
中国科学技术大学 University of Science and Technology of China	26036	15020	336	1601	1814	784	6481

5.44 支撑机构课题投入人员按任务来源分类（1993 年）
Personnel Input for Research Projects in CAS Supporting Units, by Source of Project: 1993

单位：人·年（man·year）

	课题组人员折合全时人数 Full-time equivalent	国家 State	地方 Locality	企业委托 Enterprise entrusted	自选 Self-selected	国际合作 International cooperation	其他 Others
总计 Total	**1460**	**987**	**47**	**85**	**170**	**34**	**137**
中国科学院文献情报中心 CAS Documentation and Information Center	70	70	0	0	0	0	0
成都文献情报中心 Chengdu Documentation and Information Center	1	1	0	0	0	0	0
兰州文献情报中心 Lanzhou Center for Documentation and Information	23	20	0	0	3	0	0
北京科学仪器研制中心 Beijing R&D Center for Scientific Instruments	30	15	0	0	1	0	14
南京天文仪器研制中心 Nanjing R&D Center for Astronomical Instruments	69	35	0	0	5	8	21
西安黄土与第四纪地质研究室 Xi'an Laboratory of Loess and Quaternary Geology	41	6	0	0	35	0	0
中国科学技术大学 University of Science and Technology of China	1226	840	47	85	126	26	102

六、科技企业开发经营活动

BUSINESS ACTIVITIES OF CAS S&T ENTERPRISES

6.1 院直属企业（集团）一览表（1993年）

CAS-Run Enterprises (Group): 1993

6.1.1 中科集团（24家）

China Sciences Group

序号 No.	企业名称 Name of centerprises	序号 No.	企业名称 Name of centerprises
1	中科实业集团公司 China Sciences Group Corporation	13	深圳科深科技咨询开发公司 Shenzhen Keshen S&T Consultation and Development Corporation
2	中国大恒公司 China Daheng Corporation	14	北京百泰生物技术公司 Beijing Biotech Technology Corporation
3	北京希望电脑公司 Beijing Hope Computer Corporation	15	中国联合新材料开发公司 China Joint Corporation for New Materials Development
4	北京三环新材高技术公司 Beijing Sanhuan New Materials R&D Incorporation	16	北京威特咨询有限公司 Beijing Wit Consultants Corporation Ltd.
5	北京科海高技术（集团）公司 Beijing Kehai High Technology Group Corporation	17	中国科学院成都地奥制药公司 Chengdu Di'ao Pharmaceutical Corporation, CAS
6	深圳科技工业园总公司 Shenzhen Science and Industry Park Corporation	18	上海尼赛拉传感器有限公司 Shanghai Nicera Sensor Corporation Ltd.
7	中国希格玛光电有限公司 China Sigma Optics-Electronics Corporation	19	北京中科卫星通信技术有限公司 Beijing Zhongke Satellite Communication Technology Company
8	北京中科建筑工程承发包总公司 Beijing Construction Undertaking Corporation	20	中国新技术发展贸易有限公司 China New-Tech. Development and Trade Corporation
9	科智国际技术合作公司 Kezhi Consulting International Incorporation	21	北京中高科技产业开发中心 Sinorise High-Tech. R&D Group, CAS
10	北京科理高技术公司 Beijing Keli High Technology Corporation	22	北京海洛克技术发展公司 Beijing Herach Technology Development Corporation
11	通汇科技与管理咨询公司 Rotatory Science, Technology & Management Consultancy Corporation, Ltd.	23	上海科新技术开发公司 Shanghai Kexin New Technology Development Corporation
12	北京农村经济科技开发部 Beijing Department of Rural Economy and Technology Development	24	北京集成电路制版服务中心 Beijing IC Mask-Making Service Center

6.1.2 深圳科健实业有限公司
Shen Zhen Kejian Industry Co., Ltd.

序号 No.	企业名称 Name of centerprise	序号 No.	企业名称 Name of centerprise
1	中国科健股份有限公司 China Kejian Corporation Ltd.	2	深圳安科高技术有限公司（合资） Shenzhen Analogic Scientific Inc.

6.1.3 东方科学仪器进出口公司
Oriental Scientific Instrument Import and Export Corporation

6.1.4 中国科技财务公司
China Science and Technology Finance Corporation

6.1.5 北京联想计算机集团公司
Beijing Legend Computer Group Corporation

6.2 各类企业主要统计指标（1993年）

Major Statistical Indices of Various Types of Enterprises：1993

	合计 Total	院直属企业（集团） CAS-run enterprises（group）	所办企业 Institute-run enterprise
企业数（个） Number of enterprises	327	68	259
年末总人数（人） Total staff at the end of the year（person）	18294	5317	12977
其中：院编制职工（人） Including：Staff on CAS payroll（person）	7224	1527	5697
经营总额（万元） Revenue（ten thousand yuan）	427046.88	283747.38	143299.50
其中：产品销售收入（万元） Including：Sales of products	173125.79	103582.37	69543.42
营业外收支净额（万元） Non-operating profit（ten thousand yuan）	206.93	－6.37	213.30
上缴税金（万元） Total tax（ten thousand yuan）	9159.89	4694.90	4464.99
利润总额（万元） Total profit（ten thousand yuan）	34352.57	18062.86	16289.71
净资产（万元） Net assets（ten thousand yuan）	125835.39	81062.41	44772.98

6.3 企业规模按人员分组（1993 年）

Size of Enterprises, by Number of People: 1993

	合 计 Total	1—10 人	11—50 人	51—100 人	101—200 人	201—300 人	>300 人
单位数 Number of enterprises	327	100	148	44	18	5	12
(%)	100	30.6	45.3	13.5	5.5	1.5	3.6
人 数 Number of people	18294	310	3771	3119	2546	1052	7496
(%)	100	1.7	20.6	17	13.9	5.8	41

6.4 企业规模按经营额分组（1993 年）

Size of Enterprises, by Turnover: 1993

单位：万元（ten thousand yuan）

	合 计 Total	<10	10—<50	50—<100	100—<500	500—<1000	1000—<5000	5000—<10000	>10000
单位数 Number of enterprises	327	44	66	29	107	34	30	8	9
(%)	100	13.5	20.2	8.9	32.7	10.4	9.2	2.4	2.7
经营额 Turnover	427046.88	169.19	1613.22	2077.12	26246.97	24932.83	57056.16	68009.98	246951.41
(%)	100	0	0.4	0.5	6.1	5.8	13.4	15.9	57.9

6.5 企业规模按年创利润额分组（1993 年）

Size of Enterprises, by Annual Profit: 1993

单位：万元（ten thousand yuan）

	合 计 Total	<0	0—<1	1—<5	5—<10	10—<50	50—<100	100—<500	500—<1000	>1000
单位数 Number of enterprises	327	84	47	53	38	53	21	18	5	8
(%)	100	26.7	14.4	16.2	11.6	16.2	6.4	5.6	1.5	2.4
利润额 Total profit	34352.57	−898.63	11.80	158.83	263.08	1320.23	1466.40	4278.47	3106.89	24645.50
(%)	100	−2.6	0	0.5	0.8	4.0	4.3	12.5	9	71.7

说明：1. 表 6.2，6.3，6.4，6.5 不包括非银行金融机构中国科技财务公司、中国科技促进经济发展基金会的数据。

2. 在表 6.3 中，将 55 家没填人数一栏的企业的人数划在 1—10 范围。

Note 1. Data contained in table 6.2, 6.3, 6.4 and 6.5 do not include data of the non-banking financial organizations such as the China S&T Finance Corporation and China Foundation of S&T for Development.

2. In table 6.3, the number of people in each of the 55 enterprises which do not provide data is assumed as less than 10.

6.6 企业支撑机构（1993年）

Supporting Units for CAS Enterprises：1993

6.6.1 外贸企业
Foreign Trade Enterprises

单位：万元（ten thousand yuan）

企业名称 Enterprises	职工总数（人） Total staff	营业额 Total turnover	科润总额 Total profit	上缴利润 Profit paid
东方科学仪器进出口公司 Oriental Scicentific Instrument Import and Export Corporation	370	15264.00	1110.00	60.00
中国新技术发展贸易有限公司 China New-Tech. Development and Trade Corporation	63	5613.00	244.00	

6.6.2 非银行金融企业
Non-banking Financial Enterprises

单位：万元（ten thousand yuan）

企业名称 Enterprises	职工总数（人） Total staff	营业额 Total turnover	科润总额 Total profit	上缴利润 Profit paid
中国科技财务公司 China S&T Finance Corporation	120	21719.00	1104.00	200.00
中国科技促进经济发展基金会 China Foundation of S&T for Development	35	440.63	617.29	

6.6.3 国家级工业园区
State Industrial Park

单位：万元（ten thousand yuan）

企业名称 Enterprises	职工总数（人） Total staff	营业额 Total turnover	科润总额 Total profit	上缴利润 Profit paid
深圳科技工业园总公司 Shenzhen Science and Industry Park Corporation	84	9691.85	1710.00	

6.7 按企业经营总额排序（前30名）(1993年)

Top 30 CAS Enterprises, by Annual Turnover: 1993

单位：万元 (ten thousand yuan)

序号 No.	企业名称 Name of enterprises	经营总额 Total turnover	序号 No.	企业名称 Name of enterprises	经营总额 Total turnover
1	北京联想计算机集团公司 Beijing Legend Computer Group Corporation	93641.00	16	北京科理高技术公司 Beijing Keli High-Tech. Corp.	3699.00
2	北京科海高技术集团公司 Beijing Kehai High-Tech. Group Corporation	45283.08	17	北京大恒创新技术有限公司 Beijing Daheng Chuangxin Technology Co., Ltd.	3454.50
3	中国大恒公司 China Daheng Corporation	38118.20	18	北京科日达电子有限公司 Beijing KRD Electronics Tech. Co., Ltd.	3202.10
4	中国科键股份有限公司 China Kejian Corporation Ltd.	21820.00	19	计算所服务公司 Service Co. of Computing Institute	3145.00
5	中国科学院成都地奥制药公司 Chengdu Di'ao Pharmaceutical Corporation, CAS	20808.00	20	北京海淀索福电脑联合公司 Beijing Haidian Software Joint Co.	2475.00
6	深圳安科高技术有限公司 Analogic Scientific Inc.	14473.00	21	科通计算机联营公司 Ketong Computer Joint Co.	2340.00
7	北京中自技术公司 China Automation Technology Co.	13986.63	22	上海大恒科技公司 Shanghai Daheng S&T Co.	2303.20
8	北京希望电脑公司 Beijing Hope Computer Corporation	13439.44	23	武汉汉理新技术服务公司 Wuhan Hanli New Technology Service Co.	2001.00
9	北京科电高技术公司 Beijing Kedian High-Tech. Corp.	11921.64	24	中国科学院广州化学所化学灌浆公司经营部 Guangzhou Chemical Grouting Co.	1846.64
10	上海尼赛拉传感器有限公司 Shanghai Nicera Sensor Corporation Ltd.	11578.80	25	成都科光技术开发公司 Chengdu Keguang Technology Development Co.	1757.60
11	计算中心鹭岛公司 Corporation of Computing Centre	9698.00	26	中国科技大学科技开发总公司 S&T Development Co. of USTC	1717.90
12	北京三环新材料高技术公司 Beijing Sanhuan New Materials R&D Incorporation	8810.67	27	上海有机化学研究所开发公司 Development Co. of Shanghai Inst. of Organic Chem.	1543.80
13	北京振中计算机磁盘公司 Beijing Zhen Zhong Computer Disk Company	8135.00	28	北京中科运望技术公司 Beijing Zhongke Outlook Technical Corporation	1500.00
14	北京大恒光电技术有限公司 Beijing Daheng Photoelectronic Tech. Co.	7767.40	29	北京科工计算机工程公司 Beijing Kegong Computer Engineering Co.	1449.84
15	长春应用化学研究所科技总公司 S&T Corp. of Changchun Institute of Applied Chem.	4700.00	30	北京中科电气高技术公司 Beijing Zhongke Electric Corp.	1418.14

6.8 按企业利润总额排序（前30名）（1993年）

Top 30 CAS Enterprises，by Profit：1993

单位：万元（ten thousand yuan）

序号 No.	企业名称 Name of enterprises	利润总额 Total profit	序号 No.	企业名称 Name of enterprises	利润总额 Total profit
1	中国科学院成都地奥制药公司 Chengdu Di'ao Pharmaceutical Corporation，CAS	6951.00	14	北京大恒创新技术有限公司 Beijing Daheng Technologe Co.，Ltd.	352.70
2	深圳安科高技术有限公司 Analogic Scientific Inc.	3512.00	15	北京恒志图像视觉有限公司 Beijing Hengzhi Image Vision Co.，Ltd.	345.29
3	上海尼赛拉传感器有限公司 Shanghai Nicera Sensor Corporation Ltd.	3321.60	16	计算中心鹭岛公司 Corporation of Computing Centre	339.59
4	北京联想计算机集团公司 Beijing Legend Computer Group Corporation	2798.40	17	广州晶体材料科技开发公司 Guangzhou Crystal Materials S&T Development Company	272.86
5	中国大恒公司 China Daheng Corporation	2173.60	18	北京大恒光电技术有限公司 Beijing Daheng Photoelectronic Tech. Co.	231.60
6	中国科健股份有限公司 China Kejian Corporation Ltd.	1527.00	19	北京振中计算机磁盘公司 Beijing Zhenzhong Computer Disk Company	206.00
7	北京三环新材料高技术公司 Beijing Sanhuan New Materials R&D Incorporation	1256.98	20	北京科日达电子有限公司 Beijing KRD Electronics Technology Corporation Ltd.	194.93
8	长春应用化学所科技总公司 S&T Corp. of Changchun Inst. of Applied Chem.	1150.00	21	成都科健高技术公司 Chengdu Kejian High-Tech. Corporation	192.99
9	北京科海高技术集团公司 Beijing Kehai High-Tech. Group Corporation	926.02	22	中国科学院三联气体技术中心大连化学物理研究所分部 Dalian Branch，Sanlian Gas Tech. Center	159.00
10	北京希望电脑公司 Beijing Hope Computer Corporation	598.00	23	北京恒丰电子科技有限公司 Beijing Hengfeng Electronic S&T Corporation，Ltd.	153.90
11	北京中自技术公司 China Automation Technology Co.	568.14	24	北京恒星医疗器械有限公司 Beijing Star Medical Equipment Co.	132.20
12	中国科技大学科技开发总公司 S&T Development Co. of USTC	503.20	25	北京英特仪器公司 Beijing Yinte Equipment Corp.	124.30
13	北京科电高技术公司 Beijing Kedian High-Tech. Corp.	426.37	26	新疆生物土壤沙漠技术开发公司 Bio.，Pedology and Desert Tech. Deve. Co.	120.10

续表 6.8

序号 No.	企业名称 Name of enterprises	利润总额 Total profit	序号 No.	企业名称 Name of enterprises	利润总额 Total profit
27	北京中科建设工程承发包总公司 Beijing Construction Undertaking Corp.	107.50	29	大连凯飞科技拓展公司 Dalian Chem. Phys. Corp.	89.00
28	北京中科电气高技术公司 Beijing Zhongke Electric Corp.	98.73	30	北京海淀东星微计算机联营公司 Beijing Haidian Oriental Engineer Office	87.15

说明：在表 6.7，6.8 中，东方科学仪器进出口公司、中国新技术发展贸易有限公司、中国科技财务公司、中国科技促进经济发展基金会、深圳科技工业园五家企业不参加排序。

Note: In table 6.7 and 6.8, 5 enterprises are not included: the Oriental Scientific Instrument Import and Export Corporation, China New-Technology Development and Trade Corporation, China S&T Finance Corporation, China Foundation of S&T for Development, and Shenzhen Science and Industry Park.

七、科技论文、专利、获奖成果

S&T PAPERS, PATENTS AND
AWARD-WINNING ACHIEVEMENTS

7.1 美国《科学引文索引》、《工程索引》和《科学技术会议录索引》收录中国科学院论文情况（1988—1992年）

CAS Research Papers Quoted by SCI，EI and ISTP：1988—1992

单位：篇（No. of article）

	合计 Total	年份 Year				
		1988年	1989年	1990年	1991年	1992年
总计 Total	**10995**	**2212**	**1740**	**2097**	**2304**	**2642**
一、科研机构 Research units	9587	1916	1519	1799	1997	2356
数学、物理 Mathematics & physics	3200	725	552	536	668	719
化学与化工 Chemistry & chemical engineering	2353	402	346	477	498	630
地学 Earth sciences	623	132	121	129	125	116
生物学 Biological sciencse	1096	269	189	204	197	237
技术科学 Technological sciences	2314	388	310	453	509	654
其他 Others	1		1			
二、支撑机构 Supporting Organizations	1252	276	193	271	261	251
教育培干 Education & cadre training	1145	258	183	246	233	225
图书、情报、出版 Library，information & publication	1			1		
科学仪器研制 Scientific instrument development	106	18	10	24	28	26
基本建设 Capital construction						
三、管理机构 Management organizations	34	4	2	2	22	4
地区管理部门 CAS Branches	34	4	2	2	22	4
四、院直属企业集团 Group corporations directly affiliated to CAS	5			2	3	
五、科研单位 Institute						
数学研究所 Inst. of Mathematics	103	23	23	18	14	25

	合计 Total	年份 Year				
		1988年	1989年	1990年	1991年	1992年
应用数学研究所 Inst. of Applied Mathematics	44	6	13		12	13
系统科学研究所 Inst. of Systems Science	86	13	18	18	16	21
物理研究所 Inst. of Physics	1023	200	195	202	236	190
声学研究所 Inst. of Acoustics	44	8	6	5	7	18
理论物理研究所 Inst. of Theoretical Physics	193	62	21	32	31	47
低温技术实验中心 Cryogenic Laboratory	28	3		8	13	4
高能物理研究所 Inst. of High Energy Physics	386	100	69	66	57	94
北京天文台 Beijing Astronomical Observatory	127	20	32	21	31	23
力学研究所 Inst. of Mechanics	197	59	37	25	29	47
化学研究所 Inst. of Chemistry	322	56	72	59	69	66
感光化学研究所 Inst. of Photographic Chemistry	93	25	4	21	15	28
生态环境研究中心 Research Center for Eco-Environmental Sciences	80	14	12	8	19	27
化工冶金研究所 Inst. of Chemical Metallurgy	62	6	10	11	10	25
地理研究所 Inst. of Geography	52	5	11	16	9	11
遥感应用研究所 Inst. of Remote Sensing Application	7	1	2	1	1	2
地质研究所 Inst. of Geology	135	30	15	41	23	26

续表 7.1

	合计 Total	年份 Year				
		1988年	1989年	1990年	1991年	1992年
地球物理研究所 Inst. of Geophysics	50	15	5	5	19	6
古脊椎动物与古人类研究所 Inst. of Vertebrate Paleontology and Paleoanthropology	21	13	2	1	2	3
大气物理研究所 Inst. of Atmospheric Physics	50	12	8	13	8	9
自然资源综合考察委员会 Commission for Integrated Surveys of Natural Resources	9	2	3	1		3
植物研究所 Inst. of Botany	65	10	7	18	10	20
动物研究所 Inst. of Zoology	52	21	4	10	13	4
心理研究所 Inst. of Psychology	2	2				
微生物研究所 Inst. of Microbiology	46	6	15	6	11	8
生物物理研究所 Inst. of Biophysics	171	22	48	40	27	34
遗传研究所 Inst. of Genetics	36	14	7	7	4	4
发育生物学研究所 Inst. of Developmental Biology	2					2
计算技术研究所 Inst. of Computing Technology	42	5	3	4	2	28
计算中心 Computing Center	55	14	7	9	14	11
软件研究所 Inst. of Software	32	2	2	7	6	15
半导体研究所 Inst. of Semiconductors	252	53	29	49	55	66
微电子中心 Microelectronics R&D Center	17			16		1

	合计 Total	年份 Year				
		1988 年	1989 年	1990 年	1991 年	1992 年
电子学研究所 Inst. of Electronics	33	6	2	7	8	10
自动化研究所 Inst. of Automation	31	1	4	7	6	13
电工研究所 Inst. of Electric Engineering	56	13	14	8	14	7
工程热物理研究所 Inst. of Engineering Thermophysics	32	6	10	4	4	8
自然科学史研究所 Inst. of History of Natural Sciences						
科技政策与管理科学研究所 Inst. of Science Policy and Management	1		1			
北京软件工程研制中心 Beijing Software Engineering Center						
空间科学与应用研究中心 Space Science and Technology Center	54	10	3	10	14	17
遥感卫星地面站 Remote Sensing Satellite Ground Station	1					1
石家庄农业现代化研究所 Shijiazhuang Inst. of Agricultural Modernization						
山西煤炭化学研究所 Shanxi Inst. of Coal Chemistry	37	8	5	5	4	15
沈阳应用生态研究所 Shenyang Inst. of Applied Ecology	52	4	12	4	12	20
沈阳计算技术研究所 Shenyang Inst. of Computing Technology						
沈阳自动化研究所 Shenyang Inst. of Automation	2					2
金属研究所 Inst. of Metals Research	537	86	75	86	125	165
金属腐蚀与防护研究所 Inst. of Corrosion and Protection of Metals	48	12	2	15	4	15

	合计 Total	年份 Year				
		1988 年	1989 年	1990 年	1991 年	1992 年
大连化学物理研究所 Dalian Inst. of Chemical Physics	219	37	21	36	51	74
长春物理研究所 Changchun Inst. of Physics	219	105	4	17	43	50
长春人造卫星观测站 Changchun Satellite Observation Station						
长春应用化学研究所 Changchun Inst. of Applied Chemistry	450	84	49	87	104	126
长春地理研究所 Changchun Inst. of Geography	8		5	1		2
长春光学精密机械研究所 Changchun Inst. of Optics and Fine Mechanics	67	6	7	15	15	24
黑龙江农业现代化研究所 Heilongjiang Inst. of Agricultural Modernization						
上海原子核研究所 Shanghai Inst. of Nuclear Research	156	23	21	28	41	43
上海天文台 Shanghai Observatory	56	13	16	7	7	13
上海硅酸盐研究所 Shanghai Inst. of Ceramics	243	58	45	54	34	52
上海有机化学研究所 Shanghai Inst. of Organic Chemistry	429	77	72	113	84	83
上海植物生理研究所 Shanghai Inst. of Plant Physiology	50	13	10	6	11	10
上海昆虫研究所 Shanghai Inst. of Entomology	9	5	1	2		1
上海药物研究所 Shanghai Inst. of Materia Medica	186	50	36	28	31	41
上海生理研究所 Shanghai Inst. of Physiology	56	11	7	15	11	12
上海生物化学研究所 Shanghai Inst. of Biochemistry	106	43	9	15	27	12

	合计 Total	年份 Year				
		1988年	1989年	1990年	1991年	1992年
上海细胞生物学研究所 Shanghai Inst. of Cell Biology	23	9	2	2	7	3
上海脑研究所 Shanghai Inst. of Brain Research	16	4		5	4	3
上海生物工程研究中心 Shanghai Bioengineering Research Center	3	1			1	1
上海冶金研究所 Shanghai Inst. of Metallurgy	283	59		60	93	71
上海光学精密机械研究所 Shanghai Inst. of Optics and Fine Mechanics	438	75	67	86	77	133
上海技术物理研究所 Shanghai Inst. of Technical Physics	155	26	28	27	39	35
紫金山天文台 Purple Mountain Observatory	87	16	15	16	22	18
南京地理与湖泊研究所 Nanjing Inst. of Geography and Limnology	10			9		1
南京地质古生物研究所 Nanjing Inst. of Geology and Palaeontology	35	16	6		7	6
南京土壤研究所 Nanjing Inst. of Soil Science	23	8	5	4		6
固体物理研究所 Inst. of Solid State Physics	168	31	40	25	41	31
等离子体物理研究所 Inst. of Plasma Physics	58	8	15	14	14	7
合肥智能机械研究所 Hefei Inst. of Intelligent Machines	1	1				
安徽光学精密机械研究所 Anhui Inst. of Optics and Fine Mechanics	57		16	14	14	13
福建物质结构研究所 Fujian Inst. of Research on the Structure of Matter	218	15	36	45	58	64
海洋研究所 Inst. of Oceanology	44	11	17	4	10	2

续表 7.1

	合计 Total	年份 Year				
		1988 年	1989 年	1990 年	1991 年	1992 年
武汉数学物理研究所 Wuhan Inst. of Mathematical Physics	15	4	2	1	2	6
武汉物理研究所 Wuhan Inst. of Physics	51	12	2	8	12	17
武汉岩土力学研究所 Wuhan Inst. of Rock and Soil Mechanics	9	1			3	5
测量与地球物理研究所 Inst. of Geodesy and Geophysics	14	1	1	2	8	2
武汉植物研究所 Wuhan Inst. of Botany	2					2
水生生物研究所 Inst. of Hydrobiology	28	6	2	9	2	9
武汉病毒研究所 Wuhan Inst. of Virology	6	3		1		2
长沙大地构造研究所 Changsha Inst. of Geotectonics	1				1	
长沙农业现代化研究所 Changsha Inst. of Agricultural Modernization	2				1	1
广州人造卫星观测站 Guangzhou Satellite Observation Station						
广州化学研究所 Guangzhou Inst. of Chemistry	38	1	3	8	13	13
广州地质新技术研究所 Guangzhou Inst. of New Geotechnology	1				1	
南海海洋研究所 South China Sea Inst. of Oceanology	16	2	6	4	2	2
华南植物研究所 South China Inst. of Botany	13	4	1	3	1	4
广州电子研究所 Guangzhou Inst. of Electronic Technology	13	2		9		2
广州能源研究所 Guangzhou Inst. of Energy Conversion	8				2	6

	合计 Total	年份 Year				
		1988 年	1989 年	1990 年	1991 年	1992 年
成都有机化学研究所 Chengdu Inst. of Organic Chemistry	35	7	4	5	8	11
成都山地灾害与环境研究所 Chengdu Inst. of Mountain Hazards and Environment	4		1		1	2
成都生物研究所 Chengdu Inst. of Biology	16	4	2	3	3	4
成都计算机应用研究所 Chengdu Inst. of Computer Application	4	1				3
光电技术研究所 Inst. of Optics and Electronics	24	8	3	8	3	2
贵阳地球化学研究所 Guiyang Inst. of Geochemistry	74	14	12	16	17	15
云南天文台 Yunnan Observatory	49	5	10	6	9	19
昆明植物研究所 Kunming Inst. of Botany	77	9	17	22	12	17
昆明动物研究所 Kunming Inst. of Zoology	45	17	4	2	8	14
昆明生态研究所 Kunming Inst. of Ecology						
陕西天文台 Shaanxi Observatory	4		1		3	
西北水土保持研究所 Northwest Inst. of Soil and Water Conservation	3	1		1		1
西安光学精密机械研究所 Xi'an Inst. of Optics and Fine Mechanics	72	2	38	12	14	6
近代物理研究所 Inst. of Modern Physics	86	13	12	15	22	24
兰州化学物理研究所 Lanzhou Inst. of Chemical Physics	96	14	12	18	16	36
兰州冰川冻土研究所 Lanzhou Inst. of Glaciology and Geocryology	52	7	22	6	4	13

续表 7.1

	合计 Total	年份 Year				
		1988 年	1989 年	1990 年	1991 年	1992 年
兰州沙漠研究所 Lanzhou Inst. of Desert Research	1		1			
兰州地质研究所 Lanzhou Inst. of Geology	30	3	4	3	12	8
兰州高原大气物理研究所 Lanzhou Inst. of Plateau Atmospheric Physics	8			6		2
青海盐湖研究所 Qinghai Inst. of Saline Lakes	30		1	7	12	10
西北高原生物研究所 Northwest Inst. of Plateau Biology	4			1	1	2
新疆物理研究所 Xinjiang Inst. of Physics	11			4	3	4
乌鲁木齐天文工作站 Urumqi Astronomic Working Station						
新疆化学研究所 Xinjiang Inst. of Chemistry	1				1	
新疆地理研究所 Xinjiang Inst. of Geography	1					1
新疆生物土壤沙漠研究所 Xinjiang Inst. of Biology, Pedology and Desert Research	2	2				
中国科学技术大学 University of Science and Technology of China	1104	252	183	234	218	217
北京科学仪器研制中心 Beijing R&D Center for Scientific Instruments	86	18	10	10	25	23
沈阳科学仪器研制中心 Shenyang R&D Center for Scientific Instruments						
南京天文仪器研制中心 Nanjing R&D Center for Astronomical Instruments	20			14	3	3

资料来源：中国科技信息研究所信息分析研究中心（表 7.1，7.2）。

Source: Center for Information Analysis, Institute of S&T Information of China (in table 7.1 and 7.2).

注：总计中含个别论文因发表单位不清，按机构无法归属的论文数。

Note: The total also includes papers which can not be classified by research institutes because the authors' institutions are not indicated.

7.2 美国《科学引文索引》收录中国科学院论文被引用情况（1987—1992 年）

Citation of CAS Research Papers Quoted by SCI：1987—1992

单位：篇（No. of article）

	1985—1989 年收录论文在 1990 年被引用 Citation in 1990 of papers quoted in 1985—1989	1988—1990 年收录论文在 1991 年被引用 Citation in 1991 of papers quoted in 1988—1990		1987—1991 年收录论文在 1992 年被引用 Citation in 1992 of papers quoted in 1987—1991	
	篇（Article）	篇（Article）	次（Times）	篇（Article）	次（Times）
总计 Total	**1568**	**1217**	**2440**	**1943**	**3898**
一、科研机构 Research units	1382	1054	2141	1715	3430
数学、物理 Mathematics & physics	372	323	664	489	874
化学与化工 Chemistry & chemical engineering	439	339	633	634	1314
地学 Earth sciences	91	30	52	66	108
生物学 Biological sciencse	237	143	266	251	491
技术科学 Technological sciences	243	219	526	275	643
其他 Others					
二、支撑机构 Supporting Organizations	179	140	277	209	420
教育培干 Education & cadre training	161	122	208	181	331
图书、情报、出版 Library，information & publication					
科学仪器研制 Scientific instrument development	18	18	69	28	89
基本建设 Capital construction					
三、管理机构 Management organizations	2	4	5	5	9
地区管理部门 CAS Branches	2	4	5	5	9
四、院直属企业集团 Group corporations directly affiliated to CAS				1	3

	1985—1989 年收录论文在 1990 年被引用 Citation in 1990 of papers quoted in 1985—1989	1988—1990 年收录论文在 1991 年被引用 Citation in 1991 of papers quoted in 1988—1990		1987—1991 年收录论文在 1992 年被引用 Citation in 1992 of papers quoted in 1987—1991	
	篇 (Article)	篇 (Article)	次 (Times)	篇 (Article)	次 (Times)
五、科研单位 Institute					
数学研究所 Inst. of Mathematics	7	7	9	11	13
应用数学研究所 Inst. of Applied Mathematics	4	5	9	8	9
系统科学研究所 Inst. of Systems Science	18	10	17	11	16
物理研究所 Inst. of Physics	149	153	284	216	385
声学研究所 Inst. of Acoustics	8	1	4	6	8
理论物理研究所 Inst. of Theoretical Physics	27	26	60	31	81
低温技术实验中心 Cryogenic Laboratory					
高能物理研究所 Inst. of High Energy Physics	55	30	129	49	116
北京天文台 Beijing Astronomical Observatory	11	11	16	15	22
力学研究所 Inst. of Mechanics	13	15	20	24	36
化学研究所 Inst. of Chemistry	71	53	121	95	215
感光化学研究所 Inst. of Photographic Chemistry	11	13	17	17	51
生态环境研究中心 Research Center for Eco-Environmental Sciences	19	14	26	31	53
化工冶金研究所 Inst. of Chemical Metallurgy	6	4	6	7	9
地理研究所 Inst. of Geography	6			7	9
遥感应用研究所 Inst. of Remote Sensing Application	1			1	1
地质研究所 Inst. of Geology	26	12	28	24	49

	1985—1989 年收录论文在 1990 年被引用 Citation in 1990 of papers quoted in 1985—1989	1988—1990 年收录论文在 1991 年被引用 Citation in 1991 of papers quoted in 1988—1990		1987—1991 年收录论文在 1992 年被引用 Citation in 1992 of papers quoted in 1987—1991	
	篇 (Article)	篇 (Article)	次 (Times)	篇 (Article)	次 (Times)
地球物理研究所 Inst. of Geophysics	25	2	2	9	9
古脊椎动物与古人类研究所 Inst. of Vertebrate Paleontology and Paleoanthropology	7	1	1	3	3
大气物理研究所 Inst. of Atmospheric Physics	4	2	2	2	2
自然资源综合考察委员会 Commission for Integrated Surveys of Natural Resources					
植物研究所 Inst. of Botany	7	3	4	7	12
动物研究所 Inst. of Zoology	9	7	10	16	18
心理研究所 Inst. of Psychology	1				
微生物研究所 Inst. of Microbiology	4	2	3	8	7
生物物理研究所 Inst. of Biophysics	38	18	38	36	82
遗传研究所 Inst. of Genetics	10	6	12	11	20
发育生物学研究所 Inst. of Developmental Biology	1			2	11
计算技术研究所 Inst. of Computing Technology					
计算中心 Computing Center	6	9	13	10	15
软件研究所 Inst. of Software		1	1	1	1

	1985—1989 年收录论文在 1990 年被引用 Citation in 1990 of papers quoted in 1985—1989	1988—1990 年收录论文在 1991 年被引用 Citation in 1991 of papers quoted in 1988—1990		1987—1991 年收录论文在 1992 年被引用 Citation in 1992 of papers quoted in 1987—1991	
	篇 (Article)	篇 (Article)	次 (Times)	篇 (Article)	次 (Times)
半导体研究所 Inst. of Semiconductors	29	33	125	38	123
微电子中心 Microelectronics R&D Center		2	2	1	1
电子学研究所 Inst. of Electronics	7	2	2	4	7
自动化研究所 Inst. of Automation				2	2
电工研究所 Inst. of Electric Engineering	2	1	1		
工程热物理研究所 Inst. of Engineering Thermophysics					
自然科学史研究所 Inst. of History of Natural Sciences					
科技政策与管理科学研究所 Inst. of Science Policy and Management					
北京软件工程研制中心 Beijing Software Engineering Center					
空间科学与应用研究中心 Space Science and Technology Center	8	1	3	4	5
遥感卫星地面站 Remote Sensing Satellite Ground Station					
石家庄农业现代化研究所 Shijiazhuang Inst. of Agricultural Modernization					
山西煤炭化学研究所 Shanxi Inst. of Coal Chemistry	2	1	3	6	7
沈阳应用生态研究所 Shenyang Inst. of Applied Ecology	7	1	1	6	24

	1985—1989 年收录论文在 1990 年被引用 Citation in 1990 of papers quoted in 1985—1989	1988—1990 年收录论文在 1991 年被引用 Citation in 1991 of papers quoted in 1988—1990		1987—1991 年收录论文在 1992 年被引用 Citation in 1992 of papers quoted in 1987—1991	
	篇 (Article)	篇 (Article)	次 (Times)	篇 (Article)	次 (Times)
沈阳计算技术研究所 Shenyang Inst. of Computing Technology					
沈阳自动化研究所 Shenyang Inst. of Automation					
金属研究所 Inst. of Metals Research	79	86	223	98	225
金属腐蚀与防护研究所 Inst. of Corrosion and Protection of Metals	2	4	7	5	15
大连化学物理研究所 Dalian Inst. of Chemical Physics	17	21	32	55	97
长春物理研究所 Changchun Inst. of Physics	12	8	14	16	43
长春人造卫星观测站 Changchun Satellite Observation Station					
长春应用化学研究所 Changchun Inst. of Applied Chemistry	75	44	98	116	227
长春地理研究所 Changchun Inst. of Geography		2	3		
长春光学精密机械研究所 Changchun Inst. of Optics and Fine Mechanics	1	1	1	3	6
黑龙江农业现代化研究所 Heilongjiang Institute of Agricultural Modernization					
上海原子核研究所 Shanghai Inst. of Nuclear Research	8	14	32	27	41
上海天文台 Shanghai Observatory	3	2	2	3	4
上海硅酸盐研究所 Shanghai Inst. of Ceramics	23	20	25	30	40

	1985—1989 年收录论文在 1990 年被引用 Citation in 1990 of papers quoted in 1985—1989	1988—1990 年收录论文在 1991 年被引用 Citation in 1991 of papers quoted in 1988—1990		1987—1991 年收录论文在 1992 年被引用 Citation in 1992 of papers quoted in 1987—1991	
	篇 (Article)	篇 (Article)	次 (Times)	篇 (Article)	次 (Times)
上海有机化学研究所 Shanghai Inst. of Organic Chemistry	169	105	173	154	287
上海植物生理研究所 Shanghai Inst. of Plant Physiology	8	7	16	9	22
上海昆虫研究所 Shanghai Inst. of Entomology	1	2	3	3	3
上海药物研究所 Shanghai Inst. of Materia Medica	68	36	69	43	77
上海生理研究所 Shanghai Inst. of Physiology	10	8	20	17	36
上海生物化学研究所 Shanghai Inst. of Biochemistry	27	16	40	29	76
上海细胞生物学研究所 Shanghai Inst. of Cell Biology	3	2	2	7	17
上海脑研究所 Shanghai Inst. of Brain Research	4	3	6	4	5
上海生物工程研究中心 Shanghai Bioengineering Research Center					
上海冶金研究所 Shanghai Inst. of Metallurgy	48	36	82	44	149
上海光学精密机械研究所 Shanghai Inst. of Optics and Fine Mechanics	38	24	35	39	60
上海技术物理研究所 Shanghai Inst. of Technical Physics	16	14	20	16	20
紫金山天文台 Purple Mountain Observatory	9	6	8	9	15
南京地理与湖泊研究所 Nanjing Inst. of Geography and Limnology					

	1985—1989 年收录论文在 1990 年被引用 Citation in 1990 of papers quoted in 1985—1989	1988—1990 年收录论文在 1991 年被引用 Citation in 1991 of papers quoted in 1988—1990		1987—1991 年收录论文在 1992 年被引用 Citation in 1992 of papers quoted in 1987—1991	
	篇 (Article)	篇 (Article)	次 (Times)	篇 (Article)	次 (Times)
南京地质古生物研究所 Nanjing Inst. of Geology and Palaeontology	4	2	3	4	7
南京土壤研究所 Nanjing Inst. of Soil Science	7	4	5	7	9
固体物理研究所 Inst. of Solid State Physics	23	20	37	37	41
等离子体物理研究所 Inst. of Plasma Physics	5	5	6	5	5
合肥智能机械研究所 Hefei Inst. of Intelligent Machines					
安徽光学精密机械研究所 Anhui Inst. of Optics and Fine Mechanics	4	3	9	6	7
福建物质结构研究所 Fujian Inst. of Research on the Structure of Matter	31	43	101	81	248
海洋研究所 Inst. of Oceanology	6	3	5	4	7
武汉数学物理研究所 Wuhan Inst. of Mathematical Physics		1	1	2	2
武汉物理研究所 Wuhan Inst. of Physics	2	3	6	4	8
武汉岩土力学研究所 Wuhan Inst. of Rock and Soil Mechanics					
测量与地球物理研究所 Inst. of Geodesy and Geophysics					
武汉植物研究所 Wuhan Inst. of Botany					
水生生物研究所 Inst. of Hydrobiology	4	5	7	6	11

	1985—1989 年收录论文在 1990 年被引用 Citation in 1990 of papers quoted in 1985—1989	1988—1990 年收录论文在 1991 年被引用 Citation in 1991 of papers quoted in 1988—1990		1987—1991 年收录论文在 1992 年被引用 Citation in 1992 of papers quoted in 1987—1991	
	篇 (Article)	篇 (Article)	次 (Times)	篇 (Article)	次 (Times)
武汉病毒研究所 Wuhan Inst. of Virology				1	1
长沙大地构造研究所 Changsha Inst. of Geotectonics					
长沙农业现代化研究所 Changsha Inst. of Agricultural Modernization					
广州人造卫星观测站 Guangzhou Satellite Observation Station					
广州化学研究所 Guangzhou Inst. of Chemistry	1			4	4
广州地质新技术研究所 Guangzhou Inst. of New Geotechnology				1	1
南海海洋研究所 South China Sea Inst. of Oceanology	2				
华南植物研究所 South China Inst. of Botany	5	3	4	5	9
广州电子研究所 Guangzhou Inst. of Electronic Technology					
广州能源研究所 Guangzhou Inst. of Energy Conversion					
成都有机化学研究所 Chengdu Inst. of Organic Chemistry	3	4	8	8	10
成都山地灾害与环境研究所 Chengdu Inst. of Mountain Hazards and Environment					
成都生物研究所 Chengdu Inst. of Biology	2			4	8
成都计算机应用研究所 Chengdu Inst. of Computer Application					

	1985—1989 年收录论文在 1990 年被引用 Citation in 1990 of papers quoted in 1985—1989	1988—1990 年收录论文在 1991 年被引用 Citation in 1991 of papers quoted in 1988—1990		1987—1991 年收录论文在 1992 年被引用 Citation in 1992 of papers quoted in 1987—1991	
	篇 (Article)	篇 (Article)	次 (Times)	篇 (Article)	次 (Times)
光电技术研究所 Inst. of Optics and Electronics	1	1	1	4	7
贵阳地球化学研究所 Guiyang Inst. of Geochemistry	8	3	4	8	16
云南天文台 Yunnan Observatory	4	1	1	5	7
昆明植物研究所 Kunming Inst. of Botany	16	15	19	25	37
昆明动物研究所 Kunming Inst. of Zoology	4	5	7	4	6
昆明生态研究所 Kunming Inst. of Ecology					
陕西天文台 Shaanxi Observatory	1	2	4	2	2
西北水土保持研究所 Northwest Inst. of Soil and Water Conservation					
西安光学精密机械研究所 Xi'an Inst. of Optics and Fine Mechanics	2	1	1		
近代物理研究所 Inst. of Modern Physics	13	3	5	8	20
兰州化学物理研究所 Lanzhou Inst. of Chemical Physics	7	15	23	24	57
兰州冰川冻土研究所 Lanzhou Inst. of Glaciology and Geocryology	2	1	1	3	4
兰州沙漠研究所 Lanzhou Inst. of Desert Research					
兰州地质研究所 Lanzhou Inst. of Geology		2	3		

	1985—1989 年收录论文在 1990 年被引用 Citation in 1990 of papers quoted in 1985—1989	1988—1990 年收录论文在 1991 年被引用 Citation in 1991 of papers quoted in 1988—1990		1987—1991 年收录论文在 1992 年被引用 Citation in 1992 of papers quoted in 1987—1991	
	篇 (Article)	篇 (Article)	次 (Times)	篇 (Article)	次 (Times)
兰州高原大气物理研究所 Lanzhou Inst. of Plateau Atmospheric Physics					
青海盐湖研究所 Qinghai Inst. of Saline Lakes	3	2		6	9
西北高原生物研究所 Northwest Inst. of Plateau Biology	1				
新疆物理研究所 Xinjiang Inst. of Physics					
乌鲁木齐天文工作站 Urumqi Astronomic Working Station					
新疆化学研究所 Xinjiang Inst. of Chemistry	1				
新疆地理研究所 Xinjiang Inst. of Geography					
新疆生物土壤沙漠研究所 Xinjiang Inst. of Biology, Pedology and Desert Research				1	
中国科学技术大学 University of Science and Technology of China	156	117	201	174	318
北京科学仪器研制中心 Beijing R&D Center for Scientific Instruments	17	18	69	28	89
沈阳科学仪器研制中心 Shenyang R&D Center for Scientif Instruments					
南京天文仪器研制中心 Nanjing R&D Center for Astronomical Instruments	1				

注：总计中含个别论文因发表单位不清，按机构无法归属的论文数。

Note: The total also includes papers which can not be classified by research institutes because the authors' institutions are not indicated.

7.3 中国科学院在国内发表论文情况（1988—1992 年）

CAS Research Papers Published Domestically：1988—1992

单位：篇（No. of article）

	合计 Total	年份 Year				
		1988	1989	1990	1991	1992
总计 Total	**31828**	**5458**	**6099**	**6430**	**6671**	**7170**
一、科研机构 Research units	28890	4958	5469	5831	6083	6549
数学、物理 Mathematics & physics	4992	899	922	909	1065	1197
化学与化工 Chemistry & chemical engineering	6355	1091	1146	1293	1372	1453
地学 Earth sciences	4967	824	928	1041	1086	1088
生物学 Biological sciencse	7526	1319	1472	1597	1566	1572
技术科学 Technological sciences	5037	823	997	990	988	1239
其他 Others	13	2	4	1	6	
二、支撑机构 Supporting organizations	2709	480	558	560	528	583
教育培干 Education & cadre training	2599	466	530	533	505	565
图书、情报、出版 Library，information & publication	12	2	3	5	1	1
科学仪器研制 Scientific instrument development	93	11	24	21	21	16
基本建设 Capital construction	5	1	1	1	1	1
三、管理机构 Management organizations	124	16	32	34	27	15
地区管理部门 CAS Branches	124	16	32	34	27	15
四、院直属企业集团 Group corporations directly affiliated to CAS	34	4	6	5	12	7
五、科研单位 Institute						
数学研究所 Inst. of Mathematics	192	19	38	44	46	45

续表 7.3

	合计 Total	年份 year				
		1988	1989	1990	1991	1992
应用数学研究所 Inst. of Applied Mathematics	237	40	41	54	46	56
系统科学研究所 Inst. of Systems Science	294	55	67	53	55	64
物理研究所 Inst. of Physics	605	98	144	116	124	123
声学研究所 Inst. of Acoustics	249	57	48	51	58	35
理论物理研究所 Inst. of Theoretical Physics	85	12	19	7	26	21
低温技术实验中心 Cryogenic Laboratory	32	6	2	6	10	8
高能物理研究所 Inst. of High Energy Physics	540	103	112	99	103	123
北京天文台 Beijing Astronomical Observatory	223	39	32	32	39	81
力学研究所 Inst. of Mechanics	441	78	90	77	90	106
化学研究所 Inst. of Chemistry	698	119	152	143	150	134
感光化学研究所 Inst. of Photographic Chemistry	385	62	62	81	85	95
生态环境研究中心 Research Center for Eco-Environmental Sciences	418	81	79	86	81	91
化工冶金研究所 Inst. of Chemical Metallurgy	385	81	66	76	83	79
地理研究所 Inst. of Geography	407	70	77	91	97	72
遥感应用研究所 Inst. of Remote Sensing Application	76	8	12	23	15	18
地质研究所 Inst. of Geology	607	105	109	119	131	143
地球物理研究所 Inst. of Geophysics	146	23	24	32	29	38
古脊椎动物与古人类研究所 Inst. of Vertebrate Paleontology and Paleoanthropology	200	35	47	41	38	39
大气物理研究所 Inst. of Atmospheric Physics	357	63	55	73	82	84

	合计 Total	年份 year				
		1988	1989	1990	1991	1992
自然资源综合考察委员会 Commission for Integrated Surveys of Natural Resources	267	37	58	64	65	43
植物研究所 Inst. of Botany	620	109	137	138	118	118
动物研究所 Inst. of Zoology	472	66	81	102	95	128
心理研究所 Inst. of Psychology	60	28	25	3	1	3
微生物研究所 Inst. of Microbiology	441	73	105	88	81	94
生物物理研究所 Inst. of Biophysics	578	91	110	133	128	116
遗传研究所 Inst. of Genetics	158	23	37	38	36	24
发育生物学研究所 Inst. of Developmental Biology	66	11	10	17	15	13
计算技术研究所 Inst. of Computing Technology	203	47	32	36	28	60
计算中心 Computing Center	209	32	37	53	38	49
软件研究所 Inst. of Software	111	26	17	28	28	12
半导体研究所 Inst. of Semiconductors	240	45	67	68	27	33
微电子中心 Microelectronics R&D Center	27	8	4	5	4	6
电子学研究所 Inst. of Electronics	141	30	26	25	35	25
自动化研究所 Inst. of Automation	107	12	21	22	26	26
电工研究所 Inst. of Electric Engineering	165		39	40	37	49

	合计 Total	年份 year				
		1988	1989	1990	1991	1992
工程热物理研究所 Inst. of Engineering Thermophysics	89		28	25	15	21
自然科学史研究所 Inst. of History of Natural Sciences	11	2	3	1	5	
科技政策与管理科学研究所 Inst. of Science Policy and Management	2		1		1	
北京软件工程研制中心 Beijing Software Engineering Center	1	1				
空间科学与应用研究中心 Space Science and Technology Center	134	27	28	29	25	25
遥感卫星地面站 Remote Sensing Satellite Ground Station	27	1	12	3	5	6
石家庄农业现代化研究所 Shijiazhuang Inst. of Agricultural Modernization	45	4	5	12	13	11
山西煤炭化学研究所 Shanxi Inst. of Coal Chemistry	252	52	44	54	53	49
沈阳应用生态研究所 Shenyang Inst. of Applied Ecology	323	56	63	74	60	70
沈阳计算技术研究所 Shenyang Inst. of Computing Technology	57	12	5	18	11	11
沈阳自动化研究所 Shenyang Inst. of Automation	67	12	11	15	18	11
金属研究所 Inst. of Metals Research	622	74	110	131	122	185
金属腐蚀与防护研究所 Inst. of Corrosion and Protection of Metals	192	15	30	32	35	80
大连化学物理研究所 Dalian Inst. of Chemical Physics	635	97	106	124	147	161
长春物理研究所 Changchun Inst. of Physics	220	33	45	38	57	47
长春人造卫星观测站 Changchun Satellite Observation Station	1		1			

续表 7.3

	合计 Total	年份 year				
		1988	1989	1990	1991	1992
长春应用化学研究所 Changchun Inst. of Applied Chemistry	1573	225	280	339	370	359
长春地理研究所 Changchun Inst. of Geography	83	23	16	18	12	14
长春光学精密机械研究所 Changchun Inst. of Optics and Fine Mechanics	514	93	100	94	99	128
黑龙江农业现代化研究所 Heilongjiang Inst. of Agricultural Modernization	48	7	5	13	13	10
上海原子核研究所 Shanghai Inst. of Nuclear Research	260	44	36	58	60	62
上海天文台 Shanghai Observatory	186	34	32	45	29	46
上海硅酸盐研究所 Shanghai Inst. of Ceramics	330	81	47	47	53	102
上海有机化学研究所 Shanghai Inst. of Organic Chemistry	373	113	86	69	59	46
上海植物生理研究所 Shanghai Inst. of Plant Physiology	463	88	101	100	96	78
上海昆虫研究所 Shanghai Inst. of Entomology	69	16	12	15	12	14
上海药物研究所 Shanghai Inst. of Materia Medica	285	63	57	56	61	48
上海生理研究所 Shanghai Inst. of Physiology	128	18	18	32	26	34
上海生物化学研究所 Shanghai Inst. of Biochemistry	376	81	59	80	74	82
上海细胞生物学研究所 Shanghai Inst. of Cell Biology	155	36	33	29	24	33
上海脑研究所 Shanghai Inst. of Brain Research	24	4	5	7	3	5
上海生物工程研究中心 Shanghai Bioengineering Research Center	37	1	5	7	15	9

	合计 Total	年份 year				
		1988	1989	1990	1991	1992
上海冶金研究所 Shanghai Inst. of Metallurgy	470	78	107	94	90	101
上海光学精密机械研究所 Shanghai Inst. of Optics and Fine Mechanics	906	152	177	140	205	232
上海技术物理研究所 Shanghai Inst. of Technical Physics	181	25	32	51	30	43
紫金山天文台 Purple Mountain Observatory	235	98	16	25	46	50
南京地理与湖泊研究所 Nanjing Inst. of Geography and Limnology	108	13	12	24	32	27
南京地质古生物研究所 Nanjing Inst. of Geology and Palaeontology	293	55	54	65	61	58
南京土壤研究所 Nanjing Inst. of Soil Science	534	89	102	98	130	115
固体物理研究所 Inst. of Solid State Physics	101	18	19	14	17	33
等离子体物理研究所 Inst. of Plasma Physics	117	17	26	19	33	22
合肥智能机械研究所 Hefei Inst. of Intelligent Machines	21		5	4	4	8
安徽光学精密机械研究所 Anhui Inst. of Optics and Fine Mechanics	225	65	41	28	42	49
福建物质结构研究所 Fujian Inst. of Research on the Structure of Matter	425	66	90	93	67	109
海洋研究所 Inst. of Oceanology	467	70	99	93	103	102
武汉数学物理研究所 Wuhan Inst. of Mathematical Physics	213	36	25	43	45	64
武汉物理研究所 Wuhan Inst. of Physics	37	7	11	7	7	5
武汉岩土力学研究所 Wuhan Inst. of Rock and Soil Mechanics	223	39	43	41	46	54

	合计 Total	年份 year				
		1988	1989	1990	1991	1992
测量与地球物理研究所 Inst. of Geodesy and Geophysics	49	10	8	14	8	9
武汉植物研究所 Wuhan Inst. of Botany	127	23	26	26	24	28
水生生物研究所 Inst. of Hydrobiology	288	39	63	55	65	66
武汉病毒研究所 Wuhan Inst. of Virology	165	26	38	30	37	34
长沙大地构造研究所 Changsha Inst. of Geotectonics	106	21	24	19	21	21
长沙农业现代化研究所 Changsha Inst. of Agricultural Modernization	109	17	26	23	21	22
广州人造卫星观测站 Guangzhou Satellite Observation Station	1				1	
广州化学研究所 Guangzhou Inst. of Chemistry	230	24	36	47	63	60
广州地质新技术研究所 Guangzhou Inst. of New Geotechnology	34	1	12	19		2
南海海洋研究所 South China Sea Inst. of Oceanology	265	41	53	53	53	65
华南植物研究所 South China Inst. of Botany	246	63	28	49	64	42
广州电子研究所 Guangzhou Inst. of Electronic Technology	28	6	2	6	6	8
广州能源研究所 Guangzhou Inst. of Energy Conversion	39	12	9	5	8	5
成都有机化学研究所 Chengdu Inst. of Organic Chemistry	209	23	40	39	52	55
成都山地灾害与环境研究所 Chengdu Inst. of Mountain Hazards and Environment	179	28	20	43	40	48
成都生物研究所 Chengdu Inst. of Biology	176	33	33	40	37	33

续表 7.3

	合计 Total	年份 year				
		1988	1989	1990	1991	1992
成都计算机应用研究所 Chengdu Inst. of Computer Application	43	8	7	6	11	11
光电技术研究所 Inst. of Optics and Electronics	166	42	40	26	27	31
贵阳地球化学研究所 Guiyang Inst. of Geochemistry	407	65	89	65	87	101
云南天文台 Yunnan Observatory	166	17	14	16	64	55
昆明植物研究所 Kunming Inst. of Botany	388	47	69	95	80	97
昆明动物研究所 Kunming Inst. of Zoology	265	48	49	47	59	62
昆明生态研究所 Kunming Inst. of Ecology	54	12	13	9	10	10
陕西天文台 Shaanxi Observatory	44	5	2	3	5	29
西北水土保持研究所 Northwest Inst. of Soil and Water Conservation	496	94	88	118	95	101
西安光学精密机械研究所 Xi'an Inst. of Optics and Fine Mechanics	52		10	6	12	24
近代物理研究所 Inst. of Modern Physics	222	36	44	44	44	54
兰州化学物理研究所 Lanzhou Inst. of Chemical Physics	289	38	36	57	74	84
兰州冰川冻土研究所 Lanzhou Inst. of Glaciology and Geocryology	265	62	44	50	57	52
兰州沙漠研究所 Lanzhou Inst. of Desert Research	206	46	45	29	42	44
兰州地质研究所 Lanzhou Inst. of Geology	109	5	20	30	21	33
兰州高原大气物理研究所 Lanzhou Inst. of Plateau Atmospheric Physics	183	25	30	45	37	46

	合计 Total	年份 year				
		1988	1989	1990	1991	1992
青海盐湖研究所 Qinghai Inst. of Saline Lakes	112	20	18	29	23	22
西北高原生物研究所 Northwest Inst. of Plateau Biology	137	21	32	26	31	27
新疆物理研究所 Xinjiang Inst. of Physics	65	7	14	17	14	13
乌鲁木齐天文工作站 Urumqi Astronomic Working Station	3	1	1			1
新疆化学研究所 Xinjiang Inst. of Chemistry	41	9	4	9	12	7
新疆地理研究所 Xinjiang Inst. of Geography	153	18	20	31	55	29
新疆生物土壤沙漠研究所 Xinjiang Inst. of Biology, Pedology and Desert Research	193	32	37	37	42	45
中国科学技术大学 University of Science and Technology of China	2515	461	517	532	481	533
北京科学仪器研制中心 Beijing R&D Center for Scientific Instruments	38	4	9	13	5	7
沈阳科学仪器研制中心 Shenyang R&D Center for Scientific Instruments	3		2		1	
南京天文仪器研制中心 Nanjing R&D Center for Astronomical Instruments	52	7	13	8	15	9

资料来源：中国科技信息研究所信息分析研究中心。

Source: Center for Information Analysis, Institute of S&T Information of China.

注：1. 国内发表论文的数据系直接取自中国科技信息研究所信息分析研究中心选定为统计源的国内科技期刊1988年1189种、1989年1227种、1990年1230种、1991年1217种、1992年1226种。

2. 总计中含个别论文因发表单位不清，按机构无法归属的论文数。

Note: 1. Data for research papers published domestically are quoted directly form the domestic S&T journals which are chosen as source of S&T Information of China: 1198 journals in 1988, 1227 journals in 1989, 1230 journals in 1990, 1217 journals in 1991 and 1226 journals in 1992.

2. The total also includes papers which can not be classified by research institutes because the authors' institutions are not indicated.

7.4 专利情况（1993年）

Patenting Statistics：1993

单位：项（item）

	申请数 Patent applications				授权数 Patents granted			
	合计 Total	发明 Invention	实用新型 Utility model	外观设计 Design	合计 Total	发明 Invention	实用新型 Utility model	外观设计 Design
总计 Total	**414**	**262**	**150**	**2**	**255**	**104**	**150**	**1**
一、科研机构 Research units	393	255	136	2	237	99	137	1
数学、物理 Mathematics & physics	42	19	23		33	3	30	
化学与化工 Chemistry & chemical engineering	159	144	15		82	59	23	
地学 Earth sciences.	4	1	3		2		2	
生物学 Biological sciences	30	25	5		8	4	4	
技术科学 Technological sciences	158	66	90	2	112	33	78	1
其他 Others								
二、支撑机构 Supporting organizations	16	5	11		17	5	12	
教育培干 Education & cadre trai-ning	16	5	11		16	4	12	
科学仪器研制 Scientific insturment de-velopment					1	1		
三、管理机构 Management organi-zations	5	2	3		1		1	
地区管理部门 CAS Branches	5	2	3		1		1	
四、科研单位 Institute								
北京市 Beijing	75	42	32	1	55	20	34	1
数学研究所 Inst. of Mathematics	0	0	0	0	0	0	0	0

续表 7.4

	申请数 Patent applications				授权数 Patents granted			
	合计 Total	发明 Invention	实用新型 Utility model	外观设计 Design	合计 Total	发明 Invention	实用新型 Utility model	外观设计 Design
应用数学研究所 Inst. of Applied Mathematics	0	0	0	0	0	0	0	0
系统科学研究所 Inst. of Systems Science	0	0	0	0	0	0	0	0
物理研究所 Inst. of Physics	13	9	4	0	5	1	4	0
声学研究所 Inst. of Acoustics	5	0	5	0	6	0	6	0
理论物理研究所 Inst. of Theoretical Physics	0	0	0	0	0	0	0	0
低温技术实验中心 Cryogenic Laboratory	0	0	0	0	0	0	0	0
高能物理研究所 Inst. of High Energy Physics	0	0	0	0	0	0	0	0
北京天文台 Beijing Astronomical Observatory	0	0	0	0	0	0	0	0
力学研究所 Inst. of Mechanics	7	0	7	0	3	0	3	0
化学研究所 Inst. of Chemistry	9	9	0	0	2	2	0	0
感光化学研究所 Inst. of Photographic Chemistry	3	3	0	0	4	4	0	0
生态环境研究中心 Research Center for Eco-Environmental Sciences	3	3	0	0	0	0	0	0
化工冶金研究所 Inst. of Chemical Metallurgy	15	10	5	0	14	5	9	0
地理研究所 Inst. of Geography	0	0	0	0	0	0	0	0
遥感应用研究所 Inst. of Remote Sensing Application	0	0	0	0	0	0	0	0

	申请数 Patent applications				授权数 Patents granted			
	合计 Total	发明 Invention	实用新型 Utility model	外观设计 Design	合计 Total	发明 Invention	实用新型 Utility model	外观设计 Design
地质研究所 Inst. of Geology	0	0	0	0	0	0	0	0
地球物理研究所 Inst. of Geophysics	1	0	1	0	0	0	0	0
古脊椎动物与古人类研究所 Inst. of Vertebrate Paleontology and Paleoanthropology	0	0	0	0	0	0	0	0
大气物理研究所 Inst. of Atmospheric Physics	0	0	0	0	0	0	0	0
自然资源综合考察委员会 Commission for Integrated Surveys of Natural Resources	0	0	0	0	0	0	0	0
植物研究所 Inst. of Botany	0	0	0	0	0	0	0	0
动物研究所 Inst. of Zoology	0	0	0	0	0	0	0	0
心理研究所 Inst. of Psychology	0	0	0	0	0	0	0	0
微生物研究所 Inst. of Microbiology	0	0	0	0	0	0	0	0
生物物理研究所 Inst. of Biophysics	0	0	0	0	2	2	0	0
遗传研究所 Inst. of Genetics	0	0	0	0	0	0	0	0
发育生物学研究所 Inst. of Developmental Biology	0	0	0	0	0	0	0	0
计算技术研究所 Inst. of Computing Technology	1	1	0	0	0	0	0	0
计算中心 Computing Center	0	0	0	0	0	0	0	0

	申请数 Patent applications				授权数 Patents granted			
	合计 Total	发明 Invention	实用新型 Utility model	外观设计 Design	合计 Total	发明 Invention	实用新型 Utility model	外观设计 Design
软件研究所 Inst. of Software	0	0	0	0	0	0	0	0
半导体研究所 Inst. of Semiconductors	5	1	4	0	5	1	4	0
微电子中心 Microelectronics R&D Center	2	0	2	0	0	0	0	0
电子学研究所 Inst. of Electronics	5	5	0	0	3	2	1	0
自动化研究所 Inst. of Automation	2	0	1	1	2	0	1	1
电工研究所 Inst. of Electric Engineering	3	0	3	0	5	2	3	0
工程热物理研究所 Inst. of Engineering Thermophysics	0	0	0	0	0	0	0	0
自然科学史研究所 Inst. of History of Natural Sciences	0	0	0	0	0	0	0	0
科技政策与管理科学研究所 Inst. of Science Policy and Management	0	0	0	0	0	0	0	0
北京软件工程研制中心 Beijing Software Engineering Center	0	0	0	0	0	0	0	0
空间科学与应用研究中心 Space Science and Technology Center	1	1	0	0	1	0	1	0
遥感卫星地面站 Remote Sensing Satellite Ground Station	0	0	0	0	1	0	1	0
北京科学仪器研制中心 Beijing R&D Center for Scientific Instruments	0	0	0	0	1	1	0	0
中国科学技术大学研究生院 Graduate School of the University of Science and Technology of China	0	0	0	0	1	0	1	0

	申请数 Patent applications				授权数 Patents granted			
	合计 Total	发明 Invention	实用新型 Utility model	外观设计 Design	合计 Total	发明 Invention	实用新型 Utility model	外观设计 Design
河北省 Hebei Province	0	0	0	0	0	0	0	0
石家庄农业现代化研究所 Shijiazhuang Inst. of Agricultural Modernization	0	0	0	0	0	0	0	0
山西省 Shanxi Province	4	3	1	0	7	3	4	0
山西煤炭化学研究所 Shanxi Inst. of Coal Chemistry	4	3	1	0	7	3	4	0
辽宁省 Liaoning Province	100	63	37	0	36	8	28	0
沈阳应用生态研究所 Shenyang Inst. of Applied Ecology	4	4	0	0	0	0	0	0
沈阳计算技术研究所 Shenyang Inst. of Computing Technology	4	0	4	0	3	0	3	0
沈阳自动化研究所 Shenyang Inst. of Automation	14	4	10	0	2	0	2	0
金属研究所 Inst. of Metals Research	38	24	14	0	25	5	20	0
金属腐蚀与防护研究所 Inst. of Corrosion and Protection of Metals	4	1	3	0	2	0	2	0
大连化学物理研究所 Dalian Inst. of Chemical Physics	34	29	5	0	4	3	1	0
中国科学院沈阳分院 CAS Shenyang Branch	2	1	1	0	0	0	0	0
吉林省 Jilin Province	30	18	12	0	30	11	19	0
长春物理研究所 Changchun Inst. of Physics	10	7	3	0	9	1	8	0

	申请数 Patent applications				授权数 Patents granted			
	合计 Total	发明 Invention	实用新型 Utility model	外观设计 Design	合计 Total	发明 Invention	实用新型 Utility model	外观设计 Design
长春人造卫星观测站 Changchun Satellite Observation Station	0	0	0	0	0	0	0	0
长春应用化学研究所 Changchun Inst. of Applied Chemistry	10	8	2	0	11	8	3	0
长春地理研究所 Changchun Inst. of Geography	0	0	0	0	0	0	0	0
长春光学精密机械研究所 Changchun Inst. of Optics and Fine Mechanics	10	3	7	0	10	2	8	0
黑龙江省 Heilongjiang Province	2	1	1	0	2	1	1	0
黑龙江农业现代化研究所 Heilongjiang Inst. of Agricultural Modernization	2	1	1	0	2	1	1	0
上海市 Shanghai	87	67	20	0	49	34	15	0
上海原子核研究所 Shanghai Inst. of Nuclear Research	0	0	0	0	0	0	0	0
上海天文台 Shanghai Observatory	0	0	0	0	0	0	0	0
上海硅酸盐研究所 Shanghai Inst. of Ceramics	8	8	0	0	9	8	1	0
上海有机化学研究所 Shanghai Inst. of Organic Chemistry	41	39	2	0	11	10	1	0
上海植物生理研究所 Shanghai Inst. of Plant Physiology	0	0	0	0	0	0	0	0
上海昆虫研究所 Shanghai Inst. of Entomology	1	1	0	0	0	0	0	0

	申请数 Patent applications				授权数 Patents granted			
	合计 Total	发明 Invention	实用新型 Utility model	外观设计 Design	合计 Total	发明 Invention	实用新型 Utility model	外观设计 Design
上海药物研究所 Shanghai Inst. of Materia Medica	1	1	0	0	0	0	0	0
上海生理研究所 Shanghai Inst. of Physiology	3	1	2	0	2	1	1	0
上海生物化学研究所 Shanghai Inst. of Biochemistry	5	5	0	0	0	0	0	0
上海细胞生物学研究所 Shanghai Inst. of Cell Biology	0	0	0	0	0	0	0	0
上海脑研究所 Shanghai Inst. of Brain Research	0	0	0	0	0	0	0	0
上海生物工程研究中心 Shanghai Bioengineering Research Center	0	0	0	0	0	0	0	0
上海冶金研究所 Shanghai Inst. of Metallurgy	4	1	3	0	5	1	4	0
上海光学精密机械研究所 Shanghai Inst. of Optics and Fine Mechanics	16	8	8	0	18	13	5	0
上海技术物理研究所 Shanghai Inst. of Technical Physics	8	3	5	0	4	1	3	0
江苏省 Jiangsu Province	1	0	1	0	2	0	2	0
紫金山天文台 Purple Mountain Observatory	0	0	0	0	0	0	0	0
南京地理与湖泊研究所 Nanjing Inst. of Geography and Limnology	0	0	0	0	0	0	0	0
南京地质古生物研究所 Nanjing Inst. of Geology and Palaeontology	0	0	0	0	0	0	0	0

	申请数 Patent applications				授权数 Patents granted			
	合计 Total	发明 Invention	实用新型 Utility model	外观设计 Design	合计 Total	发明 Invention	实用新型 Utility model	外观设计 Design
南京土壤研究所 Nanjing Inst. of Soil Science	1	0	1	0	2	0	2	0
安徽省 Anhui Province	30	13	16	1	23	4	19	0
固体物理研究所 Inst. of Solid State Physics	0	0	0	0	3	0	3	0
等离子体物理研究所 Inst. of Plasma Physics	2	1	1	0	0	0	0	0
合肥智能机械研究所 Hefei Inst. of Intelligent Machines	5	4	1	0	3	0	3	0
安徽光学精密机械研究所 Anhui Inst. of Optics and Fine Mechanics	6	2	3	1	2	0	2	0
中国科学技术大学 University of Science and Technology of China	16	5	11	0	15	4	11	0
中国科学院合肥分院 CAS Hefei Branch	1	1	0	0	0	0	0	0
福建省 Fujian Province	3	3	0	0	2	1	1	0
福建物质结构研究所 Fujian Inst. of Research on the Structure of Matter	3	3	0	0	2	1	1	0
山东省 Shandong Province	2	0	2	0	2	0	2	0
海洋研究所 Inst. of Oceanology	2	0	2	0	2	0	2	0
湖北省、湖南省 Hubei and Hunan Provinces	5	3	2	0	4	0	4	0

	申请数 Patent applications				授权数 Patents granted			
	合计 Total	发明 Invention	实用新型 Utility model	外观设计 Design	合计 Total	发明 Invention	实用新型 Utility model	外观设计 Design
武汉数学物理研究所 Wuhan Inst. of Mathematical Physics	0	0	0	0	0	0	0	0
武汉物理研究所 Wuhan Inst. of Physics	1	0	1	0	3	0	3	0
武汉岩土力学研究所 Wuhan Inst. of Rock and Soil Mechanics	0	0	0	0	0	0	0	0
测量与地球物理研究所 Inst. of Geodesy and Geophysics	0	0	0	0	0	0	0	0
武汉植物研究所 Wuhan Inst. of Botany	0	0	0	0	0	0	0	0
水生生物研究所 Inst. of Hydrobiology	0	0	0	0	0	0	0	0
武汉病毒研究所 Wuhan Inst. of Virology	3	3	0	0	0	0	0	0
长沙大地构造研究所 Changsha Inst. of Geotectonics	0	0	0	0	0	0	0	0
长沙农业现代化研究所 Changsha Inst. of Agricultural Modernization	0	0	0	0	0	0	0	0
中国科学院武汉分院 CAS Wuhan Branch	1	0	1	0	1	0	1	0
广东省 Guangdong Province	14	9	5	0	7	5	2	0
广州人造卫星观测站 Guangzhou Satellite Observation Station	0	0	0	0	0	0	0	0
广州化学研究所 Guangzhou Inst. of Chemistry	6	6	0	0	3	3	0	0

	中请数 Patent applications				授权数 Patents granted			
	合计 Total	发明 Invention	实用新型 Utility model	外观设计 Design	合计 Total	发明 Invention	实用新型 Utility model	外观设计 Design
广州地质新技术研究所 Guangzhou Inst. of New Geotechnology	0	0	0	0	0	0	0	0
南海海洋研究所 South China Sea Inst. of Oceanology	1	1	0	0	0	0	0	0
华南植物研究所 South China Inst. of Botany	0	0	0	0	0	0	0	0
广州电子研究所 Guangzhou Inst. of Electronic Technology	1	0	1	0	1	0	1	0
广州能源研究所 Guangzhou Inst. of Energy Conversion	6	2	4	0	3	2	1	0
四川省 Sichuan Province	10	5	5	0	13	6	7	0
成都有机化学研究所 Chengdu Inst. of Organic Chemistry	2	2	0	0	7	6	1	0
成都山地灾害与环境研究所 Chengdu Inst. of Mountain Hazards and Environment	0	0	0	0	0	0	0	0
成都生物研究所 Chengdu Inst. of Biology	3	3	0	0	0	0	0	0
成都计算机应用研究所 Chengdu Inst. of Computer Application	0	0	0	0	0	0	0	0
光电技术研究所 Inst. of Optics and Electronics	4	0	4	0	6	0	6	0
中国科学院成都分院 CAS Chengdu Branch	1	0	1	0	0	0	0	0
贵州省 Guizhou Province	0	0	0	0	0	0	0	0
贵阳地球化学研究所 Guiyang Inst. of Geochemistry	0	0	0	0	0	0	0	0

	申请数 Patent applications				授权数 Patents granted			
	合计 Total	发明 Invention	实用新型 Utility model	外观设计 Design	合计 Total	发明 Invention	实用新型 Utility model	外观设计 Design
云南省 Yunnan Province	6	5	1	0	0	0	0	0
云南天文台 Yunnan Observatory	0	0	0	0	0	0	0	0
昆明植物研究所 Kunming Inst. of Botany	6	5	1	0	0	0	0	0
昆明动物研究所 Kunming Inst. of Zoology	0	0	0	0	0	0	0	0
昆明生态研究所 Kunming Inst. of Ecology	0	0	0	0	0	0	0	0
陕西省 Shaanxi Province	20	7	13	0	12	5	7	0
陕西天文台 Shaanxi Observatory	1	1	0	0	1	1	0	0
西北水土保持研究所 Northwest Inst. of Soil and Water Conservation	0	0	0	0	0	0	0	0
西安光学精密机械研究所 Xi'an Inst. of Optics and Fine Mechanics	19	6	13	0	11	4	7	0
甘肃省、青海省 Gansu and Qinghai Provinces	18	17	1	0	8	6	2	0
近代物理研究所 Inst. of Modern Physics	2	1	1	0	0	0	0	0
兰州化学物理研究所 Lanzhou Inst. of Chemical Physics	12	12	0	0	8	6	2	0
兰州冰川冻土研究所 Lanzhou Inst. of Glaciology and Geocryology	0	0	0	0	0	0	0	0
兰州沙漠研究所 Lanzhou Inst. of Desert Research	0	0	0	0	0	0	0	0
兰州地质研究所 Lanzhou Inst. of Geology	0	0	0	0	0	0	0	0

	申请数 Patent applications				授权数 Patents granted			
	合计 Total	发明 Invention	实用新型 Utility model	外观设计 Design	合计 Total	发明 Invention	实用新型 Utility model	外观设计 Design
兰州高原大气物理研究所 Lanzhou Inst. of Plateau Atmospheric Physics	0	0	0	0	0	0	0	0
青海盐湖研究所 Qinghai Inst. of Saline Lakes	4	4	0	0	0	0	0	0
西北高原生物研究所 Northwest Inst. of Plateau Biology	0	0	0	0	0	0	0	0
新疆维吾尔自治区 Xinjiang Uygur Autonomous Region	7	6	1	0	3	0	3	0
新疆物理研究所 Xinjiang Inst. of Physics	0	0	0	0	2	0	2	0
乌鲁木齐天文工作站 Urumqi Astronomic Working Station	1	0	1	0	1	0	1	0
新疆化学研究所 Xinjiang Inst. of Chemistry	5	5	0	0	0	0	0	0
新疆地理研究所 Xinjiang Inst. of Geography	0	0	0	0	0	0	0	0
新疆生物土壤沙漠研究所 Xinjiang Inst. of Biology, Pedology and Desert Research	1	1	0	0	0	0	0	0

7.5 历年获国家级三大奖科技成果（截至1993年）

S&T Achievements Grnated With Three National Awards: up to 1993

单位：项（item）

	合计 Total	数学、物理 Mathematics & physics	化学与化工 Chemistry & chemical engineering	地学 Earth sciences	生物学 Biological sciences	技术科学 Technological sciences	其他 Others	高等学校 University
国家自然科学奖 National Natural Science Awards	210	45	40	37	45	35	8	7
一等奖 1st class	15	5		3	5	2		
二等奖 2nd class	69	16	16	8	22	6	1	1
三等奖 3rd class	99	18	23	22	13	18	5	5
四等奖 4th class	27	6	1	4	5	9	2	1
国家发明奖 National Invention Awards	132	10	76	4	16	21	5	4
一等奖 1st class	4		3			1		
二等奖 2nd class	18	1	9		3	4	1	1
三等奖 3rd class	82	8	48	3	11	8	4	3
四等奖 4th class	28	1	16	1	2	8		
国家科技进步奖 National S &T Progress Awards	270	48	36	43	34	98	11	4
特等奖 Special class	3	1	1			1		
一等奖 1st class	25	9	2	4	1	9		
二等奖 2nd class	101	17	13	12	11	42	6	3
三等奖 3rd class	141	21	20	27	22	46	5	1

	合计 Total	数学、物理 Mathematics & physics	化学与化工 Chemistry & chemical engineering	地学 Earth sciences	生物学 Biological sciences	技术科学 Technological sciences	其他 Others	高等学校 University
三大奖合计 Total	612	103	152	84	95	154	24	15
特等奖 Special class	3	1	1			1		
一等奖 1st class	44	14	5	7	6	12		
二等奖 2nd class	188	34	38	20	36	52	8	5
三等奖 3rd class	322	47	91	52	46	72	14	9
四等奖 4th class	55	7	17	5	7	17	2	1

注：1. 国家自然科学奖 1956—1993 年；国家发明奖 1979—1993 年；国家科技进步奖 1985—1993 年。
2. 本表只统计第一获奖单位为中国科学院所属单位的获奖项目。
3. 资料来源：计划财务局成果处提供。

Note：1. The National Natural Sciences Awards was first granted in 1956，National Invention Awards in 1979 and National S&T Progress Awards in 1985.
2. The figures here only refer to those awards whose major inventor is CAS.
3. Source：Division of Achievement Management ，Bureau of Planning and Finance of the CAS.

7.6 获国家自然科学奖科技成果

S & T Achievements Granted With National Natural Science Awards

年份 Year	项目 Item	获奖总项数 Total	一等奖 1st class	二等奖 2nd class	三等奖 3rd class	四等奖 4th class
1956	全国授奖项数 National total	34	3	5	26	
(第一届)	中科院获奖数 Awards won by CAS	23	3	2	18	
1982	全国授奖项数 National total	125	9	40	49	27
(第二届)	中科院获奖数 Awards won by CAS	47	2	23	17	5
1987	全国授奖项数 National total	178	11	39	87	41
(第三届)	中科院获奖数 Awards won by CAS	73	7	17	34	15
1989	全国授奖项数 National total	59	2	19	23	15
(第四届)	中科院获奖数 Awards won by CAS	31	2	11	13	5
1991	全国授奖项数 National total	53	0	10	31	12
(第五届)	中科院获奖数 Awards won by CAS	16	0	5	11	0
1993	全国授奖项数 National total	52	1	18	21	12
(第六届)	中科院获奖数 Awards won by CAS	20	1	11	6	2

注：本表只统计中国科学院为第一完成单位的获奖项目.

Note：The numbers here only include those awards whose major inventor is CAS.

7.7 获国家科技进步奖科技成果

S & T Achievements Granted With National S&T Progress Awards

年份 Year	获奖总项数 Total	特等奖 Special class	一等奖 1st class	二等奖 2nd class	三等奖 3rd class
1985	73	2	8	28	35
1987	36		1	13	22
1988	29		4	11	14
1989	26		1	9	16
1990	17	1	3	5	8
1991	28		1	11	16
1992	39		4	14	21
1993	22		3	10	9

注：本表只统计中国科学院为第一完成单位的获奖项目.

Note：The numbers here only include those awards whose major inventor is CAS.

7.8 获国家发明奖科技成果

S & T Achievements Granted With National Invention Awards

年份 Year	获奖总项数 Total	一等奖 1st class	二等奖 2nd class	三等奖 3rd class	四等奖 4th class
1979	11		3	7	1
1980	19	1	3	14	1
1981	10			7	3
1982	10			4	6
1983	11		2	8	1
1984	15	1	3	8	3
1985	6			4	2
1987	12		1	9	2
1988	12	1	2	6	3
1989	4			3	1
1990	5			4	1
1991	7	1	1	4	1
1992	5		1	1	3
1993	5		2	3	

注：本表只统计中国科学院为第一完成单位的获奖项目.

Note: The numbers here only include those awards whose major inventor is CAS.

7.9 获国家自然科学奖科技成果（1993 年）

S & T Achievements Granted With National Natural Science Awards：1993

序号 No.	获奖成果名称 Awards-winning achievement	主要完成单位 Major inventor	获奖等级 Class
1	中国蕨类植物科属系统排列和历史来源 The Chinese fern families and genera：systematic arrangement and historical origin	中国科学院植物研究所 Inst. of Botany	一等 1st class
2	有机砷、锑化合物在有机合成应用中的方法学 Studies on the methodology of synthetic application of oxygen-asenic and antimony compounds	中国科学院上海有机化学研究所 Shanghai Inst. of Organic Chemistry	二等 2nd class
3	半导体超晶格的电子态与声子模理论 Theory on electronic states and phonon modes of semiconductor superlattices	中国科学院半导体研究所 Inst. of Semiconductors	二等 2nd class
4	酶活性不可逆改变的动力学研究 Kinetics of irreversible modification of enzyme activity	中国科学院生物物理研究所 Inst. of Biophysics	二等 2nd class
5	狄氏型与随机分析 Dirichlet forms and Stochastic analysis	中国科学院应用数学研究所 Inst. of Applied Mathematics	二等 2nd class
6	非线性微分方程及其在几何中的应用 Nonlinear differential equations and its application in geometry	中国科学院数学研究所 Inst. of Mathematics	二等 2nd class
7	实用符号动力学及其在耗散系统混沌研究中的应用 Applied symbolic dynamics and its application to the study of chaos in dissipative system	中国科学院理论物理研究所 Inst. of Theoretical Physics	二等 2nd class
8	中国唇形科植物的分类、地理分布与进化 Taxonomy，geographic distribution and evolution of Chinese Labiatae	中国科学院昆明植物研究所 Kunming Inst. of Botany	二等 2nd class
9	天文望远镜光学的研究 Study on the astronomical telescope optics	中国科学院南京天文仪器研制中心 中国科学院上海天文台 Nanjing R&D Center for Astronomical Instruments and Shanghai Observatory	二等 2nd class

序号 No.	获奖成果名称 Awards-winning achievement	主要完成单位 Major inventor	获奖等级 Class
10	钼、铁、硫等原子簇化合物的合成化学与结构化学 Synthetic and structural chemistry of transition metal cluster compounds	中国科学院福建物质结构研究所 Fujian Inst. of Research on the Structure of Matter	二等 2nd class
11	热塑剪切带 Thermo-plastic shear band	中国科学院力学研究所 中国科学院金属研究所 Inst. of Mechanics and Inst. of Metals Research	二等 2nd class
12	太阳大气动力学的数值研究 Numerical study for the dynamics of solar-atmosphere	中国科学技术大学 University of Science and Technology of China	二等 2nd class
13	tRNA 和 5SRNA 结构、功能与进化的研究 Studies on the structures, functions and evolution of tRNA and 5SRNA	中国科学院上海生物化学研究所 Shanghai Inst. of Biochemistry	三等 3rd class
14	用光引发和放电引发的脉冲氧碘化学激光器 Photolysis/electrical discharge initiated pulsed chemical oxygen-iodine lasers	中国科学院大连化学物理研究所 Dalian Inst. of Chemical Physics	三等 3rd class
15	碲镉汞半导体材料的光学和电学性质研究 Optical and electrical properties of some semiconducting materials such as tellurium, cadmium and mercury	中国科学院上海技术物理研究所 Shanghai Inst. of Technical Physics	三等 3rd class
16	中国磷块岩 The phosphorites of China	中国科学院地质研究所 Inst. of Geology	三等 3rd class
17	日地共转扰动似稳结构及耀斑引起的日地扰动和激波的非对称性 Quasi-steady structures of solar-terrestrial disturbances and asymmetry of flase-associated solar-terrestrial disturbances and shock waves	中国科学院空间科学与应用研究中心 中国科学院地球物理研究所 Space Science and Technology Center and Inst. of Geophysics	三等 3rd class
18	汉语普通话语音特征研究 Study on the phonetic characteristics of standard Chinese	中国科学院声学研究所 Inst. of Acoustics	三等 3rd class
19	液/液界面电分析化学研究 Electroanalytical chemistry at the liquid/liquid interface	中国科学院长春应用化学研究所 Changchun Inst. of Applied Chemistry	四等 4th class
20	离子轰击诱发表面原子偏聚的发现与研究 Discovery and study on the bombardment induced Gibbsian segregation	中国科学院金属研究所 Inst. of Metals Research	四等 4th class

7.10 获国家科技进步奖科技成果（1993 年）

S & T Achievements Granted With National S&T Progress Awards：1993

序号 No.	获奖成果名称 Awards-winning achievement	主要完成单位 Major inventor	获奖等级 Class
1	KJ8920 石油地质勘探、油田开发大型数据处理系统 KJ8920—— the large data processing system for oil geological survey and oil field developmern	中国科学院计算技术研究所 Inst. of Computing Technology	一等 1st class
2	黄土高原综合治理定位试验研究 Experimental study at fixed locations on the comprehensive management of Loess Plateau	中国科学院西北水土保持研究所 Northwest Inst. of Soil and Water Conservation	一等 1st class
3	高转换效率自倍频激光晶体掺钕硼酸铝钇（NYAB） High Conversion efficiency self-freqency doubling laser crystal：Neodymium doped yttrium aluminum borate—Nd：YAL_3 $(BO_3)_4$	中国科学院福建物质结构研究所 Fujian Inst. of Research on the Structure of Matter	二等 2nd class
4	上海天文台甚长基线干涉测量系统 Very long baseline interferometry system of Shanghai Observatory	中国科学院上海天文台 Shanghai Observatory	二等 2nd class
5	金属有机源分子束外延设备（MOMBE）和 MBE-Ⅳ 型分子束外延设备 Metal organic molecular beam epitaxy（MOMBE）and MBE-Ⅳ molecular beam epitaxy apparatus	中国科学院沈阳科学仪器研制中心 中国科学院半导体研究所 中国科学院物理研究所 中国科学院上海冶金研究所 Shenyang R&D Center for Scientific Equipment，Inst. of Semiconductors，Inst. of Physics and Shanghai Inst. of Metallurgy	二等 2nd class
6	集成电路逆向剖析系统 ICRES-Ⅱ Integrated circuit reverse engineering system	中国科学院自动化研究所 Inst. of Automation	二等 2nd class
7	多功能、智能化激光功率能量测量仪器 Multi-functional intelligent laser power and energy meter	中国科学院物理研究所 Inst. of Physics	二等 2nd class
8	KM_4 太阳模拟器 KM_4 solar simulator	中国科学院长春光学精密机械研究所 Changchun Inst. of Optics and Fine Mechanics	二等 2nd class
9	《天马》通用型集成式专家系统开发环境 Heaven Steed—— a general purpose integrated software for developing expert systems	中国科学院数学研究所 中国科学院沈阳自动化研究所 Inst. of Mathematics and Shenyang Inst. of Automation	二等 2nd class

序号 No.	获奖成果名称 Awards-winning achievement	主要完成单位 Major inventor	获奖等级 Class
10	高性能中空纤维氮氢膜分离器的研制 Hollow fiber membrane separator for nitrogen and bydrogen	中国科学院大连化学物理研究所 Dalian Inst. of Chemical Physics	二等 2nd class
11	高温 DNA 顺序测定系统的创立 Development of heat-stable DNA sequencing system	中国科学院上海生物化学研究所 Shanghai Inst. of Biochemistry	二等 2nd class
12	SM060M- I 磁共振成像超导磁体系统 SM060M- I MRI superconducting magnet system	中国科健有限公司 China Kejian Corporation Ltd.	二等 2nd class
13	半导体热敏陶瓷材料和器件的研究及其应用 Research and application of semiconducting thermal sensitive ceramic materials and devices	中国科学院新疆物理研究所 Xinjiang Inst. of Physics	三等 3rd class
14	软 X 射线皮秒分幅摄影技术 Soft X-ray picosecond framing photography	中国科学院西安光学精密机械研究所 Xi'an Inst. of Optics and Fine Mechanics	三等 3rd class
15	“织女三号”(ZN-3) 探空火箭探测系统 Measurement systems of ZN-3 sounding rocket	中国科学院空间科学与应用研究中心 Space Science and Technology Center	三等 3rd class
16	HT-1 耐高温多晶矿物黑陶瓷节能涂抹料及红外辐射加热器 HT-1 energy-saving coating materials and infrared radiation heater	中国科学院上海硅酸盐研究所 Shanghai Inst. of Ceramics	三等 3rd class
17	哈图金矿带地质、物探、化探综合研究及找矿靶区优选 Geological, geophysical and geochemical researches and gold mineralization studies on Hatu gold belt	中国科学院地质研究所 Inst. of Geology	三等 3rd class
18	农田防护林永续利用与更新方式 Sustained yield and regeneration patterns of shelterbelts	中国科学院沈阳应用生态研究所 Shenyang Inst. of Applied Ecology	三等 3rd class
19	长江水系水环境背景值研究 Studies on the background values in the Yangtze River	中国科学院地理研究所 Inst. of Geophysics	三等 3rd class
20	关于我国科技投入统一口径和投资体系的研究 Studies on the unification of the standards of China's S&T investment and investment systems	中国科学技术大学研究生院 Graduate School of USTC	三等 3rd class

注：另有保密项目二项（三等奖一项，一等奖一项）未列出。

Note: The list does not include two awards for confidential projects (one of which is granted with 3rd class awards and one 1st class award).

7.11 获国家发明奖科技成果（1993年）

S & T Achievements Granted With National Invention Awards: 1993

序号 No.	获奖成果名称 Awards-winning achievement	主要完成单位 Major inventor	获奖等级 Class
1	禾谷类高效细胞组织培养基 Efficient media for cell and tissue cultrue of cereals	中国科学院植物研究所 Inst. of Botany	二等 2nd class
2	一种同步重复扫描变像管 Synchroscan streak image tube	中国科学院西安光学精密机械研究所 XI'an Inst. of Optics and Fine Mechanics	二等 2nd class
3	环氧树脂稀土潜伏性固化促进剂 Rare-earth latent curing accelerator for epoxy resins	中国科学院长春应用化学研究所 Changchun Inst. of Applied Chemistry	三等 3rd class
4	MFC-1 型白色润滑成膜膏 Model MFC-1 white film—forming lubricating paste	中国科学院兰州化学物理研究所 Lanzhou Inst. of Chemical Physics	三等 3rd class

注：另有保密项目一项（三等奖）未列出。

Note: The list does not include one awards for confidential projects (one 3rd class).

7.12 获院自然科学奖情况（1993 年）

S&T Achievements Granted With CAS Natural Science Awards：1993

单位：项 (item)

	合计 Total	一等奖 1st class	二等奖 2nd class	三等奖 3rd class
总计 Total	**107**	**17**	**45**	**45**
数学、物理 Mathematics & physics	21	4	7	10
化学与化工 Chemistry & chemical engineering	15	3	7	5
地学 Earth sciences	19	3	7	9
生物学 Biological sciences	29	3	13	13
技术科学 Technological sciences	16	2	9	5
学校 University	7	2	2	3
其他 Others				

7.13 获院科技进步奖情况（1993 年）

S&T Achievements Granted With CAS S&T Progress Awards：1993

单位：项 (item)

	合计 Total	特等奖 Special class	一等奖 1st class	二等奖 2nd class	三等奖 3rd class
总计 Total	**196**	**1**	**28**	**67**	**100**
数学、物理 Mathematics & physics	29		4	10	15
化学与化工 Chemistry & chemical engineering	25		4	4	17
地学 Earth sciences	32	1	2	13	16
生物学 Biological sciences	18		1	9	8
技术科学 Technological sciences	83		16	29	38
学校 University	2				2
其他 Others	7		1	2	4

八、国际交流

INTERNATIONAL COOPERATION

8.1 中国科学院与国外科研机构合作协议一览表（1993 年）

List of the Agreements Between the CAS and its Foreign Counterparts：1993

亚非地区

1. 中国科学院和日本学术振兴会学术交流备忘录
   Memorandum Between the Japan Society for the Promotion of Science and the Chinese Academy of Sciences on Academic Exchange
2. 中国科学院和日本学术振兴会关于开展重点大学间学术交流的备忘录
   Memorandum Between the Japan Society for the Promotion of Science and the Chinese Academy of Sciences on Academic Exchange Among Key Universities
3. 中国科学院和日本理化学研究所交流备忘录
   Memorandum Between the Institute of Physics and Chemistry of Japan and the Chinese Academy of Sciences on Scientific Exchange
4. 中国科学院和朝鲜民主主义人民共和国科学院科学合作协定
   Agreement on Scientific Cooperation Between the Academy of Sciences of the Democratic People's Republic of Korea and the Chinese Academy of Sciences
5. 中国科学院和韩国科学财团关于科技合作谅解的备忘录
   Memorandum of Understanding for Scientific and Technological Cooperation Between the Korean Science and Engineering Foundation and the Chinese Academy of Sciences
6. 中国科学院和韩国学术院关于科学合作的议定书
   Protocol for Scientific Cooperation Between the National Academy of Sciences, Republic of Korea and the Chinese Academy of Sciences
7. 中国科学院与印度全国科学院关于科学技术合作的协定
   Cooperative Agreement on Scientific and Technological Cooperation Between the Indian National Science Academy and the chinese Academy of Sciences
8. 中国科学院与香港裘搓基金会交流协议
   Agreement Between the Hong Kong Croucher Foundation and the Chinese Academy of Sciences
9. 中国科学院和蒙古人民共和国科学院科学合作协议
   Agreement on Scientific Cooperation Between the Mongolian Academy of Sciences and the Chinese Academy of Sciences
10. 中国科学院和以色列科学与人文科学院科学合作谅解备忘录
    Memorandum of Understanding for Scientific Cooperation Between the Israel Academy of Sciences and Humanities and the Chinese Academy of Sciences

中亚东欧地区

11. 中国科学院和俄罗斯科学院科学合作协议
    Agreement on Scientific Cooperation Between the Russian Academy of Sciences and the Chinese Academy of Sciences
12. 中国科学院和白俄罗斯科学院科学合作协议
    Agreement on Scientific Cooperation Between the Belorussian Academy of Sciences and the Chinese Academy of Sciences
13. 中国科学院和哈萨克斯坦科学院科学合作协议
    Agreement on Scientific Cooperation Between the Kazakhstan Academy of Sciences and the Chinese Academy of Sciences

14. 中国科学院和乌克兰科学院科学合作协议
Agreement on Scientific Cooperation Between the Ukraine Academy of Sciences and the Chinese Academy of Sciences
15. 中国科学院和罗马尼亚科学院科学合作协议
Agreement on Scientific Cooperation Between the Romanian Academy of Sciences and the Chinese Academy of Sciences
16. 中国科学院和匈牙利科学院科学合作协议
Agreement on Scientific Cooperation Between the Hungarian Academy of Sciences and the Chinese Academy of Sciences
17. 中国科学院和波兰科学院科学合作协议
Agreement on Scientific Cooperation Between the Poland Academy of Sciences and the Chinese Academy of Sciences
18. 中国科学院和保加利亚科学院科学合作协议
Agreement on Scientific Cooperation Between the Bulgarian Academy of Sciences and the Chinese Academy of Sciences
19. 中国科学院和捷克共和国科学院科学合作协议
Agreement on Scientific Cooperation Between the Academy of Sciences of the Czech Republic and the Chinese Academy of Sciences
20. 中国科学院和斯洛伐克科学院科学合作协议
Agreement on Scientific Cooperation Between the Slovak Academy of Sciences and the Chinese Academy of Sciences

西欧地区

21. 中国科学院和德国马克斯·普朗克科学促进学会合作协议
Cooperative Agreement Between the Max-Planck Society of Germany and the Chinese Academy of Sciences
22. 中国科学院和德国夫朗和费应用研究促进学会科学技术合作协议
Cooperative Agreement Between the Fraunhofer Society of Germany and the Chinese Academy of Sciences
23. 中国科学院和法国国家科研中心科学技术合作协议
Agreement on Scientific and Technological Cooperation Between the French National Center for Scientific Research and the Chinese Academy of Sciences
24. 中国科学院和法国原子能总署科学合作协议
Agreement on Scientific Cooperation Between the French Commission of Atomic Energy and the Chinese Academy of Sciences
25. 中国科学院生物学部和法国国家健康与医学研究院关于在生命科学领域的合作协议
Cooperative Agreement Between the French National Institute of Health and Medical Research and the Chinese Academy of Sciences in the Field of Life Science
26. 中国科学院与英国伦敦皇家学会科学合作协议
Agreement on Scientific Cooperation Between the Royal Society of London and the Chinese Academy of Sciences
27. 中国科学院和意大利国家研究委员会科学合作协议
Agreement on Scientific Cooperation Between the Italian National Research Council and the Chinese Academy of Sciences
28. 中国科学院和意大利国家原子核物理研究院科学合作会谈纪要
Agreement on Scientific Cooperation Between the Italian National Institute of Nuclear Physics and the Chinese Academy of Sciences
29. 中国科学院和瑞典皇家科学院科学合作协议
Agreement on Scientific Cooperation Between the Royal Swedish Academy of Sciences and the Chinese Academy of Sciences

30. 中国科学院和瑞典皇家工程科学院合作协议
Agreement on Scientific Cooperation Between the Royal Swedish Academy of Engineeing Sciences and the Chinese Academy of Sciences
31. 中国科学院和荷兰教育部科学合作备忘录
Memorandum on Scientific Cooperation and Exchange Between the Netherlands Ministry of Education and Science and the Chinese Academy of Sciences
32. 中国科学院和比利时国家科学研究基金会合作协议
Agreement on Scientific Cooperation Between the Belgian National Foundation for Scientific Research and the Chinese Academy of Sciences
33. 中国科学院和芬兰科学院科学合作协议
Agreement on Scientific Cooperation Between the Academy of Finland and the Chinese Academy of Sciences
34. 中国科学院和欧洲核子中心科学技术合作协议
Agreement on Scientific and Technological Cooperation Between the European Organization for Nuclear Research and the Chinese Academy of Sciences
35. 中国科学院和奥地利科学院科学合作协议
Agreement on Scientific Cooperation Between the Austrian Academy of Sciences and the Chinese Academy of Sciences
36. 中国科学院和西班牙王国高等科学研究理事会科学合作协议
Agreement on Scientific Cooperation Between the Spanish Research Council for Advanced Sciences and the Chinese Academy of Sciences

美洲地区

37. 中国科学院和美国全国科学院谅解备忘录
Memorandum of Understanding Between the US National Academy of Sciences and the Chinese Academy of Sciences
38. 中华人民共和国中国科学院．中国社会科学院和美利坚合众国国家科学基金会基础科学合作议定书
Protocol Between the National Science Foundation of the United States of America and the Chinese Academy of Sciences and the Chinese Academy of Social Sciences of the People's Republic of China on Cooperation in the Basic Sciences
39. 中华人民共和国中国科学院和美利坚合众国华盛顿特区史密森博物研究院科学合作协议
Agreement on Scientific Cooperation Between the Smithsonian Institution，Washington，D. C.，USA and the Chinese Academy of Sciences，People's Republic of China
40. 中华人民共和国中国科学院和美利坚合众国国立卫生研究院基础生物医学科学合作谅解备忘录
Memorandum of Understanding Between the National Institute of Health of the United States of America and the Chinese Academy of Sciences of the People's Republic of China on Cooperation in the Basic Biomedical Sciences
41. 中华人民共和国中国科学院和美利坚合众国能源部在高能物理领域进行合作的执行协议
The Implementing Accord Between the Department of Energy of the United States of America and the Chinese Academy of Sciences of the People's Republic of China on Cooperation in the Field of High Energy Physics
42. 中国科学院和加拿大国家研究理事会科学合作谅解备忘录
Memorandum of Understanding Between the National Research Council，Canada and the Chinese Academy of Sciences on Scientific Cooperation
43. 中国科学院和古巴科学院科学合作协定
Agreement on Scientific Cooperation Between the Cuban Academy of Sciences and the Chinese Academy of Sciences
44. 中国科学院与巴西国家科学和技术发展委员会在纯粹科学和应用科学方面的合作协议
Agreement on Cooperation in the Field of Pure and Applied Sciences Between the Brazil National Committee on Scientific and Technological Development and the Chinese Academy of Sciences

45. 中国科学院与阿根廷共和国国家科学和技术研究委员会科学技术合作协议
Agreement on Scientific and Technological Cooperation Between the National Commission of Science and Technology of the Argentina Republic and the Chinese Academy of Sciences

大洋洲地区

46. 中国科学院和澳大利亚科学院合作协议
Agreement on Scientific Cooperation Between the Australian Academy of Science and the Chinese Academy of Sciences

47. 中华人民共和国中国科学院和澳大利亚联邦科学与工业组织科学合作协议
Agreement on Scientific Cooperation Between the Commonwealth Scientific and Industrial Research Organization, Australia and the Chinese Academy of Sciences of the People's Republic of China

其他

48. 中国科学院与联合国教育、科学、文化组织合作协议
Cooperative Agreement Between the United Nations Educational, Scientific and Cultural Organization and the Chinese Academy of Sciences

8.2 国际合作交流邀请项目（一）(1993年)

Statistics of Foreign Visitors Hosted by CAS (1): 1993

国别与地区 Country and region	批数 Number of batches			人次 Person · times		
	合计 Total	院级 At academy level	所级 At institute level	合计 Total	院级 At academy level	所级 At institute level
合计 Total	**1097**	**190**	**907**	**2719**	**510**	**2209**
美洲与大洋洲 America & Oceania	299	21	278	728	60	668
美国 USA	233	12	221	542	41	501
加拿大 Canada	31	1	30	139	9	130
澳大利亚 Australia	33	8	25	45	10	35
新西兰 New Zealand	2		2	2		2
欧　洲 Europe	388	119	269	762	210	552
德国 Germany	81	24	57	136	50	86
英国 UK	60	16	44	93	19	74
意大利 Italy	26	10	16	39	14	25
法国 France	42	13	29	80	44	36
瑞典 Sweden	20	8	12	24	8	16
荷兰 Holland	25	12	13	36	14	22
瑞士 Switzerland	21		21	82		82
芬兰 Finland	4	2	2	4	2	2
挪威 Norway	5		5	13		13

国别与地区 Country and region	批　数 Number of batches			人次 Person • times		
	合计 Total	院级 At academy level	所级 At institute level	合计 Total	院级 At academy level	所级 At institute level
丹麦 Denmark	4		4	5		5
比利时 Belgium	3		3	3		3
西班牙 Spain	3	1	2	3	1	2
奥地利 Austria	7	2	5	17	3	14
核子中心 CERN	2	2		5	5	
俄罗斯 Russia	54	5	49	177	17	160
捷克-斯洛伐克 Czech-Slovaki	6	6		7	7	
波兰 Poland	12	7	5	19	10	9
匈牙利 Hungary	7	6	1	8	7	1
罗马尼亚 Romania	5	4	1	6	4	2
哈萨克 Kazakhstan	1	1		5	5	
亚　洲 Asia	361	42	319	949	180	769
日本 Japan	256	29	227	662	148	514
香港 Hong Kong	13	2	11	29	8	21
朝鲜民主主义人民共和国 DPRK	7	3	4	18	8	10
韩国 Republic of Korea	37	2	35	89	8	81

国别与地区 Country and region	批数 Number of batches			人次 Person • times		
	合计 Total	院级 At academy level	所级 At institute level	合计 Total	院级 At academy level	所级 At institute level
新加坡 Singapore	2		2	4		4
泰国 Thailand	12		12	61		61
以色列 Israel	8		8	11		11
印度 India	7	2	5	33	3	30
蒙古 Mongolia	5	4	1	7	5	2
马来西亚 Malaysia	4		4	13		13
巴基斯坦 Pakistan	3		3	6		6
菲律宾 Pilippines	3		3	10		10
沙特阿拉伯 Saudi Arabia	2		2	2		2
越南 Vietnam	2		2	4		4
国际组织 International organizations	8	8		60	60	
其他 Others	41		41	220		220

8.3 国际合作交流邀请项目（二）（1993 年）

Statistics of Foreign Visitors Hosted by CAS (2)：1993

单位：人次（person · times）

国别与地区 Country and region	合计 Total	按交流形式分类统计 By type of exchange						
		合作 Joint research	讲学 Lecture	考察 Investigation	培训 Training	访问 Visit	会议 Conference	其他 Others
合计 Total	**2719**	**888**	**282**	**225**	**26**	**445**	**748**	**105**
美洲与大洋洲 Americas & Oceania	728	202	71	26	1	138	245	45
美国 USA	542	163	57	21	1	119	150	31
加拿大 Canada	139	18	11	2		8	91	9
澳大利亚 Australia	45	21	3	2		10	4	5
新西兰 New Zealand	2			1		1		
欧　洲 Europe	762	341	107	64	8	97	130	15
德国 Germany	136	59	33	10	2	15	16	1
英国 UK	93	44	21	9	2	12	4	1
意大利 Italy	39	19	7	4		8	1	
法国 France	80	19	6			24	30	1
瑞典 Sweden	24	10	4	7		3		
荷兰 Holland	36	17	8	1	4	1	3	2
瑞士 Switzerland	82	66	9			6	1	
芬兰 Finland	4		2			1		1
挪威 Norway	13	8	1			4		

国别与地区 Country and region	合计 Total	按交流形式分类统计 By type of exchange						
		合作 Joint research	讲学 Lecture	考察 Investiga-tion	培训 Training	访问 Visit	会议 Conference	其他 Others
丹麦 Denmark	5	1	4					
比利时 Belgium	3		1			2		
西班牙 Spain	3	2				1		
奥地利 Austria	17	6	1	9		1		
核子中心 CERN	5			4		1		
俄罗斯 Russia	177	70	10	5		16	68	8
捷克-斯洛伐克 Czech-Slovaki	7	2		3			2	
波兰 Poland	19	9		4		2	4	
匈牙利 Hungary	8	3		4			1	
罗马尼亚 Romania	6	5		1				
哈萨克 Kazakhstan	5	1		3				1
亚　洲 Asia	949	319	74	132	17	191	179	37
日本 Japan	662	270	58	40		130	134	30
香港 Hong Kong	29	1	9	4		15		
朝鲜民主主义人民共和国 DPRK	18	3		8	5	2		
韩国 Republic of Korea	89	15	5	23		34	9	3

国别与地区 Country and region	合计 Total	按交流形式分类统计 By type of exchange						
		合作 Joint research	讲学 Lecture	考察 Investigation	培训 Training	访问 Visit	会议 Conference	其他 Others
新加坡 Singapore	4	1				3		
泰国 Thailand	61	4		41	6		10	
以色列 Israel	11	2	2	2		5		
印度 India	33	19		1		1	12	
蒙古 Mongolia	7	3		3				1
马来西亚 Malaysia	13				3		7	3
巴基斯坦 Pakistan	6	1					5	
菲律宾 Pilippines	10			9	1			
沙特阿拉伯 Saudi Arabia	2			1		1		
越南 Vietnam	4				2		2	
国际组织 International organizations	60	7				13	40	
其他 Others	220	19	30	3		6	154	8

8.4 国际合作交流邀请项目（三）（1993 年）

Statistics of Foreign Visitors Hosted by CAS (3)：1993

单位：人次（person・times）

国别与地区 Country and region	合计 Total	按学科分类统计 By field 数、理、天文 Mathematics, physics & astronomy	化学、化工 Chemistry & chemical engineering	地学 Earth sciences	生物学 Biological sciences	技术科学 Technology sciences	其他 Others
合计 Total	**2719**	**721**	**215**	**744**	**525**	**313**	**201**
美洲与大洋洲 Americas & Oceania	728	138	47	250	167	62	64
美国 USA	542	114	37	134	157	57	43
加拿大 Canada	139	18	6	99	4	2	10
澳大利亚 Australia	45	6	4	17	5	2	11
新西兰 New Zealand	2				1	1	
欧　洲 Europe	762	311	88	146	96	92	29
德国 Germany	136	39	13	31	11	32	10
英国 UK	93	16	12	15	36	13	1
意大利 Italy	39	18	2	9	5	5	
法国 France	80	18	41	13	2	6	
瑞典 Sweden	24	1	1	3	12	7	
荷兰 Holland	36	16		9	2	9	
瑞士 Switzerland	82	66	2	10	3		1
芬兰 Finland	4	2	1			1	
挪威 Norway	13			11		2	
丹麦 Denmark	5	3					2

国别与地区 Country and region	合计 Total	按学科分类统计 By field					
		数、理、天文 Mathematics, physics & astronomy	化学、化工 Chemistry & chemical engineering	地学 Earth sciences	生物学 Biological sciences	技术科学 Technology sciences	其他 Others
比利时 Belgium	3	3					
西班牙 Spain	3	2					1
奥地利 Austria	17	1		14	1	1	
核子中心 CERN	5	1					4
俄罗斯 Russia	177	104	14	28	10	13	8
捷克-斯洛伐克 Czech-Slovaki	7	3			1	3	
波兰 Poland	19	8	1	1	9		
匈牙利 Hungary	8	6		1	1		
罗马尼亚 Romania	6	3	1	1			1
哈萨克 Kazakhstan	5	1			3		1
亚　　洲 Asia	949	196	69	269	238	71	106
日本 Japan	662	153	56	221	109	54	69
朝鲜民主主义人民共和国 DPRK	18	3		3	7	3	2
韩国 Republic of Korea	89	19	4	21	13	9	23
香港 Hong Kong	29	3	8		8	2	8
新加坡 Singapore	4	1				3	

国别与地区 Country and region	合计 Total	按学科分类统计 By field					
		数、理、天文 Mathematics, physics & astronomy	化学、化工 Chemistry & chemical engineering	地学 Earth sciences	生物学 Biological sciences	技术科学 Technology sciences	其他 Others
泰国 Thailand	61	3			58		
以色列 Israel	11	2		2	6		1
印度 India	33	4		19	8		2
蒙古 Mongolia	7	1		2	3		1
马来西亚 Malaysia	13				13		
巴基斯坦 Pakistan	6	5			1		
菲律宾 Pilippines	10				10		
沙特阿拉伯 Saudi Arabia	2		1	1			
越南 Vietnam	4	2			2		
国际组织 International organizations	60	40		1	13	6	
其他 Others	220	36	11	78	11	82	2

8.5 国际合作交流派出项目（一）（1993年）

Statistics of CAS Staff Sent Abroad (1): 1993

国别与地区 Country and region	批数 Number of batches			人次 Person • times		
	合计 Total	院级 At academy level	所级 At institute level	合计 Total	院级 At academy level	所级 At institute level
合计 Total	**2748**	**561**	**2187**	**4378**	**994**	**3384**
美洲与大洋洲 Americas & Oceania	716	43	673	1013	88	925
美国 USA	551	27	524	800	59	741
加拿大 Canada	62	3	59	83	7	76
澳大利亚 Australia	77	10	67	86	10	76
新西兰 New Zealand	7		7	8		8
巴西 Brazil	6		6	6		6
墨西哥 Mexico	3	1	2	10	4	6
古巴 Cuba	1		1	1		1
阿根廷 Argentina	7	2	5	17	8	9
委内瑞拉 Venezuela	2		2	2		2
欧洲 Europe	841	195	646	1279	318	961
德国 Germany	202	92	110	304	154	150
英国 UK	94	25	69	123	33	90
意大利 Italy	115	14	101	155	26	129
法国 France	84	14	70	108	24	84
荷兰 Holland	33	7	26	48	7	41

国别与地区 Country and region	批数 Number of batches			人次 Person • times		
	合计 Total	院级 At academy level	所级 At institute level	合计 Total	院级 At academy level	所级 At institute level
瑞典 Sweden	30	5	25	39	8	31
芬兰 Finland	10	3	7	13	4	9
奥地利 Austria	24	2	22	29	4	25
瑞士 Switzerland	23		23	26		26
比利时 Belgium	14	3	11	16	4	12
丹麦 Denmark	10		10	13		13
西班牙 Spain	15		15	19		19
葡萄牙 Portugal	5		5	5		5
挪威 Norway	4		4	4		4
核子中心 CERN	8	8		8	8	
俄罗斯 Russia	117	7	110	287	15	272
白俄罗斯 Belorus	5	2	3	10	4	6
哈萨克 Kazakhstan	2	2		9	9	
乌克兰 Ukraine	7		7	11		11
匈牙利 Hungary	7	2	5	12	4	8
捷克-斯洛伐克 Czech-Slovaki	12	3	9	15	5	10
波兰 Poland	16	3	13	18	4	14

国别与地区 Country and region	批 数 Number of batches			人次 Person・times		
	合计 Total	院级 At academy level	所级 At institute level	合计 Total	院级 At academy level	所级 At institute level
保加利亚 Bugaria	1	1		2	2	
罗马尼亚 Romania	3	2	1	5	3	2
亚 洲 Asia	907	69	838	1716	253	1463
日本 Japan	448	56	392	923	219	704
香港 Hong Kong	201	2	199	330	3	327
泰国 Thailand	41	1	40	93	1	92
马来西亚 Malaysia	18	1	17	31	5	26
新加坡 Singapore	29	1	28	56	1	55
朝鲜民主主义人民共和国 DPRK	14	3	11	37	12	25
韩国 Republic of Korea	74	3	71	128	8	120
印度 India	26		26	34		34
巴基斯坦 Pakistan	4	1	3	11	2	9
菲律宾 Philippines	2		2	2		2
印度尼西亚 Indonesia	17		17	24		24
以色列 Israel	9		9	14		14
蒙古 Mongolia	6	1	5	12	2	10
越南 Vietnam	4		4	4		4
伊朗 Iran	5		5	6		6
澳门 Macao	2		2	3		3

国别与地区 Country and region	批数 Number of batches			人次 Person · times		
	合计 Total	院级 At academy level	所级 At institute level	合计 Total	院级 At academy level	所级 At institute level
尼泊尔 Nepal	7		7	8		8
国际组织 International organizations	254	254		335	335	
其他 Others	30		30	35		35

8.6 国际合作交流派出项目（二）（1993年）

Statistics of CAS Staff Sent Abroad (2): 1993

单位：人次（person · times）

国别与地区 Country and region	合计 Total	按交流形式分类统计 By type of exchange						
		合作 Joint research	讲学 Lecture	考察 Investigation	培训 Training	访问 Visit	会议 Conference	其他 Others
合计 Total	**4378**	**1248**	**76**	**455**	**207**	**480**	**1694**	**218**
美洲与大洋洲 Americas & Oceania	1013	314	13	88	59	97	388	54
美国 USA	800	257	8	66	56	81	288	44
加拿大 Canada	83	22	3	11	3	4	35	5
澳大利亚 Australia	86	26	1	2		10	45	2
新西兰 New Zealand	8	2					6	
巴西 Brazil	6	1				1	4	
墨西哥 Mexico	10			4			6	
古巴 Cuba	1					1		
阿根廷 Argentina	17	5		5			4	3
委内瑞拉 Venezuela	2	1	1					
欧洲 Europe	1279	542	22	172	35	126	307	75
德国 Germany	304	169	9	44	3	22	49	8
英国 UK	123	37	2	20	12	18	30	4
意大利 Italy	155	57	6	5	4	6	70	7
法国 France	108	56	1	9	1	7	34	
荷兰 Holland	48	15	1		11	6	15	

国别与地区 Country and region	合计 Total	按交流形式分类统计 By type of exchange						
		合作 Joint research	讲学 Lecture	考察 Investigation	培训 Training	访问 Visit	会议 Conference	其他 Others
瑞典 Sweden	39	27	2	5		2	2	1
芬兰 Finland	13	4		2		1	6	
奥地利 Austria	29	14		1	1	3	9	1
瑞士 Switzerland	26	8				3	14	1
比利时 Belgium	16	7					9	
丹麦 Denmark	13	3			2	4	3	1
西班牙 Spain	19	4		5			10	
葡萄牙 Portugal	5						5	
挪威 Norway	4		1				2	1
核子中心 CERN	8	8						
俄罗斯 Russia	287	114		69	1	50	21	32
白俄罗斯 Belorus	10	2		4				4
哈萨克 Kazakhstan	9	5						4
乌克兰 Ukraine	11			4		4	3	
匈牙利 Hungary	12	2					8	2
捷克-斯洛伐克 Czech-Slovaki	15	1		1			9	4
波兰 Poland	18	8		1			8	1

国别与地区 Country and region	合计 Total	按交流形式分类统计 By type of exchange						
		合作 Joint research	讲学 Lecture	考察 Investigation	培训 Training	访问 Visit	会议 Conference	其他 Others
保加利亚 Bugaria	2							2
罗马尼亚 Romania	5	1		2				2
亚　洲 Asia	1716	370	34	166	78	250	729	89
日本 Japan	923	219	11	42	25	163	447	16
香港 Hong Kong	330	94	9	13	31	26	115	42
泰国 Thailand	93	3	3	41	3	3	35	5
马来西亚 Malaysia	31			5			23	3
新加坡 Singapore	56	8		8	7	11	15	7
朝鲜民主主义人民共和国 DPRK	37	16	1	3		10	5	2
韩国 Republic of Korea	128	15	5	35		33	38	2
印度 India	34	5		3	1		25	
巴基斯坦 Pakistan	11		2				3	6
菲律宾 Philippines	2				1		1	
印度尼西亚 Indonesia	24	2		8	1	1	8	4
以色列 Israel	14	4			8		2	
蒙古 Mongolia	12	3		6		3		
越南 Vietnam	4						4	
伊朗 Iran	6		2	2			2	
澳门 Macao	3						1	2

国别与地区 Country and region	合计 Total	按交流形式分类统计 By type of exchange						
		合作 Joint research	讲学 Lecture	考察 Investigation	培训 Training	访问 Visit	会议 Conference	其他 Others
尼泊尔 Nepal	8	1	1		1		5	
国际组织 International organizations	335	22	2	22	35		254	
其他 Others	35		5	7		7	16	

8.7 国际合作交流派出项目（三）（1993年）

Statistics of CAS Staff Sent Abroad (3): 1993

单位：人次（person・time）

国别与地区 Country and region	合计 Total	按学科分类统计 By field 数、理、天文 Mathematics, physics & astronomy	化学、化工 Chemistry & chemical engineering	地学 Earth sciences	生物学 Biological sciences	技术科学 Technology sciences	其他 Others
合计 Total	**4378**	**915**	**516**	**819**	**773**	**853**	**502**
美洲与大洋洲 America & Oceania	1013	193	135	123	189	256	117
美国 USA	800	151	97	70	150	229	103
加拿大 Canada	83	19	14	24	15	7	4
澳大利亚 Australia	86	18	16	17	13	17	5
新西兰 New zealand	8			3	4	1	
巴西 Brazil	6			3	2	1	
墨西哥 Mexico	10		2	4	4		
古巴 Cuba	1				1		
阿根廷 Argentina	17	5	5	2			5
委内瑞拉 Venezuela	2		1			1	
欧洲 Europe	1279	369	132	271	178	226	103
德国 Germany	304	103	45	60	48	36	12
英国 UK	123	18	19	15	42	24	5
意大利 Italy	155	91	7	21	3	28	5
法国 France	108	37	19	13	13	21	5
荷兰 Holland	48	12		16	5	12	3

国别与地区 Country and region	合计 Total	按学科分类统计 By field					
		数、理、天文 Mathematics, physics & astronomy	化学、化工 Chemistry & chemical engineering	地学 Earth sciences	生物学 Biological sciences	技术科学 Technology sciences	其他 Others
瑞典 Sweden	39	9	2	5	11	11	1
芬兰 Finland	13	3		1	1	5	3
奥地利 Austria	29	7		13	6	2	1
瑞士 Switzerland	26	6	9	4	5	1	1
比利时 Belgium	16	2	6	4	3	1	
丹麦 Denmark	13	4	1		2	5	1
西班牙 Spain	19	4	5	6		1	3
葡萄牙 Portugal	5	1	3	1			
挪威 Norway	4	1		2	1		
核子中心 CERN	8	6	1				1
俄罗斯 Russia	287	52	9	91	22	74	39
白俄罗斯 Belorus	10	2			4		4
哈萨克 Kazakhstan	9			5			4
乌克兰 Ukraine	11	1		1		4	5
匈牙利 Hungary	12	1	2	2	4	1	2
捷克-斯洛伐克 Czech-Slovaki	15	1		6	4		4
波兰 Poland	18	8	3	3	4		

国别与地区 Country and region	合计 Total	按学科分类统计 By field					
		数、理、天文 Mathematics, physics & astronomy	化学、化工 Chemistry & chemical engineering	地学 Earth sciences	生物学 Biological sciences	技术科学 Technology sciences	其他 Others
保加利亚 Bugaria	2						2
罗马尼亚 Romania	5		1	2			2
亚洲 Asia	1716	274	225	325	345	348	199
日本 Japan	923	162	129	250	169	152	61
香港 Hong Kong	330	58	42	12	66	93	59
泰国 Thailand	93		4	14	28	39	8
马来西亚 Malaysia	31	2	16	2	6		5
新加坡 Singapore	56	1	9	6	9	22	9
朝鲜民主主义人民共和国 DPRK	37	7		8	6	3	13
韩国 Republic of Korea	128	21	12	4	37	24	30
印度 India	34	10	9	6	4	4	1
巴基斯坦 Pakistan	11	2			1	6	2
菲律宾 Philippines	2				1		1
印度尼西亚 Indonesia	24		2	5	7	4	6
以色列 Israel	14	4	1	5	4		
蒙古 Mongolia	12			9			3
越南 Vietnam	4	3			1		
伊朗 Iran	6	2	1	1	1	1	
澳门 Macao	3	2					1

国别与地区 Country and region	合计 Total	按学科分类统计 By field					
		数、理、天文 Mathematics, physics & astronomy	化学、化工 Chemistry & chemical engineering	地学 Earth sciences	生物学 Biological sciences	技术科学 Technology sciences	其他 Others
尼泊尔 Nepal	8			3	5		
国际组织 International organizations	335	76	21	87	55	17	79
其他 Others	35	3	3	13	6	6	4

九、人才培养

TALENT TRAINING

9.1 研究生招收培养情况（1993 年）

Statistics of Graduate Student Enrollment and Training：1993

单位：人

招生单位 Institution	录取研究生数 Entrants			毕业研究生数 Graduates			在学研究生数 Enrollment		
	小计 Subtotal	博士 Ph. D.	硕士 M. S.	小计 Subtotal	博士 Ph. D.	硕士 M. S.	小计 Subtotal	博士 Ph. D.	硕士 M. S.
总　计 Total	**2383**	**724**	**1659**	**1870**	**475**	**1395**	**6441**	**1988**	**4453**
一、数学、物理 Mathematics & physics	371	173	198	326	114	209	989	423	566
数学研究所 Inst. of Mathematics	20	12	8	18	8	10	47	25	22
应用数学研究所 Inst. of Applied Mathematics	26	18	8	15	9	6	57	38	19
系统科学研究所 Inst. of Systems Science	29	19	10	27	16	11	69	40	29
武汉数学物理研究所 Wuhan Inst. of Mathematical Physics	2		2	4		4	8		8
力学研究所 Inst. of Mechanics	11	2	9	11	4	7	29	8	21
武汉岩土力学研究所 Wuhan Inst. of Rock and Soil Mechanics	3	2	1	5	2	3	14	4	10
渗流流体力学研究所 Inst. of Osmotic Mechanics	3	1	2	2		2	8	3	5
物理研究所 Inst. of Physics	60	35	25	51	31	20	152	91	61
高能物理研究所 Inst. of High Energy Physics	35	14	21	29	9	20	98	38	60
声学研究所 Inst. of Acoustics	14	5	9	13	2	11	47	15	32
声学研究所东海研究站 Donghai Experimental Station of Inst. of Acoustics				2		2	2		2
低温技术实验中心 Cryogenic Laboratory	3		3	5		5	11		11
理论物理研究所 Inst. of Theoretical Physics	18	10	8	10	5	5	53	32	21

招生单位 Institution	录取研究生数 Entrants			毕业研究生数 Graduates			在学研究生数 Enrollment		
	小计 Subtotal	博士 Ph. D.	硕士 M. S.	小计 Subtotal	博士 Ph. D.	硕士 M. S.	小计 Subtotal	博士 Ph. D.	硕士 M. S.
长春物理研究所 Changchun Inst. of Physics	18	6	12	12	3	9	50	20	30
上海原子核研究所 Shanghai Inst. of Nuclear Research	13	3	10	11	1	10	39	9	30
等离子体物理研究所 Inst. of Plasma Physics	24	7	17	37	10	27	77	21	56
固体物理研究所 Inst. of Solid State Physics	15	5	10	12	2	10	42	13	29
武汉物理研究所 Wuhan Inst. of Physics	15	7	8	8	3	5	36	19	17
近代物理研究所 Inst. of Modern Physics	22	7	15	16		16	58	10	48
新疆物理研究所 Xinjiang Inst. of Physics	5		5				11		11
紫金山天文台 Purple Mountain Observatory	3		3	6		6	9	2	7
上海天文台 Shanghai Observatory	15	11	4	10	5	5	23	13	10
云南天文台 Yunnan Observatory	8	2	6	10	3	7	17	4	13
陕西天文台 Shaanxi Observatory	3	1	2	5	2	3	12	5	7
北京天文台 Beijing Astronomical Observatory	6	6		7	2	5	20	13	7
二、化学与化工 Chemistry & chemical engineering	414	153	261	318	100	218	1105	396	709
化学研究所 Inst. of Chemistry	57	27	30	30	10	20	133	63	70
广州化学研究所 Guangzhou Inst. of Chemistry	8		8	6		6	18		18
新疆化学研究所 Xinjiang Inst. of Chemistry	4		4	2		2	7		7
上海有机化学研究所 Shanghai Inst. of Organic Chemistry	48	22	26	44	19	25	131	60	71

招生单位 Institution	录取研究生数 Entrants			毕业研究生数 Graduates			在学研究生数 Enrollment		
	小计 Subtotal	博士 Ph. D.	硕士 M. S.	小计 Subtotal	博士 Ph. D.	硕士 M. S.	小计 Subtotal	博士 Ph. D.	硕士 M. S.
成都有机化学研究所 Chengdu Inst. of Organic Chemistry	8		8	2		2	24		24
长春应用化学研究所 Changchun Inst. of Applied Chemistry	68	27	41	58	23	35	202	78	124
大连化学物理研究所 Dalian Inst. of Chemical Physics	39	9	30	37	12	25	123	33	90
兰州化学物理研究所 Lanzhou Inst. of Chemical Physics	39	19	20	32	12	20	108	49	59
上海硅酸盐研究所 Shanghai Inst. of Ceramics	19	5	14	14		14	55	16	39
化工冶金研究所 Inst. of Chemical Metallurgy	24	7	17	14	7	7	60	17	43
生态环境研究中心 Research Center for Eco-Environmental Sciences	27	14	13	20	6	14	70	31	39
山西煤炭化学研究所 Shanxi Inst. of Coal Chemistry	24	8	16	18	3	15	63	16	47
感光化学研究所 Inst. of Photographic Chemistry	27	13	14	20	5	15	65	27	38
福建物质结构研究所 Fujian Inst. of Research on the Structure of Matter	14	2	12	13	3	10	31	6	25
青海盐湖研究所 Qinghai Inst. of Saline Lakes	8		8	8		8	15		15
三、地学 Earth sciences	223	79	144	197	57	140	617	230	387
地质研究所 Inst. of Geology	14	9	5	15	9	6	48	30	18

续表 9.1

招生单位 Institution	录取研究生数 Entrants			毕业研究生数 Graduates			在学研究生数 Enrollment		
	小计 Subtotal	博士 Ph. D.	硕士 M. S.	小计 Subtotal	博士 Ph. D.	硕士 M. S.	小计 Subtotal	博士 Ph. D.	硕士 M. S.
兰州地质研究所 Lanzhou Inst. of Geology	9	3	6	6	3	3	23	7	16
古脊椎动物与古人类研究所 Inst. of Vertebrate Paleontology and Paleoanthropology				1		1	6	3	3
南京地质古生物研究所 Naijing Inst. of Geology and Palaeontology	4	3	1	5		5	13	7	6
地球物理研究所 Inst. of Geophysics	6	3	3	6	1	5	21	7	14
测量与地球物理研究所 Inst. of Geodesy and Geophysics	5	3	2	6	1	5	16	9	7
大气物理研究所 Inst. of Atmospheric Physics	28	13	15	27	12	15	78	35	43
兰州高原大气物理研究所 Lanzhou Inst. of Plateau Atmospheric Physics	8		8	5		5	13		13
地理研究所 Inst. of Geography	27	16	11	12	5	7	68	39	29
南京地理与湖泊研究所 Nanjing Inst. of Geography and Limnology	5		5	9		9	12		12
长春地理研究所 Changchun Inst. of Geography	10		10	7		7	29		29
成都山地灾害与环境研究所 Chengdu Inst. of Mountain Hazards and Environment	5		5	4		4	13		13
新疆地理研究所 Xinjiang Inst. of Geography	4		4	5		5	7		7
贵阳地球化学研究所 Guiyang Inst. of Geochemistry	29	11	18	22	7	15	88	39	49
长沙大地构造研究所 Changsha Inst. of Geotectonics	5	2	3	7	3	4	10	5	5

招生单位 Institution	录取研究生数 Entrants			毕业研究生数 Graduates			在学研究生数 Enrollment		
	小计 Subtotal	博士 Ph. D.	硕士 M. S.	小计 Subtotal	博士 Ph. D.	硕士 M. S.	小计 Subtotal	博士 Ph. D.	硕士 M. S.
兰州冰川冻土研究所 Lanzhou Inst. of Glaciology and Geocryology	6	3	3	9	3	6	20	7	13
海洋研究所 Inst. of Oceanology	29	12	17	29	11	18	73	32	41
南海海洋研究所 South China Sea Inst. of Oceanology	6		6	4		4	12		12
遥感应用技术研究所 Inst. of Remote Sensing Application	6		6	5		5	17		17
兰州沙漠研究所 Lanzhou Inst. of Desert Research	6		6	7	2	5	22	6	16
自然资源综合考察委员会 Commission for Integrated Surveys of Natural Resources	6	1	5	6		6	19	4	15
遥感卫星地面研究站 Remote Sensing Satellite Ground station	3		3				5		5
西安黄土与第四纪地质室 Xi'an Laboratory of Loess and Quaternary Geology	2		2				4		4
四、生物学 Biological sciences	370	119	251	306	86	220	1060	353	707
新疆生物土壤沙漠研究所 Xinjiang Inst. of Biology, Pedology and Desert Research	2		2	2		2	6		6
植物研究所 Inst. of Botany	31	16	15	28	15	13	77	39	38
昆明动物研究所 Kunming Inst. of Zoology	7	2	5	6	2	4	20	6	14
动物研究所 Inst. of Zoology	19	7	12	14	6	8	62	23	39
昆明植物研究所 Kunming Inst. of Botany	9	2	7	6		6	32	11	21

招生单位 Institution	录取研究生数 Entrants			毕业研究生数 Graduates			在学研究生数 Enrollment		
	小计 Subtotal	博士 Ph. D.	硕士 M. S.	小计 Subtotal	博士 Ph. D.	硕士 M. S.	小计 Subtotal	博士 Ph. D.	硕士 M. S.
华南植物研究所 South China Inst. of Botany	7		7	8		8	19		19
武汉植物研究所 Wuhan Inst. of Botany	4		4	2		2	10		10
成都生物研究所 Chengdu Inst. of Biology	7		7	8		8	20		20
上海昆虫研究所 Shanghai Inst. of Entomology	3	1	2	4	1	3	8	3	5
生物物理研究所 Inst. of Biophysics	41	11	30	30	7	23	99	25	74
微生物研究所 Inst. of Microbiology	15	4	11	21	5	16	50	15	35
上海细胞生物学研究所 Shanghai Inst. of Cell Biology	12	3	9	11	5	6	34	12	22
上海生理研究所 Shanghai Inst. of Physiology	14	7	7	10	3	7	38	20	18
上海生物化学研究所 Shanghai Inst. of Biochemistry	37	14	23	33	9	24	120	46	74
上海植物生理研究所 Shanghai Inst. of Plant Physiology	17	6	11	20	10	10	53	21	32
上海脑研究所 Shanghai Inst. of Brain Research	4		4	2		2	13	3	10
水生生物研究所 Inst. of Hydrobiology	16	7	9	9	4	5	44	17	27
发育生物学研究所 Inst. of Developmental Biology	3		3				9		9
遗传研究所 Inst. of Genetics	18	5	13	13	3	10	62	23	39
西北高原生物研究所 Northwest Inst. of Plateau Biology	7	1	6	2		2	18	3	15

招生单位 Institution	录取研究生数 Entrants			毕业研究生数 Graduates			在学研究生数 Enrollment		
	小计 Subtotal	博士 Ph. D.	硕士 M. S.	小计 Subtotal	博士 Ph. D.	硕士 M. S.	小计 Subtotal	博士 Ph. D.	硕士 M. S.
上海药物研究所 Shanghai Inst. of Materia Medica	30	10	20	22	2	20	78	28	50
武汉病毒研究所 Wuhan Inst. of Virology	12		12	15		15	38		38
心理研究所 Inst. of Psychology	10	6	4	5	2	3	25	13	12
南京土壤研究所 Nanjing Inst. of Soil Science	7	2	5	8	7	1	26	14	12
沈阳应用生态研究所 Shenyang Inst. of Applied Ecology	25	10	15	16	4	12	65	19	46
昆明生态研究所 Kunming Inst. of Ecology	2		2	3		3	5		5
西北水土保持研究所 Northwest Inst. of Soil and Water Conservation	11	5	6	8	1	7	29	12	17
五、技术科学 Technological sciences	535	125	410	428	75	353	1546	386	1160
计算技术研究所 Inst. of Computing Technology	47	7	40	24	7	17	111	27	84
沈阳计算技术研究所 Shenyang Inst. of Computing Technology	16		16	13		13	42		42
计算中心 Computing Center	16	6	10	20	3	17	55	11	44
工程热物理研究所 Inst. of Engineering Thermophysics	18	4	14	10	4	6	40	12	28
空间科学与应用研究中心 Space Science and Technology Center	11	3	8	10	1	9	30	5	25
半导体研究所 Inst. of Semiconductors	27	11	16	13	1	12	72	28	44
电子学研究所 Inst. of Electronics	13		13	14	2	12	48	2	46

续表 9.1

招生单位 Institution	录取研究生数 Entrants			毕业研究生数 Graduates			在学研究生数 Enrollment		
	小计 Subtotal	博士 Ph. D.	硕士 M. S.	小计 Subtotal	博士 Ph. D.	硕士 M. S.	小计 Subtotal	博士 Ph. D.	硕士 M. S.
上海冶金研究所 Shanghai Inst. of Metallurgy	22	5	17	21	3	18	88	32	56
长春光学精密机械研究所 Changchun Inst. of Optics and Fine Mechanics	32	4	28	27	2	25	103	20	83
上海光学精密机械研究所 Shanghai Inst. of Optics and Fine Mechanics	45	24	21	33	10	23	119	56	63
安徽光学精密机械研究所 Anhui Inst. of Optics and Fine Mechanics	32	7	25	25	5	20	83	17	66
西安光学精密机械研究所 Xi'an Inst. of Optics and Fine Mechanics	28	6	22	27	6	21	79	19	60
上海技术物理研究所 Shanghai Inst. of Technical Physics	30	9	21	27	10	17	82	25	57
金属研究所 Inst. of Metals Research	56	20	36	58	18	40	163	60	103
金属腐蚀与防护研究所 Inst. of Corrosion and Protection of Metals	13	3	10	14		14	36	9	27
自动化研究所 Inst. of Automation	39	4	35	27		27	128	31	97
沈阳自动化研究所 Shenyang Inst. of Automation	18		18	18		18	52		52
电工研究所 Inst. of Electric Engineering	6	2	4	7	1	6	21	4	17
广州能源研究所 Guangzhou Inst. of Energy Conversion	5		5	2		2	19		19
软件研究所 Inst. of Software Research	30	10	20	20	2	18	92	28	64
微电子中心 Microelectronic R&D center	9		9				14		14

招生单位 Institution	录取研究生数 Entrants			毕业研究生数 Graduates			在学研究生数 Enrollment		
	小计 Subtotal	博士 Ph. D.	硕士 M. S.	小计 Subtotal	博士 Ph. D.	硕士 M. S.	小计 Subtotal	博士 Ph. D.	硕士 M. S.
光电技术研究所 Inst. of Otpical and Electronic	8		8	10		10	31		31
北京科学仪器研制中心 Beijing R&D Center for Scientific Instruments	6		6	4		4	14		14
成都计算机应用研究所 Chengdu Inst. of Computer Application	8		8	4		4	24		24
六、其他 Others	470	75	395	295	40	255	1124	200	924
文献情报中心 Center of Documentation and Information	9		9	5		5	24		24
自然科学史研究所 Inst. of History of Natural Sciences	1		1	2		2	6	1	5
中国科学技术大学研究生院（北京） Graduate School of the University of Science and Technology of China (Beijing)	17	3	14	8	1	7	39	7	32
中国科学技术大学 University of Science and Technology of China	443	72	371	280	39	241	1055	192	863

9.2 授予硕士、博士学位情况（1993 年）

Number of Master's and Doctoral Degrees Granted：1993

单位：人

单位名称 Institution	硕士 Master's degree			博士 Doctor's degree		
	合计 Total	理学 Natural sciences	工学 Engineering	合计 Total	理学 Natural sciences	工学 Engineering
合计 Total	**775**	**493**	**281**	**244**	**198**	**46**
一、数学、物理 Mathematics & physics	149	110	39	76	61	15
数学研究所 Inst. of Mathematics	8	5	3	3	2	1
应用数学研究所 Inst. of Applied Mathematics	5	5		2	2	
系统科学研究所 Inst. of System Science	9	8	1	13	13	
武汉数学物理研究所 Wuhan Inst. of Mathematical Physics	4	4				
成都分院数学物理室 Laboratory of Mathematical Physics of Chengdu Branch						
力学研究所 Inst. of Mechanics	5	4	1	1	1	
武汉岩体土力学研究所 Wuhan Inst. of Rock and Soil Mechanics	4		4	1		
渗流流体力学研究所 Inst. of Osmotic Mechanics						
物理研究所 Inst. of Physics	13	11	2	20	20	
高能物理研究所 Inst. of High Energy Physics	10	8	2	4	3	1
声学研究所 Inst. of Acoustics	15	14	1	2	2	
低温技术实验中心 Cryogenic Laboratory	7	2	5			
理论物理研究所 Inst. of Theoretical Physics	3	3		1	1	

单位名称 Institution	硕士 Master's degree			博士 Doctor's degree		
	合计 Total	理学 Natural sciences	工学 Engineering	合计 Total	理学 Natural sciences	工学 Engineering
长春物理研究所 Changchun Inst. of Physics	8	8		3	3	
上海原子核研究所 Shanghai Inst. of Nuclear Research	7	7		1	1	
等离子体物理研究所 Inst. of Plasma Physics	20	8	12	18	7	11
固体物理研究所 Inst. of Solid State Physics	8	6	2			
武汉物理研究所 Wuhan Inst. of Physics	2	2		4	4	
近代物理研究所 Inst. of Modern Physics	12	8	4			
新疆物理研究所 Xinjiang Inst. of Physics						
紫金山天文台 Purple Mountain Observatory						
上海天文台 Shanghai Observatory	4	4		1	1	
云南天文台 Yunnan Observatory	3	1	2	2	1	1
陕西天文台 Shaanxi Observatory	2	2				
北京天文台 Beijing Astronomical Observatory						
二、化学与化工 Chemistry & chemical engineering	126	111	15	54	51	3
化学研究所 Inst. of Chemistry	11	11		4	4	
广州化学研究所 Guangzhou Inst. of Chemistry	6	5	1			
新疆化学研究所 Xinjiang Inst. of Chemistry	1	1				
上海有机化学研究所 Shanghai Inst. of Organic Chemistry	20	20		14	14	
成都有机化学研究所 Chengdu Inst. of Organic Chemistry	2	2				

单位名称 Institution	硕士 Master's degree			博士 Doctor's degree		
	合计 Total	理学 Natural sciences	工学 Engineering	合计 Total	理学 Natural sciences	工学 Engineering
长春应用化学研究所 Changchun Inst. of Applied Chemistry	19	18	1	21	20	1
大连化学物理研究所 Dalian Inst. of Chemical Physics						
兰州化学物理研究所 Lanzhou Inst. of Chemical Physics	19	19		3	3	
上海硅酸盐研究所 Shanghai Inst. of Ceramics						
化工冶金研究所 Inst. of Chemical Metallurgy	5		5	2		2
生态环境研究中心 Research Center for Eco-Environmental Sciences	14	12	2	3	3	
山西煤炭化学研究所 Shanxi Inst. of Coal Chemistry	14	8	6	2	2	
感光化学研究所 Inst. of Photo graphic Chemistry	9	9		5	5	
福建物质结构研究所 Fujian Inst. of Research on the Structure of Matter						
青海盐湖研究所 Qinghai Inst. of Saline Lakes	6	6				
三、地　学 Earth sciences	71	65	6	23	22	1
地质研究所 Inst. of Geology	1	1		1	1	
兰州地质研究所 Lanzhou Inst. of Geology	3	3		2	2	
古脊椎动物与古人类研究所 Inst. of Vertebrate Paleontology and Paleoanthropology	1	1		1	1	
南京地质古生物研究所 Nanjing Inst. of Geology						
地球物理研究所 Inst. of Geophysics and Palaeontology				1	1	

单位名称 Institution	硕士 Master's degree			博士 Doctor's degree		
	合计 Total	理学 Natural sciences	工学 Engineering	合计 Total	理学 Natural sciences	工学 Engineering
测量与地球物理研究所 Inst. of Geodesy and Geophysics	2	1	1			
大气物理研究所 Inst. of Atmospheric Physics	9	8	1	9	9	
兰州高原大气物理研究所 Lanzhou Inst. of Plateau Atmospheric Physics						
地理研究所 Inst. of Geography	15	14	1	5	4	1
南京地理与湖泊研究所 Nanjing Inst. of Geography and Limnology						
长春地理研究所 Changchun Inst. of Geography	7	7				
成都山地灾害与环境研究所 Chengdu Inst. of Mountain Hazards and Environment	3	2	1			
新疆地理研究所 Xinjiang Inst. of Geography	2	2				
贵阳地球化学研究所 Guiyang Inst. of Geochemistry						
长沙大地构造研究所 Changsha Inst. of Geotectonics	3	3				
兰州冰川冻土研究所 Lanzhou Inst. of Glaciology and Geocryology						
海洋研究所 Inst. of Oceanology	6	6		3	3	
南海海洋研究所 South China Sea Inst. of Oceanology	3	3				
遥感应用技术研究所 Inst. of Remote Sensing Application	5	5				
兰州沙漠研究所 Lanzhou Inst. of Desert Research	3	3		1	1	

单 位 名 称 Institution	硕 士 Master's degree			博 士 Doctor's degree		
	合计 Total	理学 Natural sciences	工学 Engineering	合计 Total	理学 Natural sciences	工学 Engineering
自然资源综合考察委员会 Commission for Integrated Surveys of Natural Resources	6	4	2			
遥感卫星地面研究站 Remote Sensing Satellite Ground Station						
成都分院土壤研究室 Soil Laboratory of Chengdu Branch	2	2				
西安黄土与第四纪地质室 Xi'an Laboratory of Loess and Quaternary Geology						
四、生物学 Biological sciences	85	80	5	27	26	1
新疆生物土壤沙漠研究所 Xinjiang Inst. of Biology, Pedology and Desert Research	2	2				
植物研究所 Inst. of Botany				3	3	
昆明动物研究所 Kunming Inst. of Zoology						
动物研究所 Inst. of Zoology	7	7				
昆明植物研究所 Kunming Inst. of Botany	6	6				
华南植物研究所 South China Inst. of Botany	8	8				
武汉植物研究所 Wuhan Inst. of Botany	2	2				
成都生物研究所 Chengdu Inst. of Biology	4	3	1			
上海昆虫研究所 Shanghai Inst. of Entomology	2	2				
生物物理研究所 Inst. of Biophysics	16	12	4	1		1
微生物研究所 Inst. of Microbiology						
上海细胞生物学研究所 Shanghai Inst. of Cell Biology	2	2		1	1	

单位名称 Institution	硕士 Master's degree			博士 Doctor's degree		
	合计 Total	理学 Natural sciences	工学 Engineering	合计 Total	理学 Natural sciences	工学 Engineering
上海生理研究所 Shanghai Inst. of Physiology				1	1	
上海生物化学研究所 Shanghai Inst. of Biochemistry				4	4	
上海植物生理研究所 Shanghai Inst. of Plant Physiology	7	7		11	11	
上海脑研究所 Shanghai Inst. of Brain Research						
水生生物研究所 Inst. of Hydrobiology	2	2		3	3	
发育生物学研究所 Inst. of Developmental Biology						
遗传研究所 Inst. of Genetics	8	8		2	2	
西北高原生物研究所 Northwest Inst. of Plateau Biology	2	2				
上海药物研究所 Shanghai Inst. of Materia Medica						
武汉病毒研究所 Wuhan Inst. of Virology	9	9				
心理研究所 Inst. of Psychology	2	2				
南京土壤研究所 Nanjing Inst. of Soil Science						
沈阳应用生态研究所 Shenyang Inst. of Applied Ecology						
昆明生态研究所 Kunming Inst. of Ecology						
西北水土保持研究所 Northwest Inst. of Soil and Water Conservation	6	6		1	1	
五、技术科学 Technological sciences	288	96	192	50	29	21
计算技术研究所 Inst. of Computing Technology	20		20	4		4
沈阳计算技术研究所 Shenyang Inst. of Computing Technology	13		13			

单位名称 Institution	硕士 Master's degree			博士 Doctor's degree		
	合计 Total	理学 Natural sciences	工学 Engineering	合计 Total	理学 Natural sciences	工学 Engineering
计算中心 Computing Center	16	11	5	2	2	
工程热物理研究所 Inst. of Engineering Thermophysics	4		4			
空间科学与应用研究中心 Space Science and Technology Center	3	1	2	2	2	
半导体研究所 Inst. of Semiconductors	10	3	7	4	2	2
电子学研究所 Inst. of Electronics						
上海冶金研究所 Shanghai Inst. of Metallurgy						
长春光学精密机械研究所 Changchun Inst. of Optics and Fine Mechanics	37	16	21			
上海光学精密机械研究所 Shanghai Inst. of Optics and Fine Mechanics	16	11	5	9	7	2
安徽光学精密机械研究所 Anhui Inst. of Optics and Fine Mechanics	5	5		5	4	1
西安光学精密机械研究所 Xi'an Inst. of Optics and Fine Mechanics	22	11	11	2	1	1
上海技术物理研究所 Shanghai Inst. of Technical Physics	15	8	7	12	8	4
金属研究所 Inst. of Metals Research	46	13	33	7	2	5
金属腐蚀与防护研究所 Inst. of Corrosion and Protection of Metals	9	4	5	2		2
自动化研究所 Inst. of Automation	17		17			
沈阳自动化研究所 Shenyang Inst. of Automation	18		18			

单位名称 Institution	硕士 Master's degree			博士 Doctor's degree		
	合计 Total	理学 Natural sciences	工学 Engineering	合计 Total	理学 Natural sciences	工学 Engineering
电工研究所 Inst. of Electric Engineering	5		5			
广州能源研究所 Guangzhou Inst. of Energy Conversion	1		1			
软件研究所 Inst. of Software Research	15	1	14	1	1	
微电子中心 Microelectronic R&D Center	2	2				
光电技术研究所 Inst. of Otpical and Electronic	10	10				
北京科学仪器研制中心 Beijing R&D Center for Scientific Instruments						
成都计算机应用研究所 Chengdu Inst. of Computer Application	4		4			
六、其他 Others	56	31	24	14	9	5
文献情报中心 Center of Documentation and Information	3	3				
自然科学史研究所 Inst. of History of Natural Sciences	2	2				
中国科学技术大学 University of Science and Technology of China	51	26	24	14	9	5

注：1. 授予硕士学位合计数中包括中国科学技术大学授予文学硕士1人。

2. 根据国务院学位办公室文件精神，从1993年开始，学位统计报告期为学年（即从每年9月1日起到下一年8月31日止）。此表仅反映1993年1月1日至1993年8月31日学位授予情况。

Note: 1. The total number of Master's degrees granted includes 1 MA granted by the University of Science and Technology of China.

2. According to the document issued by the Academic Degree Committee of the State Council, since 1993, the statistics of academic degrees will be based on academic year, i. e., from September 1 to August 31 of the next year . The figures in this table only include academic degrees granted from Jan. 1, 1993 to August 31, 1993.

9.3 中国科学院院长奖学金获奖情况

Statistics of CAS President's Scholarship

年份 Year	获特别奖人数 Number of special awards	获优秀奖人数 Number of excellence awards
1989	8	136
1990	10	145
1991	10	142
1992	9	154
1993	10	154

9.4 博士后流动站情况（1993年）

Post-doctoral Researchers Centers：1993

建站单位名称 Institution	进站人数 Total employed	出站人数 Those who have left	获国外博士学位人数 Those who received their doctor's degree abroad
总计 **Total**	**159**	**105**	**39**
一、数学、物理 Mathematics & physics	43	28	12
数学研究所 Inst. of Mathematics	4	2	3
应用数学研究所 Inst. of Applied Mathematics	2	1	1
系统科学研究所 Inst. of Systems Science	4	2	2
力学研究所 Inst. of Mechanics	4	2	
物理研究所 Inst. of Physics	13	3	3
高能物理研究所 Inst. of High Energy Physics	8	8	1
理论物理研究所 Inst. of Theoretical Physics	3	5	1
上海原子核研究所 Shanghai Inst. of Nuclear Research		3	1
武汉物理研究所 Wuhan Inst. of Physics	2	1	
紫金山天文台 Purple Mountain Observatory	1		
北京天文台 Beijing Astronomical Observatory	2	1	
近代物理研究所 Inst. of Modern Physics			
二、化　学 Chemistry	22	14	4
化学研究所 Inst. of Chemistry	7	3	1
上海有机化学研究所 Shanghai Inst. of Organic Chemistry	4	5	2
长春应用化学研究所 Changchun Inst. of Applied Chemistry	2		
大连化学物理研究所 Dalian Inst. of Chemical Physics	1		

续表 9.4

建站单位名称 Institution	进站人数 Total employed	出站人数 Those who have left	获国外博士学位人数 Those who received their doctor's degree abroad
兰州化学物理研究所 Lanzhou Inst. of Chemical Physics	2	1	1
上海硅酸盐研究所 Shanghai Inst. of Ceramics	1	1	
化工冶金研究所 Inst. of Chemical Metallurgy	4	3	
感光化学研究所 Inst. of Photographic Chemistry			
福建物质结构研究所 Fujian Inst. of Research on the Structure of Matter	1	1	
三、地　学 Earth sciences	20	27	3
地质研究所 Inst. of Geology	3	1	1
兰州冰川冻土研究所 Lanzhou Inst. of Glaciology and Geocryology	1		
贵阳地球物理研究所 Inst. of Geophysics	1	3	
大气物理研究所 Inst. of Atmospheric Physics	2	4	1
地理研究所 Inst. of Geography	3	6	
贵阳地球化学研究所 Guiyang Inst. of Geochemistry	7	10	1
海洋研究所 Inst. of Oceanology	3	3	
四、生物学 Biological sciences	27	14	9
动物研究所 Inst. of Zoology	4	1	1
植物研究所 Inst. of Botany	4	1	1
昆明植物研究所 Kunming Inst. of Botany	1		
生物物理研究所 Inst. of Biophysics	3	2	
微生物研究所 Inst. of Microbiology	2	1	

建站单位名称 Institution	进站人数 Total employed	出站人数 Those who have left	获国外博士学位人数 Those who received their doctor's degree abroad
上海细胞生物学研究所 Shanghai Inst. of Cell Biology	1	2	1
上海生理研究所 Shanghai Inst. of Physiology	2	1	1
上海生物化学研究所 Shanghai Inst. of Biochemistry	3	1	2
上海植物生理研究所 Shanghai Inst. of Plant Physiology	1	2	
上海脑研究所 Shanghai Inst. of Brain Research			
水生生物研究所 Inst. of Hydrobiology			
遗传研究所 Inst. of Genetics	1		
上海药物研究所 Shanghai Inst. of Materia Medica	2	1	
南京土壤研究所 Nanjing Inst. of Soil Science	1	2	2
沈阳应用生态研究所 Shenyang Inst. of Applied Ecology	2		1
五、技术科学 Technological sciences	30	12	6
计算技术研究所 Inst. of Computing Technology	2		
计算中心 Computing Center	2	2	1
工程热物理研究所 Inst. of Engineering Thermophysics	5	2	2
半导体研究所 Inst. of Semiconductors	5	2	1
上海冶金研究所 Shanghai Inst. of Metallurgy	1	1	
长春光学精密机械研究所 Changchun Inst. of Optics and Fine Mechanics	2		
上海光学精密机械研究所 Shanghai Inst. of Optics and Fine Mechanics	1	2	1
西安光学精密机械研究所 Xi'an Inst. of Optics and Fine Mechanics	2		

续表 9.4

建站单位名称 Institution	进站人数 Total employed	出站人数 Those who have left	获国外博士学位人数 Those who received their doctor's degree abroad
上海技术物理研究所 Shanghai Inst. of Technical Physics	2	2	
金属研究所 Inst. of Metals Research	3	1	
自动化研究所 Inst. of Automation	4		1
软件研究所 Inst. of Software Research	1		
六、其他 Others	17	10	5
中国科学技术大学 University of Science and Technology of China	17	10	5

派往国家和地区 Country & region	当年派出人数 Number of people sent abroad in 1993			年　龄 Age group		
	总计 Total	其中 of which: 访问学者 Visiting scholars	研究生 Graduate students	30岁以下 Under 30	30—40岁 30—40	40岁以上 Over 40
总　计 Total	**373**	**346**	**27**	**180**	**134**	**59**
美国 USA	122	122		58	36	28
加拿大 Canada	31	30	1	12	15	4
英国 UK	32	29	3	14	14	4
法国 France	11	11		6	4	1
德国 Germany	35	32	3	16	13	6
日本 Japan	32	30	2	18	10	4
澳大利亚 Australia	21	20	1	6	12	3
奥地利 Austria	3	2	1	1	2	
爱尔兰 Ireland						
比利时 Belgium	5	5		1	3	1
丹麦 Denmark	1	1		1		
芬兰 Finland	1	1		1		

人员情况（1993 年）

Scholars Sent Abroad：1993

单位：人

研究课题性质 Field of study			当年回国人数 Number of people returned in 1993		在国外和其他地区人数 Those still studying abroad	
基础 Basic	应用 Applied	其他 Others	访问学者 Visiting scholars	研究生 Graduate students	访问学者 Visiting scholars	研究生 Graduate students
245	**111**	**17**	**220**	**10**	**2365**	**1774**
83	31	8	44	4	1029	1236
19	11	1	23		242	136
21	10	1	33	2	200	89
9	2		16		73	34
24	10	1	26		185	57
16	15	1	30	1	181	44
14	7		19	1	118	56
2	1		2		11	3
					1	
4		1	3		32	3
	1		3		6	4
	1				6	1

派往国家和地区 Country & region	当年派出人数 Number of people sent abroad in 1993			年　龄 Age group		
	总计 Total	其中　of which: 访问学者 Visiting scholars	研究生 Graduate students	30 岁以下 Under 30	30—40 岁 30—40	40 岁以上 Over 40
荷兰 Netherlands	7	7		6	1	
卢森堡 Luxembourg						
挪威 Norway	1	1		1		
瑞典 Sweden	9	8	1	5	4	
瑞士 Switzerland	8	8		3	5	
西班牙 Spain	1	1		1		
希腊 Greece	2	2			2	
意大利 Italy	4	4		4		
新西兰 New Zealand	2	2		1	1	
泰国 Thailand	1	1				1
香港地区 Hong Kong	36	21	15	20	11	5
独联体各国 CIS	3	3		2		1
匈牙利 Hungary						
其他 Others	5	5		3	1	1

续表 9.5

研究课题性质 Field of study			当年回国人数 Number of people returned in 1993		在国外和其他地区人数 Those still studying abroad	
基础 Basic	应用 Applied	其他 Others	访问学者 Visiting scholars	研究生 Graduate students	访问学者 Visiting scholars	研究生 Graduate students
2	4	1	3		35	9
					1	
1					7	3
6	3		2		46	15
7		1	3		45	14
1			1		1	
1	1				5	
3	1		4	1	34	3
2			1		10	4
		1			6	6
24	12		5	1	36	29
1	1	1			35	22
					2	1
5			2		18	5

单 位 Institution	总 计 Total	继续教育 Continued education	
		外语 Foreign language	科技 S&T
合 计 Total	**36367**	**1108**	**8623**
一、院校培训 By university and college	20368	50	80
管理干部学院 College of Training Managerial Cadres	1347		
职工科技大学 Workers' S&T College	218		
中国科学技术大学 University of Science and Technology of China	18322	50	80
成都分院职工大学 Workers' College of Chengdu Branch	150		
合肥科技学校 Hefei Specialized School of Science and Technology	273		
上海光学精密机械研究所技工学校 Secondary Technical School of Shanghai Inst. of Optics and Fine Mechanics	58		
二、地区培训 By region	15999	1058	8543
北京地区 Beijing region	3497	168	2128

育情况（1993年）

Training：1993

单位：人次（person・times）

管理培训 Management training		技术岗位培训 Technical training		学历教育 Schooling education		其他 Others
科技管理 S&T management	经营开发 Business administration	实验技术 Laboratory techniques	技术工人 Technical training for workers	成人高教 Adult higher education	中专、技校 Specialized secondary technical school	
1870	**242**	**136**	**4083**	**3262**	**489**	**16554**
751			300	3122	465	15600
751				596		
				130	88	
			300	2292		15600
				104	46	
					273	
					58	
1119	242	136	3783	140	24	954
130	53	10	929	71	7	

单　位 Institution	总　计 Total	继续教育 Continued education	
		外语 Foreign language	科技 S & T
沈阳地区 Shengyang region	474	24	377
武汉地区 Wuhan region	373	158	46
广州地区 Guangzhou region	2264	213	1449
长春地区 Changchun region	1634	64	788
成都地区 Chengdu region	2102	152	452
兰州地区 Lanzhou region	630	90	
西安地区 Xi'an region	872	11	280
合肥地区 Hefei region	3200	71	2516
南京地区 Nanjing region	596	11	401
昆明地区 Kunming region	149	3	68
其他地区 Other regions	208	92	38

续表 9.6

管理培训 Management training		技术岗位培训 Technical training		学历教育 Schooling education		其他 Others
科技管理 S & T management	经营开发 Business administration	实验技术 Laboratory techniques	技术工人 Technical training for workers	成人高教 Adult higher education	中专、技校 Specialized secondary technical school	
5			53		15	
153			6	5		5
69	13	69	330	21	2	98
27		9	185	27		534
269	57	10	1139	8		15
			540			
153	4		178	8		238
155	112	29	317			
85			83			16
16	3	4	7			48
57		5	16			

9.7 中国科学院青年

Statistics of CAS Young

年份 Year	等级 Awards	总计 Total	性别 Sex		年龄 Age			
			男 Male	女 Female	平均年龄 Average age	30 岁以下 Under 30	31—35 岁 31—35	36—40 岁 36—40
1989	全部获奖者 Total winners	21	21		33	6	10	5
	一等奖 First prize	4	4		41.75			4
	二等奖 Second prize	17	17		31	6	10	1
1991	全部获奖者 Total winners	25	23	2	31.6	11	11	3
	一等奖 First prize	5	5		34.6	2		3
	二等奖 Second prize	20	18	2	30.8	9	11	
1993	全部获奖者 Total winners	40	39	1	32	14	22	4
	一等奖 First prize	10	10		34.4	1	5	4
	二等奖 Second prize	30	29	1	31.3	13	17	

科学家奖获奖情况
Scientist Award Winners

学位 Academic degrees			职称 Professional posts		发表论文 Papers published (article)	获奖情况 Awards	
国内 Granted domestically		国外 Granted abroad	研究员 Full research fellow	副研究员 Associate research fellow		国家级 At the State level	省部院级 At the provincial, ministerial and CAS levels
博士 Ph. D	硕士 MS	博士 Ph. D					
9	9	3	4	17	344	5	8
2		2	4		130	2	3
7	9	1		17	214	3	5
13	8	3	2	23	643	1	11
3	2		2	3	139	1	1
10	6	3		20	504		10
31	5	3	13	27	1159	6	32
9		1	10		355	1	9
22	5	2	3	27	804	5	23

9.8 中国科学院特批高级专业技术职务人数
Statistics of Senior Professional Posts Specially Approved by CAS

年份 Year	总计 Total	正高级 Full professors & equivalent	副高级 Associate professors & equivalent	其中 Of which 男 Male	其中 Of which 女 Female
合计 Total	**666**	**131**	**535**	**632**	**34**
1987	22	4	18	22	
1988	31	14	17	27	4
1989	31	4	27	27	4
1990	43	16	27	41	2
1991	80	15	65	75	5
1992	141	19	122	139	2
1993	318	59	259	301	17

9.9 中国科学院国家级（院级）有突出贡献的专家人数
Statistics of CAS Professionals with Outstanding Contributions

年份 Year	1984	1986	1988	1990	1992
国家级 At the state level	60	51	65	35	30
院级 At CAS level				30	30

十、文献、情报

DOCUMENTATION AND INFORMATION

10.1 文献情报系统馆藏图书、期刊情况（1993年）

Statistics of Books and Periodicals Collected by CAS Documentation and Information System：1993

单位：册（volume）

	合计 Total	中文 Chinese	西文 Western languages	日文 Japanese	俄文 Russian	其他 Other languages
图书总册数 Total number of books	7866283	4094948	2174223	259580	896208	441324
其中：院中心与地区中心 Of which：collected by DICCAS and CAS regional documentation and information centers	2479992	968818	673493	106527	314866	416288
期刊总册数 Total items of periodicals	15632793	3641398	9103332	1300190	1285031	303585
其中：院中心与地区中心 Of which：collected by DICCAS and CAS regional documentation and information centers	9627701	2322959	5615043	754231	632314	303154

注：1. DICCAS：中国科学院文献情报中心.

2. 中国科学院文献情报系统包括中国科学院文献情报中心、4个地区文献情报中心和研究所级的137个文献情报室.

Note：1. DICCAS——The documentation and Information Center of the Chinese Academy of Sciences.

2. CAS documentation and information system includes DICCAS，4 regional documentation and information centers and 137 documentation and information services of in the CAS institutes.

10.2 文献情报系统馆藏印刷型特种文献情况（1993年）

Statistics of Printed Special Documents Collected by CAS Documentation and Information System: 1993

	古籍（册） Ancient books (volume)	学位论文（篇） Theses (article)	会议文献（篇） Conference proceedings (article)	专利文献（件） Patents (item)	照片图纸（张） Photos and blueprints (frame)	科技报告（篇） S&T report (article)	成果资料（件） Achievement documents (item)	标准文献（件） Standard documents (item)	其他（件） Others (item)
总计 Total	739103	18415	334317	355300	2624626	705866	93858	24017	239387
其中：院中心与地区中心 Of which: collected by DICCAS and CAS regional documentation and information centers	540212	7970	11986	180098	130	442118	5040	0	0

10.3 文献情报系统馆藏非印刷型特种文献情况（1993年）

Statistics of Non-printed Special Documents Collected by CAS Documentation and Information System: 1993

	录音带（盒） Audio-tapes (cassette)	录像带（盒） Video-tapes (cassette)	电影片（部） Motion pictures (set)	缩微平片（张） Microfiche (sheet)	缩微胶卷（盒） Microfilms (box)	机读磁带或磁盘（盒或张） Computer-readable tapes or disks (box or piece)	光盘（张） Optical disks (piece)	其他（件） Others (item)
总计 Total	23684	2689	189	1003390	333461	1462	53	68841
其中：院中心与地区中心 Of which: Collected by DICCAS and CAS regional documentation and information centers	1495	815	0	879287	321381	219	43	242

10.4 文献情报系统文献服务情况（1993年）

Documentation Services Provided by CAS Documentation and Information System：1993

	文献流通（册·次）Documents circulated (volume·times)	馆际互借（册·次）Inter-library loans (volume·times)	国际交换（册）International document exchange (volume)	文献复制 Document reproduction		
				静电复制（页）Xerox (page)	缩摄胶片（张）Microfiche (sheet)	缩摄胶卷（米）Microfilm (meter)
总计 Total	6008514	25661	143654	5823434	122559	9214
其中：院中心与地区中心 Of which：collected by DICCAS and CAS regional documentation and information centers	1236522	2459	31284	1919000	1126	8500

10.5 文献情报系统情报加工与服务情况（1993年）

Information Processed and Services Provided by CAS Documentation and Information System：1993

	情报服务 Information services				二次文献加工 Secondary information processing				情报调研报告（篇）Information research report (No. of article)	翻译（万字）Translation (ten thousand characters)
	专题咨询（次）Special subject consultation (times)	手工检索（次）Manual retrieval (times)	机器检索（次）Computerized retrieval (times)	展览（次）Exhibitions (times)	文摘（条）Abstract (item)	工作单（张）Work sheets (sheet)	题录（条）Bibliography (item)	目录索引（种）Bibliography (title)		
总计 Total	3721	48856	96323	112	74932	171084	147513	1929	171	120809.10
其中：院中心与地区中心 Of which：Collected by DICCAS and CAS regional documentation and information centers	2109	6236	22465	2	26497	102075	10568	11	31	179.00

十一、图书出版

PUBLICATION

11.1 图书出版情况（1993年）

Classification of Books Published：1993

单位：种数（titles）

学科及书类 Field and type	合计 Subtotal	科学出版社* Science Press	中国科学技术大学出版社** The Press of the University of Science and Technology of China
总计 Total	**679**	**550**	**129**
一、按学科分 By field			
数学、力学 Mathematics & mechanics	34	27	7
物理 Physics	20	17	3
化学 Chemistry	23	14	9
天文学 Astronomy	0	0	0
地学 Earth sciences	57	57	0
生物学 Biological sciences	100	94	6
技术科学 Technological sciences	143	106	37
综合类 Comprehensive	302	235	67
二、按书类分 By type			
专著 Monographs	112	85	27
基础理论 Basic theory	96	60	36
论文集 Collected works	59	56	3

学科及书类 Field and type	合计 Subtotal	科学出版社* Science Press	中国科学技术大学出版社** The Press of the University of Science and Technology of China
应用技术 Applied technology	85	79	6
基本资料 Basic information	26	22	4
工具书 Reference books	52	38	14
科普 Popular science	27	20	7
综述评论 Reviews	21	21	0
其他 Others	201	169	32

* 其中包括外文版 22 种，译著 37 种。
Of which，22 are in English and 37 are translated books.

** 其中包括外文版 1 种。
Of which，1 is published in foreign language.

11.2 科学出版社期刊

Classification of Periodicals

学 科 Field	合计 Total	类别 Type 学术 Academic journals	 科普 Popular science	 检索 Retrieval
总计 Total	**156**	**149**	**5**	**2**
综合 Comprehensive	16	13	1	2
数学 Mathematics	12	12		
物理学 Physics	12	11	1	
化学 Chemistry	10	10		
天文学 Astronomy	3	3		
地学 Earth sciences	34	32	2	
生物学 Biological sciences	33	33	1	
技术科学 Technological sciences	27	27		
环境科学 Environmental sciences	5	5		
其他 Others	4	4		

分类情况（1993年）

Published by Science Press：1993

刊期 Frequency					文种 Language	
半月刊 Semimonthly	月刊 Monthly	双月刊 Bimonthly	季刊 Quarterly	半年刊 Semiannually	中文版 In Chinese	英文版 In English
2	**21**	**45**	**84**	**4**	**124**	**32**
2	5	5	3	1	10	6
		1	11		7	5
	4	5	3		9	3
	2	4	4		8	2
			3		3	
	1	8	25		29	5
	1	14	16		29	4
	7	5	15		22	5
		2	3		4	1
	1	1	2		4	

11.3 自然科学期刊分类情况（1993 年）
Classification of Periodicals in Natural Sciences：1993

	总计 Total	学术 Academic journals	技术 Technological journals	检索 Retrieval journals	科普 Popular science	指导 Instructional journals
一、期刊总数 Total number of periodicals	276	235	8	15	6	5
1992 年前创刊数 Number of periodicals first published before 1992	269	235	8	15	6	5
1993 年创刊数 Number of periodicals first published in 1993	8	8				
二、发行范围 Type of distribution						
公开发行 Publicly distributed	270	236	8	15	6	5
内部发行 Internally distributed	6	6				
三、刊期 Frequency						
半月刊 Simimonthly	2	2				
月刊 Monthly	28	24	2		2	
一个半月刊 Simiquarterly	2	2				
双月刊 Bimonthly	77	63	3	7	2	2
季刊 Quarterly	158	142	3	8	2	2
半年刊 Semiannually	9	8				1

续表 11.3

	总计 Total	学术 Academic journals	技术 Technological journals	检索 Retrieval journals	科普 Popular science	指导 Instructional journals
四、学科 Field						
综合 Comprehensive	24	17		3	1	3
数学 Mathematics	14	13		1		
力学 Mechanics	8	7		1		
物理学 Physics	29	23	2	3	1	
化学 Chemistry	16	16				
天文学 Astronomy	6	4	1	1		
地学 Earth sciences	43	39		3	1	
生物学 Biology sciences	46	42		2	2	
遗传学 Genetics sciences	7	6	1			
农学 Agriculture sciences	4	4				
环境科学 Environmental sciences	11	11				
技术科学 Technological sciences	53	47	4	1	1	
其他 Others	15	13				2

注：1. 其中英文版期刊 40 种。
2. 统计数字不包括各种不定期刊物。
3. 期刊总数中不含 1993 年停刊一种（《国外地质》）。

Note：1. There are 40 journals published in English.
2. Journals published irregularly are not included.
3. The total does not include the journal of " Geology Abroad" which stopped publication in 1993.

11.4 新创办的自然科学期刊一览表（1993年）

Periodicals in Natural Science Which Started Publication in 1993

刊　名 Title	刊期 Frequency	创办时间 First Published	主办单位 Host institution	主　编 Editor-in-Chief
生物多样性 Chinese Biodiversity	双月 Bimonthly	1993年1月5日 Jan. 5，1993	植物研究所等 Inst. of Botany，etc.	钱迎倩 Qian Yingqian
电脑爱好者 Computer Fan	月 Monthly	1993年1月5日 Jan. 5，1993	北京联想计算机集团公司 Beijing Legend Computer Group Corporation	刘雅英 Liu Yaying
工程地质学报 Journal of Engineering Geology	季 Quarterly	1993年1月5日 Jan. 5，1993	地质所 Inst. of Geology	李毓瑞 王思敬 Li Yurui and Wang Sijing
世界研究与发展 World R&D Report	双月 Bimonthly	1993年1月5日 Jan. 5，1993	成都文献情报中心 Chengdu Center of Documentation and Information	邵翘祥 Shao Qiaoxiang
黄金科学技术 Gold Science and Technology	季 Quarterly	1993年1月5日 Jan. 5，1993	兰州文献情报中心 Lanzhou Center of Documentation and Information	欧阳自远 Ouyang Ziyuan
代数集刊（英文版） Algebra Colloquium (in English)	季 Quarterly	1993年6月8日 June 8，1993	数学所 Inst. of Mathematics	万哲先 Wan Zhexian
热带亚热带植物学报 Tropical and Subtropical Botany	季 Quarterly	1993年6月8日 June 8，1993	华南植物所，广东植物学会 South China Inst. of Botany and Guangdong Botanical Society	吴德邻 Wu Delin
化学进展 Chemistry Progress	季 Quarterly	1993年6月8日 June 8，1993	院文献情报中心 院数理化局 Center of Documentation and Information and Bureau of Mathematics，Physics and Chemistry	华彦文 Hua Yanwen

附录　主要指标解释

一、机构

独立机构：我院独立事业单位是经国务院或国家主管部门批准成立的。有关人、财、物等计划单位。具有法人地位。

二、人员

1. 职工总数

指由本机构直接组织安排工作并支付工资的年末在册各类人员总数。包括固定职工、国家有编制的合同制职工。不包括离退休人员和停薪留职人员。

2. 专业技术干部

指具有中专以上学历或初级以上技术职称（务）以及从工作实践中提拔（以工代干）的专业技术人员，还包括已取得专业技术职称，从事科技管理工作的人员和从事与技术管理工作较为密切的党政领导工作的干部。

3. 从事科技活动人员

指职工总数中的科技管理人员、课题活动人员和科技服务人员。

（1）*科技管理人员*：指院、所领导及业务、人事管理人员。包括：直接从事科技计划管理、课题管理、成果管理、专利管理、科技统计、科技档案管理、科技外事工作、人事管理、教育培训、财务等活动的人员。

（2）*课题活动人员*：指编制在研究室或课题组的人员。

（3）*科技服务人员*：指从事图书、情报、测试、试验、咨询、物资器材供应等工作的人员以及实验室、试验工厂（车间）、试验农场的人员。不包括司机、门卫、食堂人员、医务人员、清洁工、幼儿园、托儿所工作人员等。

4. 科学家工程师

指具有大学毕业及大学毕业以上学历的和其他具有高、中级技术职称（务）的人员。

5. 其他科技人员

指具有大、中专毕业学历的和其他具有初级技术职称（务）的人员。

6. 专业技术职称（务）

指本机构职工总数中专业技术干部的专业技术职称（务）情况（未实行专业技术职务聘任制的单位，按原技术职称填报），分高、中、初三级。

高级：指研究员、副研究员；教授、副教授；高级工程师；高级农艺师；正、副主任医（药、护、技）师；高级实验师；高级统计师；高级经济师；高级会计师；正、副编审；正、副译审；高级（主任）记者；正、副研究馆员等。

中级：指助理研究员；讲师；工程师；农艺师；主治医（药、护、技）师；实验师；统计师；经济师；会计师；编辑；翻译；记者；馆员等。

初级：指研究实习员；助教；助理工程师、技术员；助理农艺师、农业技术员；医（药、护、技）师、医（药、护、技）士；助理实验师、实验员；助理统计师、统计员；助理经济师；助理会计师、会计员；助理编辑、见习编辑；助理翻译；助理记者；助理馆员、管理员等。

7. 学位和学历

指由人事部门或干部部门根据国家有关规定，填报的本机构职工总数中人员的学位和学历情况（均指获得的最高学位和最高学历）。

三、经费

1. 科学事业总经费收入

事业费拨款：指财政部、国家科委拨科学事业费。财政部拨科学事业费为专项经费，如：大型科研装置运行费等；国家科委拨科学事业费为经常费及专项经费。

三项费用拨款：指财政部及其他部委拨科技三项费用，科技三项费用指新产品试制费、中间试验费、重大科研补助费。

科学基金拨款：指国家自然科学基金委员会拨自然科学基金。

“863”项目拨款：指国家科委、科工委“863”办公室拨“国家高技术研究与发展计划”项目经费。

其他收入：包括委托单位拨科研费、拨入专项资金（如地方拨副食补贴等）以及技术性及其他毛收入。

2. 科学事业总经费支出

人员费用支出：含①事业费开支的工资、补助工资、职工福利费、主要副食品补贴、离退休人员费、人民助学金；②自有资金开支的医药费补贴、物价补贴、书报费、洗 理费、奖金、奖金税等。

公用费用支出：含①事业费开支的公务费、差额补助费、行政设备费、行政及其他修缮费、其他行政费；②拨入专项资金支出；③其他毛收入中开支的成本；④收入中应交国家流转税、所得税、能源交通重点建设基金、预算调节基金等；⑤自有资金开支的集体福利设备、设施等。

科研费用支出：含①事业费开支的仪器设备费、专业图书费、专业设备费、研究材料费、科研业务费、实验用房改造费、研究生费（不含人民助学金）、外事费；②科学基金支出、科技三项费用支出、“863”项目支出、委托单位拨科研费支出；③技术性毛收入中开支的成本；④自有资金开支的科研设备费、自选课题费、补充科研项目费等。

3. 经常费收入

政府拨款获得收入：指由各级政府部门直接拨款或企事业单位利用政府资金委托本

机构从事科学技术活动所获得的收入，包括科学事业费、科技专项费、科学技术基金和政府其他拨款。

科学事业费指为维持本机构的正常运转由中央或地方财政通过预算的形式（即预算科目中的“科学事业费”）拨给本机构的经费。

科技专项费指本机构为了开展科学研究项目、新产品试制项目、中间试验项目、科技成果示范性推广项目，向各级部门通过签订课题合同或其它开式申请并获得的科技专项费。包括课题专项、设备专项和其它专项。不论偿还形式如何，均应按当年实际获得的经费额填报。

科学技术基金包括自然科学基金和科技发展基金。

自然科学基金指从国家自然科学基金会和地方各级的科学基金会获得的科学研究项目经费。

科技发展基金指从国务院各部门和地方各级有关部门所获得的科技发展基金、技术发展基金等。

政府其它拨款：指除上述各项以外的政府基金。

横向技术性收入：指本机构从事科学技术活动所获得非政府的资金，如：企事业单位和社会团体利用自有资金委托本机构开展科学技术活动所提供的资金，包括技术开发收入、技术转让收入、咨询及服务收入和中试产品收入等项。（试行《科学研究单位会计制度》的机构，横向技术性收入按会计科目中“合同预收款”科目的横向课题的毛收入填写。）

技术开发收入指本机构承接社会各方面委托的有关新技术、新产品、新工艺和新材料及其系统的研究开发任务而获得的收入。

技术转让收入指本机构通过专利权转让、专利申请权转让、专利实施许可、非专利技术的转让所获得的收入。

咨询及服务收入指本机构利用本单位人力、物力和数据系统为用户提供技术情报、技术资料、技术咨询、测试分析，引进技术消化吸收和其他类型的技术性服务所获得的收入。

中试产品收入指本机构进行中间试验期间试制的产品经出售或转让所获得的收入。

生产经营收入：包括生产收入和其他收入。

生产收入指本机构及附属工厂、车间、农场等进行批量生产的定型产品经出售所获得的收入。

其他收入指本机构除生产收入以外获得的其他非技术性收入，如单位内部招待所、礼堂、车队、出版等对外服务所获得的收入。

银行贷款：指本机构从银行获得的各类贷款。不论贷款的偿还形式、期限和数额如何，均按当年获得的贷款额填报。不包括基本建设贷款。

其他：指除上述各项以外的收入，包括：国内外社会和个人赞助、捐赠，以及借款等。

4. 经常费支出

劳务费：指本机构以货币和实物形式直接或间接支付给本机构人员的全部费用。包括工资总额、有关劳动保险和职工福利方面的各项费用；有关离休、退休、退职人员待遇的各项支出；劳动保护的各项支出；稿费、讲课费及其他专门工作报酬；出差伙食补助费、误餐补助、调动工作的旅费和安家费；奖金税、抚恤金、计划生育和独生子女补贴等。研究生的上述费用也记入此项。

固定资产购建支出：指本机构使用非基建投资购建固定资产的实际支出额，固定资产指长期使用而不改变原有的实物形态的主要物资设备。如科研仪器设备、图书资料、实验材料和标本以及其他设备和家具、房屋和建筑物。

科研业务费：指本机构用于科学研究与技术开发活动的全部实际消耗性支出。例如：用于研究与开发的原材料费、水电能源费、差旅费、加工试验费、设备使用费、计算机机时费、资料印刷费等。培训研究生的消耗性支出也一并统计，但不包括劳务费和固定资产购建支出。

管理费：指本机构为组织、管理科学技术活动的全部实际消耗性支出。包括院所管理费和研究室管理费，例如：公务费、差旅费、修缮费、职工教育及工会经费、办公费、外事经费、管理设备使用费、动力及取暖费等。不包括劳务费、固定资产购建支出。

其他支出：包括归还科技专项费、归还贷款支出、税金、能源、交通基金、预算外调节基金、上级提成、转入建行自筹基建资金、社会赞助与摊派等支出。

四、基本建设

1. 基本建设投资实际完成额

指本机构在报告期内完成的用货币表示的基本建设工作量。

2. 自筹

指在当年基本建设投资实际完成额中自筹投资的部分，自筹部分应包括拨改贷后须由机构自身偿还的贷款。

3. 科研仪器设备

指本机构在基本建设投资的实际完成额中购置的科研仪器设备总值。非科研设备购置不计入此项。

4. 科研土建工程

指本机构在基本建设投资的实际完成额中完成的科研土建工作量(如科研楼、试验用房等)。非科研土建工程（如住房等）不计入此项。

五、固定资产

1. 固定资产

指单价在50元和200元以上(一般设备单价50元以上，专用设备单价200元以上)，耐用时间在一年以上，在使用过程中保持其原有实物形态的资产。单价虽不满50元和200元，但耐用时间在一年以上的大批同类资产，也视同固定资产。固定资产大体可分为以下几类：①房屋和建筑物：包括办公、科研用房、宿舍、仓库等各种建筑物及附属设施；②专用设备：包括各种仪器、电器、机械设备、医疗器械、文体设备等；③图书资料：包括单位图书馆（室）、资料室藏书和保存期限在十年以上的各种重要资料；④其他：包括一般设备（办公与事务用的家具设备、被服装具、一般文体设备）、交通运输工具、文物和陈列品、牲畜等，以及不属于前三类的其他固定资产。

2. 固定资产原值总额

指本机构获得全部固定资产时所支付的货币总额。固定资产的计价原则是：①新建、购入和调入的固定资产分别按造价、购价和调拨价计价。购入和调入固定资产的运杂费，不计入固定资产价值，直接在经费支出中列支；②自制的固定资产，按所开支的工料费计价；③接受馈赠和其他无价的固定资产，不能查明原价的，可以估计；④新生的牲畜估计，以后根据成长情况及市场情况定期调整；⑤调出、变卖和报废的固定资产都按帐面原值注销。

3. 科研房屋建筑

指可直接用于科技活动的各种建筑设施。包括实验楼、实验室、实验性工厂（车间）、农场的有关建筑设施、学术报告场所、科技管理的办公建筑、科技器材物资仓库。不包括食堂、职工宿舍等福利性建筑。若以上各种建筑设施不是用于单一目的，则按各自实际使用比例统计。

4. 科研仪器设备

指由从事科技活动的人员直接使用的科研仪器设备。不包括与基建配套的各种动力、机械设备、辅助设备，也不包括一般运输工具（科学考察用交通运输工具除外）和专用于生产的仪器设备。若科研与生产共用的仪器设备，则按其使用目的，统计在主要一方。

六、科技活动

1. 课题活动分类

基础研究：指为获得新知识而进行的独创性研究。其目的是揭示观察到的现象和事实的基本原理和规律，而不以任何特定的实际应用为目的。

应用研究：指为获得新的科学技术知识而进行的独创性研究。它主要针对某一特定的实际应用目的。应用研究通常是为了确定基础研究成果或知识的可能的用途，或是为达到某一具体的、预定的实际目的确定新的方法（原理性）或途径。

● 区分基础研究与应用研究的主要标志：具有特定的实际应用目的的研究属于后者。

试验发展：利用从研究或实际经验获得的知识，为生产新的材料、产品和装置，建立新的工艺和系统，以及对已生产或建立的上述各项进行实质性的改进，而进行的系统性工作。

● 区分科学研究（基础研究和应用研究）与试验发展的主要标志：前者主要是为了增加科学技术知识、后者则是为了开辟新的应用（如新材料或新技术）。

● 区分科学研究与试验发展及其他有关活动的主要标志：具有创新成分的活动归于前者。

研究与试验发展成果应用：为解决 R&D 活动阶段产生的新产品、新装置、新工艺、新技术、新方法、新系统和服务等能投入生产或在实际中运用所存在的技术问题而进行的系统性活动。它不具有创新成分。此类活动包括为达到生产目的而进行的定型设计和试制以及为扩大新产品生产规模和新方法、新技术、新工艺等的应用领域而进行的适应性试

验。

● 研究与试验发展、研究与试验发展成果应用和工业生产活动三者之间的界限大致如下划分：

（1）新产品的研制　　实质性的新产品，即完全新的新产品或对现有产品的性能进行重大改进的设计、制造和试验，是研究与试验发展活动。对引进（或购买）现成的技术成果（如专利、技术诀窍、图纸和样机等）进行复制或直接应用而形成新产品的过程，不是研究与试验发展活动，而是研究与试验发展成果应用活动。

（2）新工艺、新方法的研制　　对新工艺、新方法的研制或对现有工艺、生产过程进行技术上实质性的改进，是研究与试验发展。采用国内已有的生产工艺或生产过程，而在技术上没有实质性的改进，只是对采用的生产工艺或生产过程作适应性的试验，不属于研究与试验发展，而是研究与试验发展成果应用活动。

（3）中间试验　　新产品、新工艺、新生产过程直接用于生产前，往往要进行中间试验，以解决一系列的技术问题，情况比较复杂，对其是否属于研究与试验发展应视具体情况而定。

如果进行中间试验的直接目的是为了从技术上进一步改进产品、工艺或生产过程或为此目的进行试验以获得经验和收集数据，是研究与试验发展；如果是为了进行产品的定型设计，获取生产所需的技术参数，那末就不是研究与试验发展，而是研究与试验发展成果应用活动。

（4）试生产　　试生产是在完成了生产前的各项技术准备后，在正式生产前的“试验性”生产。试生产的直接目的不是对产品或生产过程在技术方面作进一步的改进，而是为了使生产能顺利地进行，因而既不属于研究与试验发展，也不属于研究与试验发展成果应用活动。

（5）质量控制与检验测试　　生产过程的质量控制及材料、设备、产品的常规检验、测试，不属于研究与试验发展，也不属于研究与试验发展成果应用活动，原型检验测试和非商业性的试验工厂（中试车间）中的检验测试，属于研究与试验发展。

（6）市场研究　　既不是研究与试验发展，也不是研究与发展成果应用活动。

科技服务：与科学研究与试验发展有关，并有助于科学技术知识的产生、传播和应用的活动。包括：为扩大科技成果的使用范围，而进行的示范性推广工作；为用户提供科技情报和文献服务的系统性工作；为用户提供可行性报告、技术方案、建议及进行技术论证等技术咨询工作；自然、生物现象的日常观测、监测，资源的考察和勘探；有关社会、人文、经济现象的通用资料的收集，如统计、市场调查等，以及这些资料的常规分析与整理；为社会和公众提供的测试、标准化、计量、计算、质量控制和专利服务，不包括工商企业为进行正常生产而开展的上述活动。

生产性活动：由于具备特殊的工艺设备条件，或掌握某种技术专长或诀窍，所进行的小量非常规生产。

2. 技术领域分类

信息技术：指研制计算机硬件、软件、外部设备、通信网络设备的活动，以及利用计算机硬件、软件及数字传递网对信息进行文字、图形、特征识别、信息采集、信息处理和传递的活动。

生物技术：包括基因工程、细胞工程、酶工程和发酵工程，指为了生物技术本身的发

展，就有关原理、技术、特种工艺、测试、仪器而进行的活动，以及利用生物技术为农、林、牧、渔、医药卫生、化学、食品、轻工等部门提供生物技术新产品而开展的活动。无特定目标或虽有特定目标但不是为促进生物技术发展而开展的有关生命科学的研究不包括在此分类内。

新材料：指新近发展或正在研制的具有优异性能或特定功能的材料，如新型无机非金属材料、新型有机合成材料、新型金属和合金材料。包括为发展新材料就有关原理、技术、新产品、特种工艺、测试而进行的活动。

能源技术：包括能源问题一般理论，地区性能源综合开发与利用，石油、天然气、煤炭、可再生能源的开发与利用，新能源（太阳能、生物能、核能、海洋能等）的研制开发与利用，节能新技术，能源转换和储存新技术等活动。

激光技术：激光器和激光调制技术的研制，及为了激光在工业、农业、医学、国防等领域内的应用而进行的活动。

自动化技术：指在控制系统、自动化技术应用、自动化元件、仪表与装置，人工智能自动化、机器人等领域中的活动。

航天技术：有关运载火箭及人造卫星本体的研究及有关为了跟踪、通讯而使用的地面设备的研究而进行的活动。不包括天文学及气象观察。

其他技术领域：属于技术领域，但不能归入上述七类领域的其他技术活动。

3. 社会-经济目标

陆地、海洋和大气的开发与评价：主要涉及对地壳与地幔、海洋和大气层的开发和评价。它不包括以农业为目的的土壤研究和以渔业为目的的海洋学的研究与发展活动，也不包括有关原料、燃料、能源资源的经济开发方面的研究与发展活动。对气象学、地质学和水文学等方面的基础调查不应包括在此类中，而包括在“知识的全面发展”类中。

民用宇宙空间：包括所有关于空间的民用研究与发展活动（为军事目的进行的各项计划应包括在以下“国防”项下）。其中包括关于运载火箭和宇宙飞船及其动力装置和控制地面设施（发射基地、导航、遥测和遥控指令）方面的研究与发展活动以及人造卫星和星际探测器、同温层探测气球、探空火箭等方面的研究与发展活动。运用宇宙火箭进行通讯、气象、航行、地球资源调查等也应规定在这一有关目标中。

农业、林业和渔业的发展：主要涉及两个类别的研究与发展活动，第一类中包括食品的生产、储存、分配方面的研究与发展活动；例如家畜的生产和品种的改进，兽医、农作物的生产和作物学以及农业机械和农业化学方面的研究与发展活动，食品和饮料加工、储存和分配，渔业及其有关的技术。第二类系非食品的农产品和林业的发展，例如：有关毛、皮、烟草、棉花和其他纤维材料等方面，以及林业和有关技术方面的研究与发展活动。

促进工业的发展：这一主要目的涉及促进发展和改进制造工业、非燃料采矿工业及建筑业的各种研究与发展活动。包括有关纺织品、服装、皮革、木材和造纸产品、化学产品（包括石油化工产品）、橡胶和塑料、基本金属、金属成品、包括运输车辆在内的机械和设备、非金属产品、燃料以外的采矿业等生产方面的研究与发展活动。不包括为其他目标（如发展农业和食品生产、运输和通讯、宇宙空间探索、城市和农村规划及国防）服务的研究与发展活动。

能源的生产、储存和分配：包括与各种形式的能源（包括核能）的生产、供应、储存和分配有关的研究与发展活动；它包括固体燃料的开采及其有关的技术，石油和天然气生

产以及非常规能源（太阳、风）和小能源。

交通、通讯事业的发展：涉及交通系统及通讯网和通讯系统，包括陆地、空间、水上交通、无线电和电视，电话和包括卫星在内的其他通讯方面的研究与发展活动，但不包括发动机、电动机和车辆、轮船、飞机等其他交通工具，这些均包括在“促进工业的发展”的目标中。

教育事业的发展：这一主要目标包括正规教育及校外、在职教育和其他形式的成人教育、培训以及技术设备与教学方法（如程序教学、电视及其他视听技术）方面的研究与发展活动。

卫生事业的发展：涉及到所有与保护和改善人类健康直接有关的研究与发展活动。它包括医疗护理（包括外科和产科）、疾病预防、营养和食品卫生方面的研究与发展活动，环境对人体健康的影响等方面的研究与发展活动。

社会发展和社会-经济服务：包括政治组织、法律和秩序、社会治安、文化、休息和娱乐、对消费者的保护、对劳动条件的改善、劳动关系、人力和移居、国际关系（包括维护和平）、国际法院、条约及其他社会服务。它还包括经济组织、货币和银行、保险等方面的研究与发展活动。也包括象民用住宅、清洁卫生服务及其他同改善人类居住环境有关的社会服务等城乡规划方面的研究与发展活动。

环境保护：主要目标涉及环境“保护”的各个方面——保持空气、水和土壤的纯净、噪音控制、环境模型和统计等。不包括环境对人体健康的影响（应列入“卫生事业的发展”目标中）和环境对人类居住的影响（应列入“社会发展和社会-经济服务”目标中），也不包括目的在于通过某些特殊经济活动防止污染的研究与发展活动（这些活动应与相应的活动列在一起）。

知识的全面发展：包括各种具有相当普遍目的的研究与发展活动，这些活动不能归入其他任何一个主要目标，而只是促进社会科学和自然科学知识的全面发展。包括科学院和大学及其研究机构根据其广泛的工作内容所进行的基础研究和应用研究。还包括科学技术活动本身的管理、政策和规划等方面的研究与发展活动。

其他民用目标：此项包括不属于上述任何题目而根据某一特殊目的所进行的所有其他民用研究与发展活动。例如，情报系统的改进，计算机科学（硬件和软件），但不包括数据收集方面的开支。还有为批发与零售贸易、餐厅及旅馆业等服务的研究与发展活动。

国防：这一主要目标包括为军事目的所进行的研究与发展活动。军事机构用于民用研究的开支应尽量分配给与其有关的各主要民用目标。

4. 技术合同、科技论著、成果

成交金额：指报告期内所签合同的成交金额。如果是按技术实施后新增销售额或利润的一定比例提成等方式计算技术转让费，则填写当年的预计提成金额数。按不同的受让方类型进行分类加总填报。

科技论文：指以书面发表的，最原始的研究与开发成果报道。科技论文应该是：(1) 首次或最初发表的研究与开发成果；(2) 作者的试验应该能被同行重复并验证；(3) 发表后科技界能引用。

向国外发表：包括在各种国际性学术会议、讨论会、讲座上以外文或外文摘要形式发表的论文，以及编入国际会议文集的论文和国际学术刊物（包括中国向国外发行的科技学术刊物）上发表的论文。

科技著作：指经过正式出版部门编印出版的论述科学技术问题的理论性文集或专著。

国家级奖励：指国家自然科学奖、国家发明奖、国家科技进步奖、国家星火奖。

部级奖励：指以国务院各部门名义颁发的重大科技成果奖和科技进步奖等。

省级奖励：指以省、自治区、直辖市政府（科委）名义颁发的重大科技成果奖和科技进步奖等。

地（市）级奖励：指以地（市、州）政府（科委）和省属各部门名义颁发的重大科技成果奖和科技进步奖等。

七、开放实验室

1. 固定人员：

指由实验室主任聘任，并有一定任期的相对稳定的研究人员，技术人员和管理人员。开放实验室的固定人员可以由室主任连聘连任。

2. 客座人员：

指通过课题申请并获准来开放实验室从事研究工作的所内外工作人员。开放实验室的客座人员没有固定任期，在课题获准进行期内属于开放实验室的人员，享受固定人员同等待遇，课题结束之后，必须离室，因此客座人员是流动的。

3. 学委会审批课题

经学术委员会审议批准，用开放经费支持的课题。固定客座合作课题指由开放实验室固定、客座人员合作共同承担的学委会审批课题。

八、科技企业开发、经营活动

年末总人数：包括固定合同制职工，聘用人员和临时工。

院编制职工：指正式属院事业编制和企业编制的人员。

经营总额：包括产品销售、商品销售、技术收入等全部经营业务活动总额。

营业外收支净额：指营业外收入减去营业外支出后的数额。

利润总额：包括营业利润、投资净收益及营业外收支净额。营业利润是指营业收入扣减成本、各种费用、流转税及附加税费的数额。投资净收益是指投资收益扣除投资损失后的数额。营业外收支净额为营业外收入减去营业外支出后的数额。利润总额是指缴纳所得税前的利润。

上缴税金：指按照税法规定的范围和标准，在实现利润之前向国家缴纳的流转税。

净资产：指企业资产总值扣除全部债务以后的余额。

APPENDIX: EXPLANATORY NOTES ON KEY INDICATORS

1. Organizations

Independent institutions: CAS independent institutions are established on the approval of the state Council or the state authoritative departments, with their manpower, financial and materials resources separately arranged and planned. These institutions enjoy corporate status.

2. Personnel

(1) **Total staff**

Total staff refers to persons who are on the year-end payroll, working directly under the management of an institute or unit and receiving remuneration for their work. It includes permanent staff and contract personnel. The retired and those who retain their posts with pay temporarily suspended are not included.

(2) **Professional and technical personnel**

This heading can be defined as personnel who are of specialized secondary or higher educational level or hold junior technical titles (or posts), as well as those who are technicians of work origin. Also included are those who have professional and technical titles and are now engaged in scientific and technological management, or engaged in Party and administrative work closely related to technical management.

(3) **S&T activity personnel**

S&T activity personnel comprises the following people:

S&T management personnel refers to leaders at various levels in the Academy and institutes and those who are engaged in S&T and personnel management, including those who participate directly in such activities as S&T planning, project management, research achievement management, patent management, S&T statistics, management of S&T archives, S&T international cooperation, personnel management, education and training, and finance.

Project activity personnel refers to permanent staff whose payroll is in the laboratory or project research group.

S&T service personnel refers to those engaged in library work, information, measurement, testing, consultation, material and equipment supply as well as those working in laboratories, pilot factories (workshops) and farms. They should not include car drivers, janitors, and persons working in mess halls, medical houses, nurseries and kindergartens.

(4) **Scientists and engineers**

This heading can be defined as persons who are of higher educational level or have senior or intermediate academic titles.

(5) **Other S&T personnel**

This heading refers to persons who are of specialized higher school or specialized secondary school educational level or have junior academic (or technical) titles.

(6) **Professional and academic (or technical) titles (or posts)**

This heading reflects the basic status of the professional and academic (or technical) titles of the S&T personnel among the total staff in a particular institution:

Senior: research fellow and associate research fellow, professor and associate professor, senior engineer, senior agronomist, chief (and associate chief) physician (pharmacist, nurse and technician), senior laboratorian, senior statistician, senior economist, senior accountant, senior editor, associate senior editor, translation editor and associate translation editor, senior journalist, senior librarian and associate librarian, and so on.

Intermediate: research associate, lecturer, engineer, agronomist, physician (pharmacist, nurse and technician) in charge, laboratorian, statistician, economist, accountant, editor, translator, journalist, librarian, and so on.

Junior: research assistant, teaching assistant, assistant engineer, technician, assistant agronomist, agrotechnician, physician (pharmacist, nurse and technician), assistant laboratorian, laboratory technician, assistant physician (pharmacist, nurse and technician), assistant statistician, statistical clerk, assistant economist, assistant accountant, accounting clerk, assistant editor, assistant translator, assistant journalist, library assistant, library clerk, and so on.

(7) **Academic degrees and qualifications**

This heading reflects the basic status of academic degrees and qualifications of the staff in a particular institution or unit, compiled by the personnel department according to relevant state regulations, and only the highest academic degrees and qualifications are recorded.

3. Funds

(1) **Total income of CAS scientific operating funds**

Operating funds: This refers to the operating funds for scientific research allocated by the Ministry of Finance and the State Science and Technology Commission. Operating funds for scientific research provided by the Ministry of Finance is considered as special funds, such as the operation funds for large scientific facilities; the operating funds for scientific research from the State Science and Technology Commission are in the category of running expenses and special funds.

Three sums of spending: This refers to the three sums of scientific and technological funds provided by the Ministry of Finance and other relevant state departments: spending for new product development, allowances for pilot experiments and subsidies for major research projects.

Scientific foundation funds: This refers to the foundation funds for natural science study allocated by the National Natural Science Foundation.

"863" project funds: This refers to funds provided by the "863" Project Office of the State Science and Technology Commission and the State Commission of Science, Technology and Industry for National Defence for projects included in the "National High-tech R&D Plan".

Other incomes: These include 1) commission funds for research provided by the contracting institutions; 2) specially allocated funds such as non-staple food subsidies provided by the local government; and 3) technology-related income and other gross incomes.

(2) **Total expenditure of CAS scientific operation funds**

Personnel expenditure: This includes 1) spending from the operating funds such as salary, allowances, welfare expenditure, major non-staple food subsidies, pension for the retired and People's grant-in-aid and 2) expenditures from self-owned funds, including medical care allowance, inflation subsidies, bonus and bonus tax , and other miscellaneous subsidies.

Public expenditure: This includes 1) spending from the operating funds such as official business spending, difference subsidy, office equipment expenses, administrative and other maintenance and repair charges on buildings, and other administrative expenses; 2) expenses from allocated special funds; 3) costs covered by other gross income; 4) expenses covered by the income, including circulation tax, income tax, funds for key energy and transportation projects, budgetary regulation funds, etc. ; and 5) expenses on collective welfare facilities paid from self- owned funds.

Scientific research expenditure: This includes 1) expenses paid from the operating funds such as costs for instruments and equipment spending on specialized books, research equipment and materials, scientific research funds, laboratory building reconstruction expenses, expenses on graduate student training (excluding People's grant-in-aid), spending on international exchange and cooperation; 2) spending from scientific foundation funds, three sums of S&T spending, "863" project spending, expenditure from commission research funds; 3) expenses from technology-related gross income, and 4) research equipment spending from self-owned funds, spending for carrying out self-selected projects, additional research project funds, etc.

(3) **Current intramural income**

Income from government funds: This heading refers to funds directly allocated by government departments at all levels or income obtained by a particular institution through conducting S&T activities entrusted by enterprises and institutions using government funds. It consists of the following:

Scientific research funds refer to budgetary funds received by a particular institution from the central or local government financial departments for the purpose of maintaining the smooth operation of that institution.

S&T special funds refer to special S&T funds obtained by a particular institution through signing research contracts or other forms for the purpose of carrying out scientific research projects, development of new products, pilot experiments, and demonstration and popularization of S&T results, including special projects funds, expenditure on purchasing equipment and other special funds.

S&T funds include natural science funds and S&T development funds.

Natural science funds refer to scientific research project funds provided by the National Natural Science Foundation and other science foundations at all levels.

S&T development funds refer to S&T development funds and technical development funds received by a particular institution from various departments under the State Council and local governments.

Other government funds refer to government funds except the above mentioned items.

Lateral tie technology-related income: This heading refers to non-government funds received by a particular institution through its S&T activities, such as incomes provided by enterprises and institutions with their own resources for commissioned S&T research. It consists of the following:

Technology development income refers to incomes received by a particular institution from commissioned R&D on new technologies, products, processes, materials and systems.

Technology transfer income refers to income received by a particular institution from transfer of its patents, patent application rights, patent licenses and non-patented technologies.

Consultation and service income refers to income received by a particular institution from technical services such as providing technical information and data, consultation, testing and analysis, assimilation and absorption of imported technologies and so on, by drawing on its manpower, resources, data and information systems.

Income from pilot products refers to income received by a particular institution from the sale or transfer of its products manufactured during the pilot experimental period.

Production and business income: This heading consists of the following two items:

Productive income refers to income received by a particular institution from the sale of batch processed products manufactured by that institution and its subsidiary factories, workshops or farms.

Other incomes includes non-technical incomes received by a particular institution, such as income from services provided by the guest house, auditorium, cars and trucks and publishing facilities. It excludes productive income.

Bank loans: This heading refers to various kinds of loans obtained by a particular institution from the bank. The total monetary volume of loans obtained in the reference year will be recorded no matter what the form, time and volume of the repayment will be. Loans for capital construction are not included.

Others: This refers to incomes other than the above mentioned items, including funds received from both at home and abroad such as social and individual endowments and donations as well as borrowed money.

4. Current intramural expenditures

Labor costs: This refers to the total expenditure of funds paid directly or indirectly by a particular institution to its staff in cash or in kind, including total wages, expenditures on labour insurance and welfare services, retired personnel, labour protection, author's remuneration, teaching subsidy and other special working remunerations, food allowance for business trips, travel and family allowance for job transfer, bonus tax, pension funds for disabled or for family of the deceased, subsidy for family planning and so on. The above-mentioned expenses for graduate students are also included.

Expenditure on purchasing fixed assets: This heading refers to the exact expenditure of non-capital investment spent by a particular institution on purchasing fixed assets. Fixed assets cover major equipment and instrumentation which can be used over a long period without changing their original material forms (or appearance), such as scientific research equipment and installations, books and library materials, laboratory materials and specimens as well as other facilities, furniture, office space and buildings.

Scientific research operating expenses: It refers to all actual payment made for the performance of S&T activities by a particular institution. It should include costs of raw materials for research and development, charges for water, electricity and energy, travel, expenses directly associated with processing and experiments, and costs of equipment utilization, computer time, printing of materials, etc. Expenditures for graduate student training are also included, but labour costs and expenditure for fixed assets are excluded.

Overhead: This refers to all actual expenditures spent by a particular institution related to organizing and managing its S&T activities, including overheads paid by the Academy, institutes and laboratories on official business, travel, renovation, and staff training as well as trade union funds, administrative expenses, funds for international cooperative activities, and expenses for administrative facilities, power and heating systems. It excludes labour costs and expenses for fixed assets.

Other expenditures: This includes the repayment of S&T special funds, loans, tax, energy and transportation funds, extra-budgetary funds, overheads charged by superior organizations, self-raised capital construction funds saved in the Construction Bank, and expenses for donation and apportionment.

4. Capital construction

(1) **Actual expenditure in capital investment**

This refers to the amount of capital construction work completed by a particular institution in the reference year, which is expressed in monetory terms.

(2) **Self-raised funds**

This refers to the funds raised by a particular institution in the actual expenditure in capital investment. It includes loans which should be paid back by the institution itself after the reform of the S&T appropriation system.

(3) **Expenditure on scientific research equipment**

This refers to the total expenditure on scientific research equipment in the actual capital expenditure. Expenditures on non-research equipment is not included in this category.

(4) **Research construction project**

This refers to the actual amount of work completed by a particular institution on research facilities (such as research and experiment buildings) in the actual expenditure of capital investment. Construction project not for research purpose (such as living quarters) is not included.

5. Fixed assets

(1) **Fixed assets**

This refers to assets whose unit prices are above 50 yuan (for general equipment) or 200 yuan (for specialized equipment) and which can be used for at least a year without changing their original material forms. Assets of the same kind in large quantity which have a unit price less than 50 yuan (for general equipment) or 200 yuan (for specialized equipment) but can last over a year should be considered as fixed assets. Fixed assets are generally composed of the following categories: 1. houses and buildings, including various kinds of buildings and attached facilities such as office buildings, research space, living quarters and warehouses; 2. specialized equipment, including various kinds of instruments, electrical, mechanical and medical equipment, recreation and sports facilities and so on; 3. books and literature materials, including library collections of books and all kinds of important materials that are worth preserving for ten years and longer; 4. others, including general equipment (office furniture, bedding and clothing, and general recreation and sports facilities), transportation tools and communication facilities, cultural relics and exhibits, livestock as well as other fixed assets that do not fall into the above-mentioned categories.

(2) **Total original value of fixed assets**

This refers to the total payment made by a particular institution for obtaining all of the fixed assets. The principle for calculating the price of the fixed assets is as follows: 1. newly manufactured, purchased or transferred fixed assets are appraised in accordance with the manufacture (or building) costs, purchasing expenditures or the actual costs when the transfer is made. Transportation and other miscellaneous expenses paid for the purchase and allocation are excluded from the value of fixed assets. They are included directly in the total expenditure: 2. self-made fixed assets are calculated according to the actual labour and material costs; 3. fixed assets received through donation or fixed assets whose original prices are unknown can be appraised according to estimation; 4. the value of newborn livestock should be regularly adjusted according to their growth and the market; 5. fixed assets that are transferred to other institutions, sold off or scrapped are written off according to the original book value.

(3) **Buildings for scientific research activities**

This refers to various kinds of buildings and facilities which can be used directly for scientific and technical activities, including research and experiment buildings, factories (or workshops), farm buildings and other facilities, and warehouses for scientific and technical instruments and equipment, but excluding welfare facilities such as dining-rooms and living quarters for staff and workers.

If the above-mentioned buildings and facilities are used not only for scientific and technical activities, they should be appraised separately according to the actual proportion for each purpose.

(4) **Scientific research instrumentation and equipment**

This refers to instrumentation and equipment directly used for scientific research purposes by the S&T activity personnel. They do not include corollary equipment for capital construction such as power systems, mechanical equipment and supplementary equipment. General transportation tools (except those for scientific surveys) and equipment used solely for productive purpose are also excluded from this category. Instrumentation and equipment which serve scientific research as well as production should be included in the category for which they are mainly used.

6. S&T activities

(1) **Classification by project activity**

Basic research: Basic research can be defined as any original research undertaken to acquire new knowledge. Its purpose is to explore the underlying foundations and laws of observed phenomena and facts, without any particular practical application in view.

Applied research: Applied research is defined as any original research undertaken in order to acquire new scientific and technological knowledge. It is, however, directed primarily towards a specific practical aim or objective. Applied research is usually undertaken to determine the possible application of the results or knowledge of basic research, or to determine new methods or ways of achieving some specific and predetermined practical aim.

●The main criterion for distinguishing basic research from applied research is that the latter has specific practical application in view.

Experimental development: Experimental development can be defined as any systematic work, drawing on existing knowledge gained from research and/or practical experience, that is directed to producing new materials, products and devices, to installing new processes and systems, and to improving substantially those already produced or installed.

●The main criterion for distinguishing scientific research (basic or applied) from experimental development is that whereas the former is primarily directed towards the increase of S&T knowledge, the latter is directed towards the introduction of new application (e. g. new materials or technologies).

●The main criterion for distinguishing scientific research from experimental development is that the former involves creative activities.

Application of research and experimental development results:

Application of research and experimental development results can be defined as any systemic work that is directed to the technical issues in the production and practical use of new products and devices and the installation of new processes, techniques, methods, systems and services which are generated from research and development results. This kind of activity does not involve creation and innovation. It includes finalized design, pilot development and manufacture for production purposes as well as adaptability testing directed to expanding the production scale of new products and the introduction of new applications of new methods, technologies and processes.

●The main criterion for distinguishing research and experimental development, application of research and experimental development results, and industrial activities is basically the following:

1) Development of new products　Activities directed towards the development of new products, that is, completely new products, substantial improvement of the design, development and experiment on the properties of existing products, should be defined as research and experimental development, while the process of producing new products through copy or direct use of imported (or purchased) technical results (such as patents, technical knowhow, blueprints and prototypes) should not be mentioned as research and experimental development. It falls into the category of application of research and experimental development results.

2) Development of new processes and methods　The development of new pro-

cesses and methods and the substantial technical improvement of existing technologies and production processes are part of research and experimental development. Activities involved in adopting existing domestic production techniques or processes without making substantial improvements (or when only adaptability testing is conducted) cannot be considered as research and experimental development. They are the application of research and experimental development results.

3) Pilot experiment Before new products, technologies and production processes can be used in production, pilot experiments are usually carried out in order to solve a series of technical issues. These experiments are complex in nature and whether they are considered as research and experimental development or not can only be judged according to concrete conditions.

If the immediate aim of the pilot experiment is further technical improvement of the product, technology or production process, or acquisition of experience and data for that purpose, the activity should be regarded as research and experimental development. If, on the contrary, the immediate aim is to make finalized design for a product and to obtain technical data needed for the production, the activity should not be regarded as research and experimental development. It is part of the application of research and experimental development results.

4) Trial production Trial production can be defined as "experimental" production conducted after various technical preparations are completed but before full-scale production is started. Since the immediate aim of trial production is not to make further technical improvement of the product or the production process concerned but to get the production process working smoothly, it is neither research and experimental development, nor application of research and experimental development results.

5) Quality control, checking and testing Quality control of production processes and routine checking and testing of materials, devices and products are neither research and experimental development nor application of research and experimental development results. However, the testing of prototypes and testing conducted in a non-commercial pilot plant (workshop) should be regarded as research and experimental development.

6) Market study This is excluded from research and experimental development and application of research and experimental development results.

Scientific and technical services: Scientific and technical services can be defined as any activities concerned with scientific research and experimental development and contributing to the generation, dissemination and application of scientific and technological knowledge. They include the following: demonstration and popularization activities to introduce the applications of scientific and technological results; systematic work on scientific and technological information and documentation services; technical consultation such as feasibility studies, technical plans, proposals and technical investigations; routine observation and monitoring of natural and biological phenomena, surveying and exploration of resources, and the gathering of general information on social, human and economic phenomena (such as population censuses and market studies); as well as the routine analysis and compilation of the adove-mentioned information; testing, standardization, metrology, computation, quality control and patent services (excluding the above-mentioned activities carried out by industries for normal production).

Productive activities: This heading refers to small-scale non-conventional production undertaken because of possessing special processing equipment and facilities or technical specialties and knowhow.

(2) **Classification by technology**

Information technology: This covers the development of computer hardware, software, peripheral equipment, communication network facilities, as well as activities using computer hardware, software and digital transmission network for word processing, pattern recognition, and information acquisition, processing and transmission.

Biotechnology: This includes genetic engineering, cell engineering, enzyme engineering and fermentation engineering. It refers to activities directed towards the principles, technologies, special processes, testing and devices for the development of biotechnology as well as activities conducted to develop new biotechnological products used in agriculture, forestry, animal husbandry, medicine and public health, chemistry, food, and light industry. Life science research that has no specific aim, or that has a specific aim but is not directed to the development of biotechnology, is excluded from this category.

New materials: This refers to materials of fine performance or special functions which are newly developed or being developed, such as new inorganic non-metallic materials, organic synthetic materials, new metals and new alloy materials. Activities directed towards the principle, technologies, new products, special processes and testing techniques for the development of new materials are also included.

Energy technology: This covers the study of general theory of energy resource issues, comprehensive development and utilization of regional energy resources, exploitation and utilization of petroleum, natural gas, coal and renewable energy sources, development, exploitation and utilization of new energy sources (solar energy, bioenergy, nuclear energy, ocean energy, etc.), energy-saving technology, and new technology for energy conversion and storage.

Laser technology: This includes the development of laser devices and laser modulation technology as well as activities for laser application in industry, agriculture, medical science, national defense and other fields.

Automation technology: This technology refers to activities in the fields of control systems, application of automation technology, automatic components, instruments and devices, automation of artificial intelligence, robotics, and so on.

Space technology: This includes research on launch vehicles and the main body of man-made satellites as well as activities concerning research and development of ground equipment for satellite tracking and communication. It excludes astronomy and meteorological observations.

Other technological fields: This group includes technological activities which are not included in the above-mentioned items.

(3) **Classification by major socio-economic aims**

Exploration and assessment of the earth, the seas and the atmosphere   This mainly covers activities related to the exploration and assessment of the earth's crust and mantle, the seas and the atmosphere. It does not include studies on soils for agricultural purposes, R&D activities on oceanography serving the fishing industry nor R&D concerning the economic exploitation of raw materials, fuel and energy. Fundamental investigation in meteorology, geology, hydrology, etc. should be excluded from this group, but included under "General advancement of knowledge".

Civil space   This heading covers all civil R&D concerning space (programs undertaken for military purposes should be included under "Defense" below). It includes, among others, R&D on launch vehicles and spacecraft and their propulsion and control, ground facilities (launch bases, guidance, telemeasure and telecommand), satellites, interplanetary probes, stratospheric balloons, and sounding rocket. The use of space vehicles for communication, meteorology, navigation, earth resources surveying, etc. should be assigned to the appropriate objective,

Development of agriculture, forestry and fishing   This heading covers two categories of R&D activities, the first related to aspects of food products, and the second concerned with non-food agricultural products and forestry. Under the first are R&D on the production, storage and distribution of food, e. g. livestock production and improvement of species, veterinary medicine, crop production and agronomy, R&D on agricultural machinery and agricultural chemicals, R&D on the processing of food and beverages, their storage and distribution, fisheries and their related technologies. The second category, development of non-food agricultural products and forestry, covers all R&D activities on non-food agricultural products such as wool, skin, tobacco, cotton and other fibres, and on forestry and related technology.

Promotion of industrial development   This major aim relates to all R&D activities contributing to the development and improvement of the manufacturing and non-fuel mining industries and construction. It includes the production of textiles, wearing apparel and leather, wood and paper products, chemicals (including petro-chemicals), rubber and plastics, basic metals, fabricated metal products, machinery and equipment (including transport vehicles), non-metallic products, mining other than fuels. It does not include industrial R&D performed in support of other objectives such as development of agriculture and food production, transport and communications, exploration of space, urban and rural planning and defense.

Production, conservation and distribution of energy   This heading covers all R&D activities relating to the production, supply, conservation and distribution of all forms of energy (including nuclear). It includes the mining of solid fuels and related technology, petroleum and gas production as well as non-conventional energy sources (solar, wind) and small energy sources.

Development of transport and communication This group relates to the transportation systems and networks and systems of communication, covering land, air and water transport, radio and television, telephone and other communications including satellites. It excludes engines, motors and means of transportation such as vehicles, ships and planes which are included in the aim "Promotion of industrial development".

Development of education services This major aim includes R&D activities concerning formal education and out-of-school, in-service and other forms of adult education and training as well as new technical devices and teaching methods such as programed instruction, television and other audio-visual techniques.

Development of health services This heading concerns all R&D activities directed to the protection and improvement of human health. It includes R&D on medical care (including surgery and obstetrics), disease prevention, nutrition and food hygiene, and on the impact on health of the environment.

Social development and socio-economic services This heading includes political organization, law and order, social security, culture, recreation and leisure, consumer protection, the improvement of working conditions, labour relations, manpower and migration, international relations including the maintenance of peace, international courts, treaties and other social services. Also included are R&D activities on economic organization, money and banking, insurance, etc. This aim also includes R&D activities concerning urban and rural planning such as domestic housing, sanitary services and other community services involved in the improvement of human settlements.

Protection of the environment This major aim covers all aspects of the "protection" of the environment-the maintenance of the purity of the atmosphere, water and soil, the control of noise, environmental models and statistics. It excludes R&D on the environmental impact on health which should be included under above and the environmental impact on human settlements which should be included under above. Also excluded is R&D designed to prevent pollution by specific economic activities, which should be included with the relevant activities.

General advancement of knowledge This heading includes all R&D of very general orientation which cannot be classified in any other major aims but contributes to the general advancement of knowledge in the social as well as natural sciences. It consists of fundamental and applied research which the Academy's institutes and universities undertake in the context of their broad vocation. It also includes R&D on the administration, policy and planning of research itself.

Other civil aims This item includes all other civil R&D undertaken with a specific aim which does not fall under any of the above headings. It would include, for example, the improvement of information systems, computer science (hardware and software) but exclude expenditure on the gathering of data. Another example would be R&D in favor of the wholesale and retail trade, restaurants and hotels.

Defense　　This major aim includes R&D undertaken for military purposes. Sums spent on civil research by military institutions should, as far as possible, be distributed among the major civil objectives to which they may relate.

(4) **Technical contracts, S&T works and achievements**

Total volume of business can be defined as the actual volume of business contracts signed during the reference year.

S&T papers can be defined as papers or reports of original R&D results published in writing. The experiments described in the papers should be published for the first time, repeatable and verifiable, with results which can be cited by the S&T community.

Papers published overseas: This heading includes papers or abstracts published in foreign languages at international conferences, symposia and wordshops as well as those published in international academic journals (including Chinese S&T journals which are distributed abroad) and international conference Proceedings.

S&T works: This refers to collected works and monographs on S&T issues published by authorized publishing agencies.

National awards: This refers to the National Natural Science Awards, National Invention Awards, National Science and Technology Progress Awards and National Sparks Awards.

Ministerial-level awards: This refers to major S&T achievement awards and S&T progress awards granted by the ministries and departments under the State Council.

Provincial-level awards: This refers to major S&T achievement awards and S&T progress awards granted by the governments (or the science and technology commissions) of various provinces, autonomous regions and municipalities directly under the Central Government.

Prefectural-or city-level awards: This refers to major S&T achievement awards and S&T progress awards granted by the governments (or the science and technology commissions) of various prefectures and cities, or by the departments under the provinces.

7. Open laboratories

(1) **Permanent staff**

This refers to research, technical and managerial personnel who are invited or engaged by the directors of the open laboratories to serve for certain terms.

(2) **Guest researchers**

This refers to scientists both inside and outside the institutes who conduct research activities at the open laboratories after their research applications have been approved. Guest researchers do not serve for fixed terms. They are on the staff of the open laboratories within the allowed period for pursuing their research subjects and enjoy the same treatment as the permanent staff does, but must leave the laboratories upon completion of their research.

(3) **Projects approved by the academic committees**

This refers to research projects which are approved by the academic committees and funded by the open laboratory's research funds. Jointly conducted projects refer to those research projects which are approved by the academic committees and are jointly conducted by the permanent staff and guest researchers of the open laboratories.

8. Development & business activities of CAS S&T Companies

Total staff at the end of the year: This includes permanent and contract staff, invited/engaged staff and temporary staff.

Staff on the CAS payroll: This refers to staff both on the institution payroll and enterprise payroll.

Total turnover: This includes income from product sales, commodity sales, technology-related income and so on.

Non-operating profit: This refers to non-operating income after deducting non-operating expenses.

Total profit: This includes operating profit, net income from investment and non-operating profit. Operating profit refers to net operating income after deducting cost, various expenditures, indirect tax and surtax; net income from investment refers to investment income after deducting investment losses; and non-operating profit refers to non-operating income after deducting non-operating expenses. Total profit is the profit before income tax.

Tax paid: This refers to indirect tax turned over to the State according to the Tax Act before profit is counted

Net assets: This refers to the total value of the assets in an enterprise after deducting all debts.